A BOLSA NO BOLSO 2

Aviso importante! O objetivo do livro é informar o leitor sobre fundamentos e técnicas para investir no mercado de capitais. Os exemplos utilizados têm objetivos didáticos. Rentabilidade passada não representa garantia de rentabilidade futura. Não se conhece maneira infalível para ter lucros em qualquer investimento. Fundos de investimento não contam com seguro do fundo garantidor de crédito (FGC). Os autores não se responsabilizam pelas posições assumidas e decisões tomadas pelos leitores nos seus investimentos.

ILDA SPRITZER
MOISES SPRITZER

A BOLSA NO BOLSO 2

Perfil e seleção de carteiras

FGV EDITORA

Direitos desta edição reservados à
FGV EDITORA
Rua Jornalista Orlando Dantas, 9
22231-010 | Rio de Janeiro, RJ | Brasil
Tel.: 21-3799-4427
editora@fgv.br | www.editora.fgv.br

1ª edição — 2024

Preparação de originais: Sandra Frank
Projeto gráfico de miolo e diagramação: Abreu's System
Revisão: Fatima Caroni
Capa: Estúdio 513

Dados Internacionais de Catalogação na Publicação (CIP)
Ficha catalográfica elaborada pela Biblioteca Mario Henrique Simonsen/FGV

Spritzer, Ilda Maria de Paiva Almeida.
A Bolsa no bolso 2 : perfil e seleção de carteiras / Ilda Spritzer, Moises Spritzer. – Rio de Janeiro : FGV Editora, 2024.
300 p.

Inclui bibliografia.
ISBN 978-65-5652-270-8

1. Mercado de capitais. 2. Mercado financeiro. 3. Investimentos. 4. Carteiras (Finanças) – Administração. 5. Fundos de investimentos. I. Spritzer, Moises. II. Fundação Getulio Vargas. III. Título.

CDD – 332.6

Elaborada por Márcia Nunes Bacha – CRB-7/4403

Sumário

Introdução

Os avanços digitais nas operações financeiras e as reformas na previdência são tendências da economia global, que aumentam a responsabilidade dos investidores na gestão dos recursos, com prazos mais longos e maior incerteza.

Nosso livro anterior, *A Bolsa no bolso: fundamentos para investimentos em ações*, também da FGV Editora, teve ótima acolhida pelo público profissional do mercado, por investidores e mesmo por profissionais oriundos de outras áreas de negócio e empreendedores. Tal êxito foi um grande incentivo para a nova publicação, com a adoção de novos recursos digitais, como links e QR codes, que permitem aos leitores ampliar a consulta à base de dados e, principalmente, desenvolver as próprias análises em cenários voláteis.

Neste novo livro, *A Bolsa no bolso 2: perfil e seleção de carteiras*, atualizamos o panorama dos mercados financeiros e de capitais. Na análise fundamentalista, os exemplos são reais de companhias listadas no Ibovespa, permitindo a avaliação relativa das ações, e ainda incorporamos uma visão ampla dos fundos de investimento e os parâmetros para seleção de alternativas. Destacamos a importância da análise do perfil do investidor (API) e de seu comportamento na tomada de decisões, a fim de que os investidores apliquem as ferramentas para a otimização do portfólio de investimentos, ajustado ao seu nível de risco.

Agradecimentos

Escrever nosso segundo livro foi um desafio impagável. Os assuntos são complexos e as respostas são função de muitas variáveis. Mas um livro não é somente dos autores, também é fruto do trabalho de outras pessoas.

Nessa jornada, desde a partida, Marieta de Moraes Ferreira foi nossa maior incentivadora, e a ela agradecemos a valiosa oportunidade de atuar na promoção da educação financeira brasileira.

Cláudia Marques Araujo merece agradecimentos especiais. Teve atuação generosa em nossos dois livros, fazendo o primeiro trabalho de copidesque, sempre pronta para adequar os textos para publicação e, por fim, organizando os dados com excelência acadêmica.

Agradecemos a Rafael Pastorello, CGA, pela contribuição no capítulo 5, ajudando a traduzir as instruções da Comissão de Valores Mobiliários para uma linguagem acessível a quem não é especialista no mercado de capitais.

Finalmente, nosso caçula, Felipe Spritzer (CGA), antes aluno exemplar, agora professor referência. Muito obrigado pelos ensinamentos do dia a dia da consultoria de valores mobiliários e pelo direcionamento nas conclusões do livro.

1. Visão geral dos mercados financeiros e de capitais

O investimento em conhecimento
é o que traz maiores retornos.
Benjamin Franklin

Fluxo de recursos na economia

O avanço das transformações tecnológicas tem impactado na dinâmica econômica, ou seja, ciclos de negócios, determinação de renda, teoria dos preços e crescimento econômico. Nas últimas décadas, ocorreram significativas mudanças no campo da comunicação, gestão e processamento de dados, no transporte e infraestrutura com impacto direto nos processos financeiros e nos fluxos econômicos.

As turbulências financeiras têm-se situado no centro da atenção dos economistas para desenvolverem modelos dinâmicos sobre a estabilidade e as flutuações em torno de qualquer ponto ou caminho de equilíbrio dos distintos segmentos de mercado – o mercado de bens e serviços, o de fatores de produção e o sistema financeiro. À dinâmica interna, deve-se acrescentar a interação com o resto do mundo, representada pelo comércio exterior e por fornecimento ou obtenção de recursos financeiros.

Na economia moderna, os fluxos dos bens reais, que incluem produtos, serviços e fatores de produção, não existem dissociados dos fluxos financeiros, dependentes da moeda, do crédito e das instituições financeiras. A moeda, por meio de suas funções de intermediação de troca, de padrão de medida e reserva de valor, reflete as perspectivas econômicas do país emissor, através dos parâmetros de taxa de juros, inflação e variação cambial.

Os fluxos de recursos monetários entre os agentes econômicos podem ser visualizados na figura 1.1, na qual os setores da economia e os mercados são representados por blocos retangulares. A soma dos fluxos monetários que entram em cada mercado ou setor é sempre igual à soma dos fluxos que saem do mesmo mercado ou setor.

A figura 1.1 destaca também o fluxo que corresponde ao produto interno bruto (PIB), definido como o somatório dos fluxos referentes aos gastos de consumo das famílias com bens e serviços, aos gastos de investimento pelas empresas, às compras governamentais de bens e serviços e ao montante das exportações, subtraído do valor das importações.

O PIB, como uma medida do tamanho de determinada economia, fornece uma escala para a medição do desempenho econômico passado ou para a comparação com outras economias, como veremos mais à frente, até mesmo para a previsão das tendências dos mercados de bens e serviços ou de fatores de produção.

Figura 1.1 | Fluxo de recursos na economia

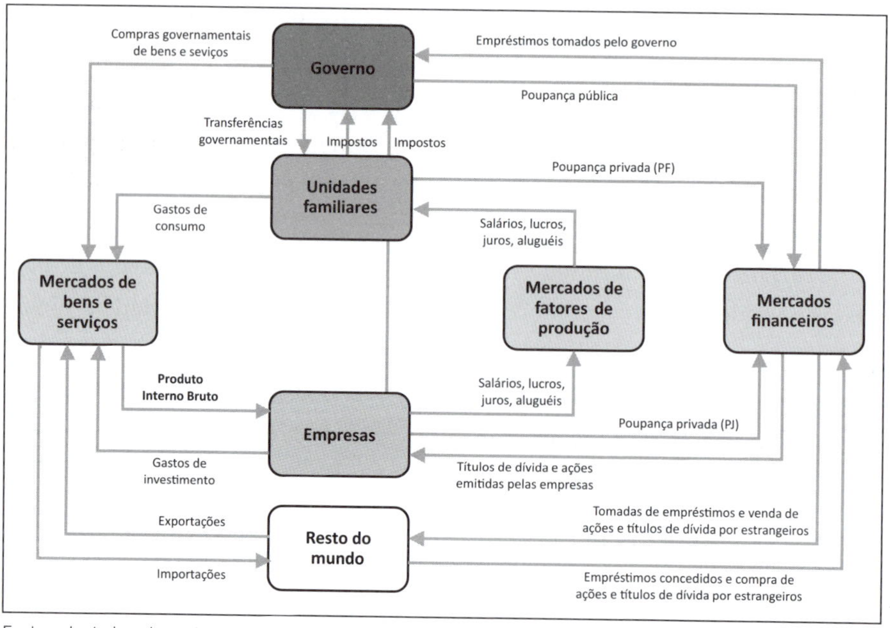

Fonte: adaptada pelos autores com base em Krugman e Wells (2007:487).

Consideremos inicialmente os fluxos monetários do ponto de vista dos setores que atuam na economia interna do país: unidades familiares, empresas e governo.

As unidades familiares recebem renda proveniente do mercado de fatores de produção (salários, aluguéis, lucros e juros) e de transferências governamentais (como aposentadorias e seguros-desemprego); elas pagam impostos ao governo, pagam por bens e serviços (gastos de consumo) e aplicam uma parte da renda restante no sistema financeiro, recebendo um retorno por esse investimento.

As empresas geram e distribuem produtos e serviços, pagam pelos fatores de produção (principalmente mão de obra e bens de capital) e recebem por esses bens e serviços; despendem parte dessas receitas para remunerar os fatores de produção; pagam impostos ao governo e interagem com o sistema financeiro aplicando parte da receita, recebendo retorno por essas aplicações e tomando empréstimos e recebendo recursos pela emissão de ações e de títulos de dívida.

O governo recebe impostos das unidades familiares e das empresas, despende em compras de bens e serviços, realiza transferências monetárias a famílias e interage com o sistema financeiro, podendo investir o superávit, caso ocorra, ou tomar empréstimos, caso necessário, por exemplo, por déficit nas contas públicas.

Em uma visão ampliada dos setores da economia, o diagrama anterior inclui também os fluxos referentes ao resto do mundo: o comércio exterior (exportações e importações) e as operações financeiras de tomada e concessão de empréstimos e de compra e venda de ações junto ao mercado internacional.

A crise do custo de vida, o aperto das condições financeiras na maioria das regiões, a invasão da Ucrânia pela Rússia e a persistente pandemia de Covid-19, segundo o Fundo Monetário Internacional (FMI, 2022b:1, trad. livre), em "Perspectivas da economia mundial", "provocam uma desaceleração ampla e mais acentuada que o esperado da atividade econômica mundial, com uma inflação mais alta do que a observada em várias décadas".

A previsão de desaceleração do crescimento mundial devido à política monetária para restaurar a estabilidade dos preços aliada às reformas estruturais pode apoiar ainda mais a luta contra a inflação, aliviar as pressões sobre o custo de vida e melhorar a produtividade, enquanto a cooperação multilateral será necessária para acelerar a transição para a energia verde e evitar a fragmentação.

A evolução e as novas formas de dinheiro digital são dinâmicas, e serão necessários novos mecanismos para garantir a estabilidade do sistema monetário internacional. "O dinheiro digital precisa ser concebido e regulado de modo que os países membros colham os benefícios em potencial, como o aumento da inclusão financeira e da eficiência dos pagamentos internacionais" (destaque no relatório anual do FMI, 2022a).

O avanço das tecnologias digitais e novos arranjos produtivos transnacionais aceleraram as mudanças no padrão de globalização, com modelos flexíveis de trabalho, o que aumenta a disseminação das crises e causa maior preocupação com o controle de riscos e incertezas.

Sistema financeiro e transferência de recursos

O sistema financeiro pode ser definido como um conjunto de instituições, instrumentos e mercados que tem por finalidade canalizar os fundos disponíveis das unidades superavitárias até o investimento demandado pelas deficitárias.

Em cada país, o desenvolvimento dos mecanismos de intermediação financeira está diretamente relacionado ao desenvolvimento econômico, através da oferta de produtos e serviços especializados ao mercado, os quais contribuem para alocação eficiente dos recursos em função de maior agilidade e de menores custos devido à escala das operações. Ao mesmo tempo, a estrutura econômica e o grau de estabilidade da inflação do país determinam a evolução da intermediação financeira.

A figura 1.2 ilustra o conceito do sistema financeiro como canal de conexão entre unidades superavitárias e deficitárias.

Figura 1.2 | Papel do mercado financeiro na transferência de recursos

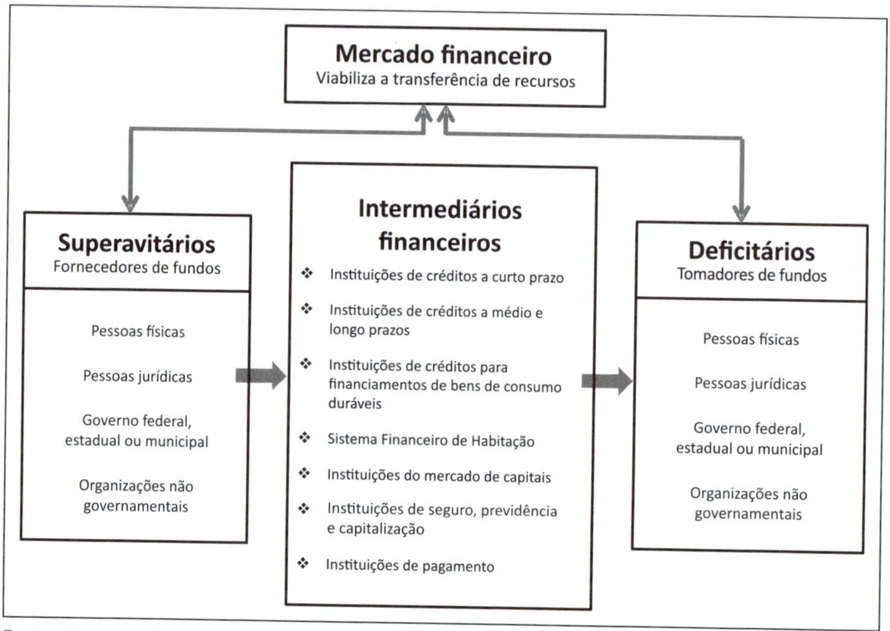

Fonte: elaborada pelos autores.

Os intermediários financeiros estabelecem os fluxos, os padrões de negociação e os processos de comunicação, além de participarem como parte integrante das operações, exercendo o papel mais relevante, que é orientar as decisões e mediar as operações financeiras entre os agentes econômicos.

As principais atividades das instituições financeiras para viabilizar a transferência de recursos dos ofertadores para os tomadores se caracterizam pelas capacidades de:

Banco de Compensações Internacionais

- transformar ativos fixos em ativos líquidos – um ativo fixo pode ser uma garantia real para um financiamento;

Banco Mundial

- redimensionar oferta e demanda de recursos – os recursos pulverizados dos poupadores são canalizados para um número menor de tomadores;
- modificar o prazo das operações – os fluxos financeiros ofertados são organizados para atender aos prazos dos tomadores de recursos;

Organização Mundial do Comércio

- estabelecer liquidez – proporcionar mecanismos para que os ativos financeiros, os títulos e os ativos mobiliários tenham liquidez em mercados organizados;
- administrar o risco – as operações de captação de recursos são combinadas com as operações de aplicação, diversificando e reduzindo o risco dos doadores.

O sistema financeiro é um dos setores mais regulados no mundo, para que haja garantia de funcionamento adequado e controle sobre o fluxo de recursos na economia. Não existe uma atividade econômica tão potente, diversificada e sofisticada como a indústria que movimenta os fluxos de moeda, os ativos financeiros e as operações derivativas por meio de uma rede mundial de comunicação em tempo real, realizando operações, registros, compensações, custódias e liquidação financeira de negócios.

As diferenças entre os sistemas financeiros nacionais referem-se às regras de intermediação: diversidade de instituições e de instrumentos de intermediação, nível de atuação das instituições normativas, composição dos ativos financeiros e grau de participação no Sistema Financeiro Internacional. As transações econômicas entre países contemplam fluxos monetários; para isso, são necessários instrumentos de pagamento que sigam as regras monetárias internacionais.

Banco de Compensações Internacionais

Banco Mundial

O Sistema Financeiro Global é composto por organizações públicas internacionais, organizações públicas nacionais e organizações privadas nacionais e internacionais. Como destaque das organizações internacionais estão o Fundo Monetário Internacional, o Banco Mundial, o Banco de Compensações Internacionais e a Organização Mundial do Comércio. Entre as organizações públicas nacionais figuram os bancos centrais, as secretarias de Estado e as agências financeiras de governos federais. E as organizações privadas nacionais e internacionais correspondem às instituições financeiras de capital privado com representação em diversos países.

Organização Mundial do Comércio

Transformações recentes no cenário de negócios

Nos primórdios, a intermediação financeira ocorria em um espaço físico ou ponto de encontro entre os poupadores e os tomadores de recursos. Mas, com o avanço das tecnologias de informação e de comunicação, as operações hoje podem ser feitas por diversos canais, como telefone, correio e internet, com abrangência mundial. Em qualquer ponto do planeta estão disponíveis relatórios, planilhas, estudos, conselhos e orientações sobre como realizar investimentos em qualquer região do mundo.

As revoluções na biotecnologia e na tecnologia da informação dão conta, segundo Harari (2018:16), de que

> redes *peer-to-peer* de *blockchain* e criptomoedas como a *bitcoin* poderão renovar completamente o sistema monetário, onde a maior parte das transações não vai envolver um valor de câmbio claro e definido para a moeda nacional, ou qualquer moeda em geral. Talvez os impostos passem a ser sobre informação, que será o ativo mais importante na economia, e a única coisa trocada em numerosas transações.

As grandes transformações, como novas tecnologias de produção, como as impressoras 3D, a robótica, a inteligência artificial e a biotecnologia estão revolucionando o cenário global de negócios e as próprias sociedades, e impactam na dinâmica dos investimentos em todo o mundo. Em nenhum outro momento da história o ritmo de mudanças foi tão acelerado, e as transformações sociais, políticas e principalmente as inovações tecnológicas ocorreram em períodos tão curtos.

No intuito de garantir princípios éticos e nivelamento de informações aos agentes econômicos, são constantemente implementados mecanismos para a regulamentação e a supervisão das atividades financeiras. Entretanto, a crise no mercado de crédito internacional em 2008, consequência das operações sem garantias e sem lastro financeiro para honrar as dívidas, com profundo impacto de confiança nos sistemas financeiros de todo o mundo, demonstrou que as organizações e os mecanismos internacionais de regulação financeira não foram suficientes para o complexo mercado financeiro global.

Fundo Monetário Internacional

Nas últimas décadas, os ativos financeiros, incluindo ações, depósitos bancários e títulos públicos e privados, cresceram mais que proporcionalmente ao PIB mundial. Segundo levantamento do Fundo Monetário Internacional, em 1990 o PIB mundial totalizava US$ 21 trilhões, em contrapartida aos US$ 48 trilhões em ativos financeiros. Mesmo depois da crise de 2008, para um PIB mundial de US$ 61 trilhões, os ativos financeiros correspondiam a US$ 178 trilhões (sem incluir o mercado de derivativos, que movimentou US$ 600 trilhões em 2008).

O gráfico da figura 1.3 ilustra a evolução histórica dos ativos financeiros nos Estados Unidos – ou seja, no mais importante mercado financeiro mundial –, mostrando que, naquele país, os ativos financeiros aumentaram 198 pontos percentuais em relação ao PIB.

Em 2022, os Estados Unidos tinham mais de 29% de toda a riqueza mundial (Desjardins, 2022).

A atividade econômica mundial está passando por uma desaceleração ampla e mais acentuada do que o esperado, com uma inflação mais alta do que a observada em várias décadas. Conforme já mencionado, a crise do custo de vida, o aperto das condições financeiras na maioria das regiões, a invasão da Ucrânia pela Rússia e a persistente pandemia de Covid-19 pesam muito sobre as perspectivas para o desenvolvimento sustentável.

Excluindo a crise financeira mundial em 2008 e a fase aguda da pandemia da Covid-19, este é o perfil de crescimento mais fraco desde 2001. A política

Figura 1.3 I Aceleração dos ativos financeiros após 1980

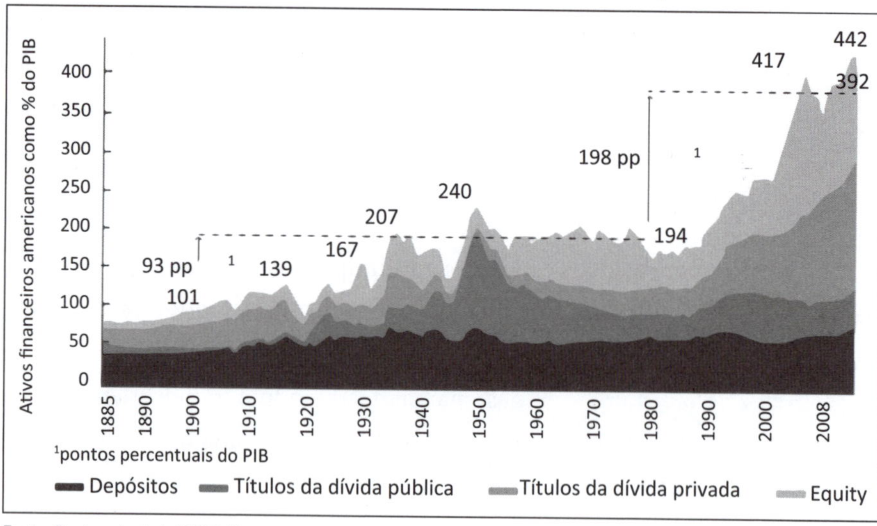

Fonte: Roxburgh et al. (2009:8).

monetária, aliada às reformas estruturais, pode apoiar ainda mais a luta contra a inflação, melhorando a produtividade e aliviando as restrições do lado da oferta, enquanto a cooperação multilateral é necessária para acelerar a transição para a energia verde e evitar a fragmentação.

Em pesquisa divulgada no Fórum Econômico Mundial de 2012, "Tendências globais 2030: mundos alternativos", o Conselho Nacional de Inteligência dos Estados Unidos destacava os seguintes movimentos que permeiam todos os setores e todos os tipos de organizações:

1) *Mudanças demográficas*. Envelhecimento da população; aumento da classe média e do processo de urbanização (que alcançará 60% da população mundial). As cidades serão responsáveis por 80% do crescimento econômico.
2) *Deslocamento do centro de poder econômico*. A participação dos Estados Unidos, da Europa e do Japão na receita global deve reduzir-se para bem abaixo da metade até 2030. A China já ultrapassou os Estados Unidos como o maior poupador do mundo. Em 2030, a participação dos mercados emergentes nos ativos financeiros será quase o dobro da de então.

3) *Demanda por alimentos*. Deve subir pelo menos 35% até 2030, enquanto as demandas por água e por energia deverão crescer 40% e 50%, respectivamente.
4) *Avanços na área de tecnologia*. Um fluxo permanente de inovações em áreas que vão da nanotecnologia à robótica está criando tecnologias cada vez mais poderosas e ampliando as oportunidades de investimentos.

Os avanços tecnológicos estão criando indústrias inteiramente novas, o que pode alterar significativamente o porte e o formato de empresas e setores industriais e de alta tecnologia. Para mensurar o desenvolvimento econômico, serão necessários novos indicadores, além das formas tradicionais, como o cálculo dos bens e serviços produzidos no país (o PIB), incluindo-se o cálculo do nível de desenvolvimento econômico e social ou novas formas que considerem o nível de desenvolvimento social, e até a complexidade tecnológica dos bens e serviços na participação do comércio global.

O *Atlas da Complexidade Econômica* do Center for International Development (CID), da Universidade de Harvard, por exemplo, apresenta uma poderosa ferramenta de visualização de dados que permite aos indivíduos explorar os fluxos de comércio global entre os mercados, acompanhar a evolução ao longo do tempo e descobrir novas oportunidades de crescimento para cada país. As capacidades industriais e tecnológicas de um país são o centro das perspectivas de crescimento, sendo a diversidade e a complexidade das capacidades existentes as grandes influenciadoras deste. No *ranking* de complexidade de produto e país (CID, 2020), os países em destaque nas primeiras posições são: Japão, Suíça, Alemanha, Coreia do Sul e Cingapura, enquanto o Brasil estava na posição 60.

The Atlas of Economic Complexity

Conforme o relatório *Caminhos da inovação 2022* (Distrito, 2022), em 2020 serviços representavam quase 20% das exportações no Japão, veículos cerca de16% e eletrônicos cerca de 13%. No Brasil, a agricultura representava quase 40% das exportações, minerais cerca de 23% e serviços cerca de 12%.

Países que exportam os produtos considerados com maior conteúdo tecnológico, como máquinas e sofisticados produtos químicos, em relação às matérias-primas ou produtos agrícolas (*commodities*), estão nas posições de destaque com melhores perspectivas de crescimento. A exportação com base em *commodities*, com a volatilidade de preços, não mantém um fluxo estável de recursos para a realização de investimentos que permitam um crescimento sustentável.

Produção e investimento no Brasil

A história econômica do Brasil é caracterizada por significativa volatilidade. Entre 1985 e 1994, a economia passou por períodos de hiperinflação, de recessões e de breves intervalos de relativa estabilidade com planos econômicos que terminaram em fracasso, com inflação recorde em 1990, que atingiu o pico de 2.950%. A turbulência macroeconômica levou o foco dos agentes econômicos a se voltar fortemente para o curto prazo e foi muito prejudicial para os mais pobres, que não conseguiam se proteger da inflação. As mudanças, a partir do Plano Real, em 1994, que equacionaram os gastos públicos, desfizeram grande parte da indexação inflacionária existente. Em 1999, sob o novo sistema de moeda, adotaram-se um regime de taxa de câmbio flutuante e o sistema de metas de inflação, que permitem maior previsibilidade da tendência do desempenho econômico.

Na crise global de 2008, o país mantinha reservas significativas para adotar políticas anticíclicas e, inicialmente, mostrou grande resiliência, com forte recuperação do crescimento econômico em 2010. Desde então, no entanto, uma combinação de desequilíbrios fiscais crescentes, aumento das políticas econômicas intervencionistas e deficiências estruturais negligenciadas levou à brusca erosão da confiança, que finalmente levou à recessão mais significativa da economia já registrada, com forte redução na taxa de investimento.

A pandemia provocada pela Covid-19, com o colapso da renda *per capita* ao redor do mundo em 2020, expôs e agravou fragilidades preexistentes no setor financeiro de forma diversa entre os países – os impactos econômicos foram mais intensos e persistentes nas economias emergentes, reduzindo, ainda mais, a capacidade de financiar o consumo e o investimento produtivo durante a fase de recuperação.

Os impactos da crise afetaram em maior escala os grupos menos favorecidos, que correspondem a uma grande parcela da atividade econômica e do emprego total, como as pequenas empresas e informais:

> Cerca de 34% do PIB na América Latina e na África Subsaariana, e 28% do PIB no Sul da Ásia, e na Índia, mais de 80% da força de trabalho está empregada no setor informal. Em 2020, em 70% dos países, a incidência de desemprego temporário foi maior entre os trabalhadores que concluíram apenas o primeiro ciclo do ensino

> fundamental, da mesma forma, as perdas de renda foram maiores entre jovens, mulheres, trabalhadores autônomos e trabalhadores temporários com níveis mais baixos de escolaridade [The World Bank, 2022:27].

As informações apresentadas no *Relatório de desenvolvimento mundial*, que analisa o papel central das finanças na recuperação, indicam uma

> recuperação mais lenta nos países mais pobres: 40% das economias avançadas se recuperaram em 2021, mas muito menor nos países de renda média (27%) e de renda baixa (21%). Os governos, agências reguladoras e instituições financeiras devem adotar políticas [para conduzir suas economias rumo a uma recuperação sustentada e equitativa] [The World Bank, 2022:24, trad. livre].

A tabela 1.1 permite acompanhar a evolução das estatísticas sobre o desempenho da economia nacional, conforme histórico disponível nos *sites* do IBGE e do Banco Central do Brasil, ou em publicações da área financeira.

Tabela 1.1 | Produção e investimento no Brasil

Produção e investimento									
Indicadores	**2022**	**2021**	**2020**	**2019**	**2018**	**2017**	**2016**	**2015**	**2014**
PIB (R$ bilhões)*	9.915	8.899	7.610	7.389	6.889	6.583	6.269	5.996	5.779
PIB (US$ bilhões)**	1.905	1.609	1.448	1.873	1.868	2.053	1.800	1.796	2.455
Taxa de variação real (%)	2,9	5,0	-3,3	1,2	1,3	1,3	-3,3	-3,5	0,5
Agropecuária	-1,7	0,3	4,2	0,4	1,4	14,2	-5,2	3,3	2,8
Indústria	1,6	4,8	-3,0	-0,7	0,5	-0,5	-4,6	-5,8	-1,5
Serviços	4,2	5,2	-3,7	1,5	1,5	0,8	-2,2	-2,7	1,0
Formação bruta de capital fixo (%)	0,9	16,5	-1,7	4,0	3,9	-2,6	-12,1	-13,9	-4,2
Investimento (% do PIB)	18,8	18,9	16,6	15,5	15,2	14,6	15,5	17,8	19,9

* Valores correntes; ** Banco Central.

Fontes: IBGE e Banco Central. Elaboração: Valor Data. Disponível em: <https://valor.globo.com/valor-data/indices-macroeconomicos/>. Acesso em: fev. 2023.

Na análise dos investidores do mercado financeiro, é indispensável acompanhar os panoramas macroeconômicos nacional e global e seu impacto no desempenho das companhias, visando compreender a dinâmica das variáveis de conjuntura na projeção de cenários prospectivos.

Em uma visão mais abrangente, devem-se incluir indicadores de desenvolvimento das economias no mundo, como as contas públicas, as taxas de juros, a inflação, o preço dos insumos (*commodities*) e as políticas globais que impactam o desempenho dos mercados e as decisões de investimentos.

As perspectivas positivas para a economia brasileira podem ser confirmadas com as reformas tributária e administrativa, aprimorando o mercado de capitais como fonte de recursos para inúmeros projetos empresariais, de modo que a bolsa se torne celeiro de novas aberturas de capital (IPO) com consequente desenvolvimento econômico devido à virtuosa relação entre capitalização do mercado e número de empresas nela listadas, com fatores de investimento em inovação e serviços de infraestrutura.

A dinâmica do mercado de capitais permite prover recursos para projetos empresariais com custos e prazos mais adequados ao ciclo do negócio, mobilizando poupanças de longo prazo para investimentos em produção, contribuindo para a geração de empregos e desenvolvimento sustentável da economia.

Dinâmica do Sistema Financeiro Nacional

O Sistema Financeiro Nacional (SFN) teve origem em 1808, com a criação do primeiro banco, denominado Banco do Brasil, por alvará de D. João VI, príncipe regente, com as funções de banco de depósitos, descontos e emissão, e ainda o privilégio de venda dos produtos comercializados pela Coroa. Até a década de 1960, os investimentos eram concentrados em ativos reais (imóveis), com reduzida participação das aplicações em títulos públicos ou privados, sendo restrito o desenvolvimento do mercado de capitais.

A evolução do SFN teve seu marco na Lei da Reforma Bancária nº 4.595/1964, que reformulou todo o sistema nacional de intermediação financeira e criou o Conselho Monetário Nacional (CMN) e o Banco Central do Brasil (BC), disciplinando o mercado de capitais. As mudanças do SFN estabeleceram uma administração monetária federal, capaz de formular e executar políticas monetárias e de crédito de forma a conter o processo inflacionário, e modificaram o regime jurídico das instituições financeiras privadas para a utilização mais eficiente dos recursos financeiros, impulsionando o desenvolvimento nacional.

Atualmente, o SFN é composto por órgãos normativos que estabelecem as normas orientadoras sobre o funcionamento do sistema por meio de entidades supervisoras. Estas executam e fiscalizam as operações por meio do subsistema operativo, que é composto pelos intermediários financeiros públicos e privados. No art. 17 da Lei da Reforma Bancária (Brasil, 1964), as instituições financeiras foram definidas como "as pessoas jurídicas públicas e privadas que tenham como atividade principal ou acessória a coleta, a intermediação ou a aplicação de recursos financeiros próprios ou de terceiros, em moeda nacional ou estrangeira, e a custódia de valor de propriedade de terceiros".

Consideram-se instituições financeiras, para os efeitos da legislação em vigor, as pessoas jurídicas públicas ou privadas que tenham como atividade principal ou acessória a coleta, a intermediação ou a aplicação de recursos financeiros próprios ou de terceiros, em moeda nacional ou estrangeira, e a custódia de valores de propriedade de terceiros.

Os órgãos de regulação e fiscalização têm como objetivo formular e executar a política monetária e de crédito do SFN, visando ao progresso econômico e social do país. O conjunto de instituições que são responsáveis pela regulamentação e pela fiscalização é composto pelo CMN, pelo Banco Central do Brasil (BC), pela Comissão de Valores Mobiliários (CVM) e pela Superintendência de Seguros Privados (Susep).

O BC apresenta, segundo a figura 1.4, a estrutura do SFN, composta por órgãos normativos, supervisores e operadores, de acordo com a atuação nos respectivos segmentos de mercado.

Fazendo acesso aos diferentes *links* existentes na página do *site* do BC, podem-se conhecer, em detalhes, as atividades de todos os participantes do SFN, com destaque para as instituições normativas e de supervisão, que organizam e monitoram as operações no Sistema Financeiro Nacional.

Banco Central do Brasil

Figura 1.4 | Estrutura do Sistema Financeiro Nacional (SFN)

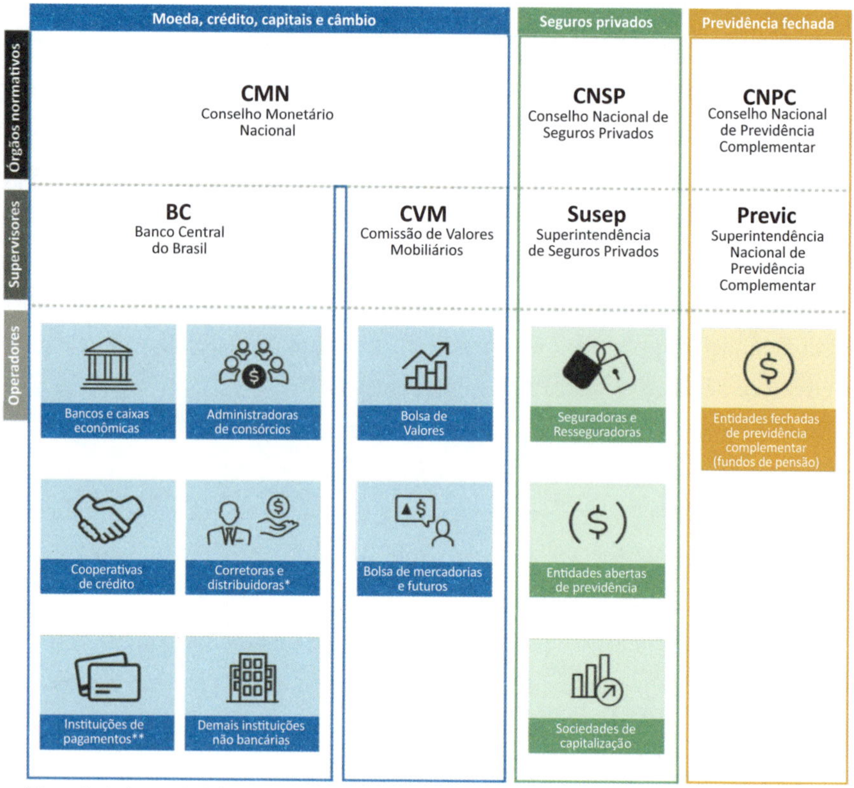

* Dependendo de suas atividades, corretoras e distribuidoras também são fiscalizadas pela CVM.
** As instituições de pagamento não compõem o SFN, mas são reguladas e fiscalizadas pelo BCB, conforme diretrizes estabelecidas pelo CMN.

Fonte: <www.bcb.gov.br/acessoinformacao/legado?url=https:%2F%2Fwww.bcb.gov.br%2Fpre%2Fcomposicao%2Fcomposicao.asp>. Acesso em: mar. 2023.

O Conselho Monetário Nacional

Entre os órgãos normativos que determinam as regras gerais para o bom funcionamento do sistema, o principal é o Conselho Monetário Nacional (CMN), que tem como funções:

- fixar as diretrizes das políticas monetária, creditícia, orçamentária, fiscal, cambial e da dívida pública;
- regular as condições de constituição e funcionamento;
- fiscalizar as instituições participantes do mercado financeiro.

Entidades supervisoras: BC, CVM, Susep e Previc

As entidades supervisoras – que são o Banco Central do Brasil (BC), a Comissão de Valores Mobiliários CVM, a Superintendência de Seguros Privados (Susep) e a Superintendência Nacional de Previdência Complementar (Previc) – visam garantir que os integrantes do sistema financeiro operem de acordo com as regras definidas pelos órgãos normativos nos respectivos segmentos de mercado.

O BC atua como banco dos bancos, gestor do SFN, agente da autoridade monetária, banco emissor e agente financeiro do governo, executando e fiscalizando o cumprimento de todas as determinações do CMN. Adicionalmente, conduz as políticas monetária, cambial, de crédito e de relações financeiras com o exterior; a regulação e a supervisão do SFN; a administração do Sistema de Pagamentos Brasileiro (SPB) e os serviços do meio circulante.

A missão do BC visa "assegurar a estabilidade do poder de compra da moeda e um sistema financeiro sólido e eficiente". Indicamos o *site* do BC para a pesquisa de informações relevantes sobre taxas de juros, séries temporais, indicadores econômicos, previsões semanais do mercado para a economia brasileira (*Relatório Focus*), bem como palestras sobre gestão de finanças pessoais e funcionamento do SFN para pessoas físicas e jurídicas.

Por meio do Decreto nº 7.397/2010, foi instituída no Brasil, como política de Estado em caráter permanente, a Estratégia Nacional de Educação Financeira (Enef), com o objetivo de promover a educação financeira e previdenciária; aumentar a capacidade do cidadão para realizar escolhas conscientes sobre a administração dos seus recursos e contribuir para a eficiência e a solidez dos mercados financeiro, de capitais, de seguros e previdência e de capitalização.

A CVM, criada por meio da Lei nº 6.385, de 7 de dezembro de 1976, tem como objetivo fiscalizar, normatizar, disciplinar e desenvolver o mercado de valores mobiliários no Brasil. No plano estratégico para 2023, apresenta como propósito zelar pelo funcionamento eficiente, pela integridade e pelo desenvolvimento do mercado de capitais, promovendo o equilíbrio entre a iniciativa dos agentes e a efetiva proteção dos investidores.

Os resultados esperados com a implantação do novo plano estratégico consistem em:

- estimular a formação de poupança e a aplicação desta em valores mobiliários;
- assegurar o funcionamento eficiente e regular do mercado;
- proteger os investidores;
- assegurar o acesso do público a informações tempestivas e de qualidade;
- condenar efetiva e tempestivamente os responsáveis por infrações.

CVM

Portal do Investidor

Entre os destaques no *site* da CVM como participante da estratégia nacional de educação financeira, estão disponíveis conceitos iniciais sobre investimentos e mercado financeiro, por meio de artigos, cursos *online*, palestras e livros digitais no Portal do Investidor, dicas em vídeo, games e publicações sobre consumo, planejamento, poupança, previdência, crédito, investimento, direitos e deveres relativos aos produtos e serviços ofertados pelo mercado financeiro para melhor gerir e planejar o futuro na área "Vida & dinheiro" do *site*.

Com o objetivo de aprimorar as iniciativas educacionais, a CVM passou a promover e estimular estudos sobre comportamento financeiro, incentivando a formação de poupança e a tomada de decisões financeiras mais informadas, pelo *blog* "Penso, logo Invisto?", estabelecendo um canal de colaboração com a comunidade acadêmica e incentivando discussões e a divulgação de artigos acadêmicos.

Susep

A Susep é o órgão responsável pelo controle e pela fiscalização dos mercados de seguro, previdência privada aberta, capitalização e resseguro. Autarquia vinculada ao Ministério da Economia, foi criada pelo Decreto-lei nº 73, de 21 de novembro de 1966, e tem como missão, conforme seu *site*, acessado em março de 2023:

> Atuar na regulação, supervisão, fiscalização e incentivo das atividades de seguros, previdência complementar aberta e capitalização, de forma ágil, eficiente, ética e transparente, protegendo os direitos dos consumidores e os interesses da sociedade em geral.

A Susep é membro do Conselho Nacional de Seguros Privados (CNSP), órgão responsável por fixar as diretrizes e normas da política de seguros privados, contando ainda com representantes do Ministério da Economia, do Ministério da Justiça, da Secretaria Especial de Previdência e Trabalho, do Banco Central e da Comissão de Valores Mobiliários.

A Superintendência Nacional de Previdência Complementar (Previc), criada pela Lei nº 12.154, de 23 de dezembro de 2009, é uma autarquia de natureza especial, dotada de autonomia administrativa e financeira e patrimônio próprio, vinculada ao Ministério da Previdência Social. Atua em todo o território nacional como entidade de fiscalização e supervisão das atividades das entidades fechadas de previdência complementar e de execução das políticas para o regime de previdência complementar operado pelas referidas entidades.

Previc

No subsistema operativo estão as instituições financeiras que lidam diretamente com o público no papel de intermediário financeiro, canalizando o fluxo de recursos entre poupadores e aqueles que precisam de empréstimos. Para efeito legal, são pessoas jurídicas públicas ou privadas que têm como atividade principal, ou acessória, a coleta, a intermediação ou a aplicação de recursos financeiros, próprios ou de terceiros, em moeda nacional ou estrangeira, e a custódia de valores de propriedade de terceiros.

A manutenção da estabilidade e da solidez do SFN e, consequentemente, da economia de um país passa por um sistema bancário eficiente e seguidor das regras determinadas pelo regulador. As instituições financeiras brasileiras e as demais instituições autorizadas a funcionar pelo BC precisam estar em adequação com as determinações do International Accounting Standards Board (IASB) e da International Federation of Accountants (Ifac).

Ifac

IASB

Subsistema operativo

As instituições que compõem o subsistema operativo estão agrupadas pelas atividades no mercado financeiro, conforme a seguir:

- instituições financeiras captadoras de depósito à vista – bancos múltiplos com carteira comercial, caixas econômicas e cooperativas de crédito;

- demais instituições financeiras – bancos múltiplos sem carteira comercial; bancos de investimento; bancos de desenvolvimento; sociedades de crédito, financiamento e investimento; sociedades de crédito imobiliário; companhias hipotecárias; associações de poupança e empréstimo; agências de fomento e sociedades de crédito ao microempreendedor;
- instituições intermediárias e auxiliares – bolsas de valores, bolsas de mercadorias e de futuros, sociedades corretoras de títulos e valores mobiliários, sociedades distribuidoras de títulos e valores mobiliários, sociedades de arrendamento mercantil, sociedades corretoras de câmbio, representações de instituições financeiras estrangeiras e agentes autônomos de investimento;
- administração de recursos de terceiros – fundos e clubes de investimento, carteira de investidor estrangeiro e administradoras de ativos financeiros;
- entidades ligadas aos sistemas de previdência e seguros – entidades fechadas de previdência privada, entidades abertas de previdência privada, sociedades seguradoras, sociedades de capitalização e sociedades administradoras de seguro-saúde.

Operações do mercado financeiro

As operações do mercado financeiro podem ser divididas em quatro grandes segmentos, classificados de acordo com as necessidades dos participantes, respeitando as características e os tipos de operações realizadas por eles, com diferentes configurações de prazos, valores e remuneração. Didaticamente, eles serão apresentados separadamente (ver quadro 1.1); contudo, na realidade, atuam de maneira concomitante.

Os mercados financeiros vêm passando por muitas mudanças, consequência do fenômeno da globalização, intensificadas pelo avanço das tecnologias de informação e comunicações (TICs) ocorrido nos últimos anos, e provocadas pela liberalização internacional dos fluxos de capitais, pela desregulamentação desses mesmos mercados e pelas inovações financeiras.

Em todos os mercados financeiros, as operações internacionais das empresas cresceram e extrapolaram as fronteiras internacionais em uma rede de grande dimensão que se move com volume e rapidez crescente, provocando grandes transformações, como: novas oportunidades de negócios; criação de mercado global; aumento de liquidez nos mercados emergentes; disseminação de novas tecnologias que permitem o fluxo de informações contínuo em tempo real.

Quadro 1.1 | Operações do mercado financeiro

Mercados	Características e tipos de operação
Monetário 	Operações de curto/curtíssimo prazo a fim de que os agentes econômicos e os próprios intermediários financeiros atendam às necessidades diárias de caixa. A liquidez desse mercado é regulada por operações com títulos da dívida pública, instrumento de política monetária exercida pelo Banco Central.
Crédito 	Operações de curto e médio prazos, para financiamento de bens duráveis para consumidores e capital de giro para empresas/intermediários financeiros bancários e não bancários.
Capitais 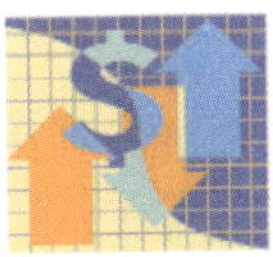	Operações de recursos de médio e longo prazos para agentes econômicos produtivos públicos ou privados (investimento de capital fixo), por meio de compra e de venda de títulos e valores mobiliários por investidores: ações, debêntures; recursos financeiros supridos por intermediários financeiros não bancários – bolsa de valores e corretoras. Os futuros e derivativos são operações de promessa e de liquidação futura, com produtos financeiros e mercadorias agrícolas. Bolsa de Mercadoria – BMF.
Câmbio 	Operações de compra e venda de moedas estrangeiras a prazo normalmente curto, visando suprir necessidades momentâneas dessas moedas. Por exemplo: pagamento de bens importados, recebimento por bens exportados, pagamento de juros de empréstimos externos, remessa monetária ao exterior.

Fonte: elaborado pelos autores.

Os mercados financeiros, como consequência da globalização, apresentam novas características, tais como: aumento da volatilidade dos ativos; maior impacto das turbulências externas, acentuando os riscos assumidos; reação imediata dos mercados globais aos acontecimentos políticos e econômicos, com a redução dos controles governamentais sobre os mercados financeiros globalizados. Esse movimento exige dos participantes um acompanhamento dos diversos mercados externos para identificar os riscos; a utilização de instrumentos para a mensuração dos riscos; as estratégias adequadas de proteção e investimento.

Fundamentos do mercado de capitais

O surgimento do mercado de capitais está fundamentado em dois princípios: (1) atuar como propulsor de capitais para investimentos; (2) estimular a formação de poupança privada, fortalecendo a economia de mercado pela participação coletiva de forma ampla na riqueza e contribuindo para o desenvolvimento econômico.

No mercado de capitais são criadas as condições para que as empresas captem recursos diretamente dos investidores, pela emissão de instrumentos financeiros, com o objetivo principal de financiar as atividades ou viabilizar projetos de investimento.

O mercado de capitais garante fontes de captação de recursos, ampliando as alternativas de financiamento, reduzindo o custo deste, diversificando e redistribuindo o risco entre os aplicadores e democratizando o acesso ao capital, proporcionando liquidez aos títulos emitidos por meio de um conjunto de instituições e de instrumentos para a negociação com títulos e valores mobiliários.

Para os investidores, o mercado de capitais surge como alternativa às aplicações em renda fixa oferecidas pelas instituições financeiras e pelo governo. Os poupadores têm a oportunidade de participar de empreendimentos com rentabilidade superior aos investimentos tradicionais, embora também com superior grau de risco. No mercado de capitais, o risco da operação em que os recursos são aplicados é assumido pelos próprios investidores, diferentemente do mercado de crédito, que é concentrado nos bancos.

Os mercados financeiros são mais eficientes em países onde existem bolsas de valores bem estruturadas, transparentes e líquidas, em um ambiente de negócios livre e com regras claras, estimulando a livre concorrência e a pluralidade de participantes.

Principais agentes na dinâmica do mercado de capitais

Os participantes dos mercados de capitais podem ser divididos em dois grupos: os que normatizam (CVM e bolsa de valores) e os que operacionalizam, que são as empresas de capital aberto, os investidores (pessoas físicas, jurídicas, institucionais e autônomos) e as instituições financeiras. Nenhuma emissão pública de valores mobiliários poderá ser distribuída no mercado sem prévio registro na CVM, entendendo-se por atos de distribuição a venda, promessa de venda, oferta à venda ou subscrição, aceitação de pedido de venda ou subscrição de valores mobiliários.

O fluxo de recursos se dá por meio de operações financeiras que podem ocorrer diretamente entre companhias abertas e investidores ou por intermediários financeiros. A dinâmica do mercado de capitais e os principais agentes dele participantes podem ser visualizados na figura 1.5.

Figura 1.5 | Dinâmica do mercado de capitais e os principais agentes

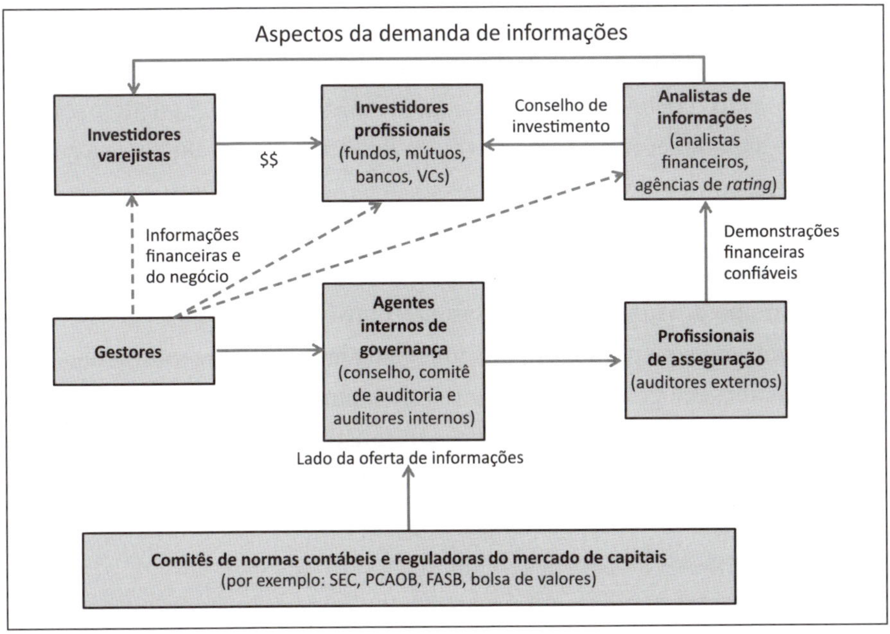

Fonte: Papelu e Healy (2016:348).

Os agentes que operam no mercado são fundamentalmente representados pelas companhias abertas (que emitem ações e títulos de dívida), pelos investidores, pelos intermediários e pelas instituições que prestam serviços especializados de auditoria e consultoria financeira. As operações são normatizadas e acompanhadas pela CVM e pelas bolsas de valores.

A emissão de ações e de títulos de dívida é frequentemente realizada pelas companhias abertas como meio de obtenção de recursos para o desenvolvimento de suas atividades. Essas empresas, denominadas sociedades anônimas, ou sociedades por ações, são definidas no primeiro artigo da Lei nº 6.404, de 15 de dezembro de 1976, – a Lei das S.A.: "Art. 1º. A companhia ou sociedade anônima terá o capital dividido em ações, e a responsabilidade dos sócios ou acionistas será limitada ao preço de emissão das ações subscritas ou adquiridas".

A captação de recursos para novos investimentos é uma decisão financeira e estratégica da companhia e essa deverá promover a avaliação, entre as opções disponíveis, em termos de custos e valores. As opções podem ser por meio de recursos próprios, utilizando os lucros acumulados pela companhia; ou por meio de recursos externos, com a contratação de financiamento bancário; ou a utilização do mercado de capitais, por meio de emissão pública de títulos, diretamente aos investidores.

Nas companhias abertas, o capital social é dividido em ações, que são subscritas pelos sócios ou acionistas, que podem negociar a participação na sociedade a qualquer momento, sem necessidade de concordância dos demais sócios. A responsabilidade de cada acionista é restrita ao valor da emissão das ações e eles não têm responsabilidade adicional por compromissos assumidos pela companhia, em caso de liquidação.

O Conselho de Administração, como responsável por estabelecer as diretrizes das companhias e proporcionar a longevidade delas, representa o canal que conecta os sócios à gestão, no que se refere a assuntos estratégicos e de monitoramento. Na alçada do Conselho de Administração, segundo o Código das Melhores Práticas do Instituto Brasileiro de Governança Corporativa (IBGC), estão a estratégia, a estrutura de capital, a gestão do risco, as fusões e aquisições e a política de gestão de pessoas (Rossetti, 2014).

As companhias mantêm um departamento de relação com os investidores (RI), que, por meio de uma comunicação de mão dupla, visa contribuir positivamente para a justa avalição delas. Entre as atividades estão: fornecer informações para analistas e investidores; manter e ampliar a base acionária; identificar o perfil de investidores adequados à companhia; apresentar a mensagem da companhia de uma forma clara que represente o valor desta; e enviar informações qualificadas sobre as respostas do mercado para a alta administração.

O *site* da Bolsa de Valores brasileira destaca as seguintes vantagens para as companhias de capital aberto:

- diferencial competitivo, reflexo da transparência e da confiabilidade apresentadas nas suas informações básicas ao mercado, o que facilita os negócios e atrai o consumidor final, gerando maior reputação;
- maior facilidade para a solução de diversos problemas relativos a processos sucessórios, heranças e estratégias empresariais;

- selo de governança corporativa, internacionalmente reconhecido, concedido às companhias listadas nos segmentos diferenciados da B3 e que integram os índices da B3 – proporcionando às companhias maior visibilidade e maior demanda por seus papéis.

O mesmo *site* aponta como benefícios para os investidores:

- maior potencial de boa rentabilidade no longo prazo;
- recebimento periódico de dividendos;
- não ser necessário muito dinheiro para investir;
- poder comprar ou vender suas ações no momento em que desejar, sendo também possível emprestar ações e, com isso, ganhar um rendimento extra.

Nos sistemas de distribuição e prestação de serviço no mercado de capitais, atuam: as sociedades corretoras e distribuidoras de valores mobiliários, os bancos de investimentos e de desenvolvimento, e as empresas de liquidação e custódia. Adicionalmente, atuam na prestação de serviços as empresas de auditoria e consultoria e os analistas financeiros.

Além de serviços financeiros especializados, as corretoras de valores têm como principal atividade a execução de ordens de compra e de venda de ativos para os clientes, e são remuneradas por meio da cobrança de taxas pelos serviços financeiros. A partir de março de 2009, as distribuidoras foram autorizadas a operar diretamente na bolsa de valores.

Os investidores devem analisar os custos referentes aos diferentes estágios das operações, como a compra e a venda, o registro, a liquidação e a custódia, para mensurar a expectativa de retorno dos investimentos no mercado de capitais. Para pesquisar a lista de todas as corretoras autorizadas a operar, pode-se acessar o *site* da CVM e o da bolsa de valores.

De acordo com o Portal do Investidor (2022b), os principais serviços ofertados ao investidor pelas corretoras e distribuidoras são:

- suporte para entender o funcionamento da bolsa e para definir o perfil do investidor;
- fornecimento de informativos sobre o mercado e relatórios de recomendação de ações, como forma de auxiliar na escolha de ações ou de tipos de investimentos;

- disponibilização de ferramentas e serviços facilitadores, como o *home broker* (investimento via internet) e ferramentas de análise gráfica;
- assessoria de especialistas;
- aviso sobre novos produtos no mercado, possibilitando a diversificação dos investimentos;
- informação sobre o recebimento de dividendos e outros valores que as empresas pagam aos acionistas.

As corretoras podem utilizar os serviços de agentes autônomos de investimento como um elo entre os investidores e os produtos e serviços financeiros, permitindo o crescimento da base de investidores no mercado de capitais. As atividades normalmente desempenhadas pelos agentes autônomos se referem à prospecção e à captação de clientes, às informações sobre os produtos e serviços financeiros e ao registro e à transmissão das ordens para os sistemas de negociação.

Os agentes autônomos devem ser previamente credenciados por entidade autorizada pela CVM. Ancord é a entidade credenciadora de assessores de investimentos, com base no art. 6º da Resolução CVM nº 16, que indica os principais deveres, responsabilidades e atribuições dos assessores de investimentos (agentes autônomos de investimentos). Destacamos que, para operarem em nome do cliente de forma autônoma, é necessária, além desse credenciamento, autorização expressa para a execução de cada uma das ordens e operações. Com a entrada em vigor da Lei nº 14.317/2022, os profissionais conhecidos como "agentes autônomos de investimentos" passaram a ser denominados "assessores de investimentos".

Esse profissional pode atuar diretamente como pessoa natural, mas também por meio de uma sociedade constituída com esse fim exclusivo, e deve exercer suas atividades sempre através de uma instituição integrante do sistema de distribuição de valores mobiliários, em nome da qual atua como preposto.

A Comissão de Valores Mobiliários editou as resoluções CVM nºs 178 e 179 em 14 de fevereiro de 2023, que representam novo marco regulatório para a atividade de assessoria de investimentos e para a transparência das práticas remuneratórias no segmento de intermediação de valores mobiliários.

A Resolução CVM nº 178 passa a disciplinar os assessores de investimento, substituindo a Resolução CVM nº 16. As principais inovações da nova norma são: possibilidade de assessores de investimento sem relação de exclusividade; flexibilidade quanto ao tipo societário adotado por assessores de investimento pessoa jurídica; maior transparência ao investidor; criação do diretor responsável do assessor de investimento pessoa jurídica e detalhamento de aspectos relacionados à fiscalização que intermediários devem exercer sobre assessores de investimento.

A Resolução CVM nº 179 introduz modificações em outras normas editadas pela autarquia, em especial a Resolução CVM nº 35, com objetivo principal de aumentar a transparência para o investidor sobre as práticas remuneratórias da atividade de intermediação de valores mobiliários. As principais inovações são: exigência de divulgação de informações qualitativas e quantitativas sobre formas e arranjos remuneratórios e potenciais conflitos de interesse e criação de extrato trimestral sobre remuneração.

A consultoria de valores mobiliários só poderá ser exercida por pessoas físicas ou jurídicas previamente autorizadas pela CVM, conforme normas estabelecidas na Resolução CVM nº 19, de 25 de fevereiro de 2021.

Regulados CVM

O exercício da atividade de consultoria de valores mobiliários compreende a prestação dos serviços de orientação, recomendação e aconselhamento, de forma profissional, independente e individualizada, sobre investimentos no mercado de valores mobiliários, cuja adoção e implementação sejam exclusivas do cliente. Esse profissional possui conhecimentos técnicos e práticos para auxiliar seu cliente na busca do produto que irá melhor atender a seus objetivos e necessidades pessoais. É importante realizar consulta atualizada sobre os regulados pela CVM no *link* específico.

Nas operações com valores mobiliários, a maioria das corretoras fornece um *software/aplicativo* de *home broker* como ferramenta de acesso aos mercados da bolsa. Os investidores podem negociar diretamente pela internet, verificar a execução das ordens e ter acesso às cotações dos ativos negociados. As ofertas são enviadas pelo investidor por meio da infraestrutura tecnológica da corretora, que recebe as informações e faz a conexão com os sistemas da bolsa. As ferramentas e os custos de utilização podem variar entre as instituições e de acordo com o pacote de serviços, que pode incluir ferramentas especiais para análise de ativos negociados, com acesso via web e por aplicativos para plataformas móveis.

Tabela 1.2 | Contagem de reguladores

Contagem de regulados*	2017	2018	2019	2020	2021	2022
Investidores não residentes	19.416	19.293	18.244	18.705	19.220	19.282
Fundos de investimento	16.182	17.718	19.427	22.295	26.445	28.894
Administradores de carteira	3.382	3.452	3.560	3.786	4.185	4.557
Pessoas físicas	2.479	2.512	2.603	2.774	3.036	3.294
Pessoas jurídicas	903	940	957	1.012	1.149	1.263
Analistas de valores mobiliários	606	662	698	923	1.269	1.412
Pessoas físicas	606	615	629	840	1.161	1.283
Pessoas jurídicas	0	47	69	83	108	129
Consultores de valores mobiliários	673	659	694	790	1.018	1.329
Pessoas físicas	479	498	547	632	815	1.076
Pessoas jurídicas	194	161	147	158	203	253
Corretoras de valores mobiliários	74	74	74	69	70	63
Distribuidoras de valores mobiliários	94	101	100	102	106	101
Agentes autônomos de investimento	6.652	7.778	10.798	13.881	18.141	23.294
Pessoas físicas	5.492	6.619	9.608	12.275	16.969	22.033
Pessoas jurídicas	1.160	1.159	1.190	1.156	1.172	1.261
Custodiantes de valores mobiliários	145	139	146	146	156	155
Escrituradores de valores mobiliários	53	59	61	63	72	74
Administradoras de mercado organizado	1	1	1	3	3	4
Depositárias centrais	1	1	1	1	2	2
Plataformas eletrônicas *crowdfunding*	N/A	14	26	32	54	57
Companhias abertas, estrangeiras e incentivadas (registro ativo)	672	666	656	675	765	745
Companhias securitizadoras	–	–	–	–	–	79
Auditores independentes	391	375	528	354	346	349
Agências de *rating*	7	7	7	6	6	7
TOTAL (*Estimativas)	**48.349**	**50.999**	**55.021**	**61.831**	**71.858**	**80.404**

* Consiste em estimativas. As companhias securitizadoras tiveram seu cadastro apartado das companhias abertas apenas em 2022, estando anteriormente somadas. Pode haver entidades com mais de um tipo de registro (dupla contagem).

Fonte: CVM (2022).

Principais bolsas de valores no mundo

Não há uma definição clara sobre a origem das bolsas de valores. Desde a Idade Média até o século XVII, as atividades das bolsas se resumiam a compra e venda de moedas, letras de câmbio e metais preciosos. As operações eram limitadas pelas dificuldades de comunicação, escassez de capital e ausência de crédito.

De acordo com Pinheiro (2009), entre as mais antigas bolsas constam as de Londres, em 1554; Paris, em 1724 e Nova York, em 1792.

ICE NYSE

Segundo a New York Stock Exchange (NYSE), a Bolsa de Valores de Nova York, um dos primeiros registros de operações de bolsas de valores tem mais de quatro séculos, quando uma grande empresa de navegação holandesa captou recursos dessa forma para financiar a expansão de suas operações. Para dados adicionais sobre as primeiras operações das bolsas de valores no mundo, é útil visitar a linha do tempo do *site* da NYSE e o *site* da ICE NYSE (Intercontinental Exchange).

Na capitalização do mercado de capitais, destacam-se: NYSE (24,9%); Nasdaq (18%); Shanghai Stock Exchange (6,2%), EuroNext (5,8%); Japan Exchange Group (5,1%) e, na sequência, Shenzhen Stock Exchange (4,4%); Índia (3,5%), Hong Kong Stock Exchange (3,5%); Saudi Arabia (3%), London (2,9%), Toronto (2,9%) e todas as outras (19,8%) (Desjardins, 2022).

As bolsas podem beneficiar a economia e a sociedade como um todo, não somente companhias abertas, que detêm ações. De acordo com Lynch e Rothchild (2011:75),

> a companhia aberta é a instituição mais democrática do mundo: não importam raça, sexo, religião ou nacionalidade, qualquer um pode tornar-se sócio de uma empresa de capital aberto, por meio da compra de ações. É um exemplo da verdadeira igualdade de oportunidades.

História da NYSE

A New York Stock Exchange é a maior bolsa de valores do mundo, com uma capitalização de mais de US$ 25,2 trilhões em maio de 2022. Bolsa de valores é um mercado onde corretores de valores, negociadores, comparadores e vendedores podem trocar suas ações. As grandes bolsas têm milhares de empresas listadas. As empresas vedem ações de seus negócios, permitindo ao público em geral investir nas empresas. A bolsa de valores mais antiga no mundo é a Frankfurt Stock Exchange, fundada no final do século XVI. Toda empresa listada em uma bolsa de valores tem um *initial public offering* (IPO). Os maiores IPOs podem gerar bilhões de dólares em ações para as empresas envolvidas. Relacionadas às bolsas de valores são as bolsas de derivativos, onde ações, contratos futuros e outros derivativos podem ser negociados.

O *market* Cap/GDP dos Estados Unidos em 2021 era de 227%, do Canadá de 168%, de Cingapura 167%, da Austrália de 121%, do Japão 117%, do Reino Unido 110%, da Coreia do Sul 87%, da China 82%, do Brasil 53%, da Alemanha 51%, do México 17% e da Colômbia 10%. O *turnover* das bolsas em 2022 foi de 385% para a bolsa de Shenzhen Stock Exchange, Shanghai Stock Exchange 206%, Korea Exchange 167%, B3 164%, Nasdaq 143%, NYSE 123%, Japan Exchange Group 107%, Deutsche Boerse AG 79%, ASX 67%, Hong Kong Exchanges and Clearing 63%, National Stock Exchange of India 53%, Singapore Exchange 35% e Bolsa Mexicana de Valores 22% (B3, 2022).

A figura 1.6 mostra o potencial do mercado brasileiro, quando comparado com outros países. Apresenta também o percentual da população que investe na bolsa nos diferentes países.

Figura 1.6 | Potencial do mercado

A baixa participação da população mostra que o mercado brasileiro pode crescer significativamente

População total (milhões)	*67*	*332*	*1.412*	*1.408*	*214*
Nº de investidores[1] (milhões)	*20*	*190*	*210*	*45*	*5*
População em bolsa (%)	*30%*	*57%*	*15%*	*3%*	*2%*
População bancarizada (%)	*100%*	*95%*	*89%*	*83%*	*84%*

Fontes: WFE, World Bank, Banco Central, Global Findex, World Wide Web.
[1] Números aproximados, exceto para o Brasil.

Fonte: relações com investidores (B3, 2022).

Bolsa de valores no Brasil

As funções dos mercados de bolsa e de balcão, de acordo com a CVM (2017), são organizar, manter, controlar e garantir ambientes ou sistemas propícios para o encontro de ofertas e a realização de negócios com formação eficiente de preços, transparência e divulgação de informações, e segurança na compensação e liquidação dos negócios.

As operações nas bolsas de valores, como parte integrante do processo de reunir compradores e vendedores, disponibilizam informações sobre o preço (cotação) pelo qual as ações estão sendo negociadas, além de executarem uma série de outras funções cruciais em apoio a esse processo, como a vigilância do mercado e a tecnologia da informação, garantindo, assim, a integridade das informações.

O mercado de bolsa de valores através das operações de compra e venda de ações, facilita aos investidores (compradores e vendedores) e às instituições do sistema de distribuição de títulos e valores mobiliários a viabilização das negociações, que são realizadas de forma aberta, por sistema de leilão. A venda acontece para quem oferecer o melhor lance, sendo o registro da negociação realizado por meio de sistema eletrônico da BM&FBovespa, o Mega Bolsa.

As características que garantem credibilidade e segurança ao mercado de bolsa de valores são a livre concorrência e a pluralidade de participações, a homogeneidade dos títulos negociados e a transparência na determinação de preços, permitindo que todos os que compram e vendem ações em bolsa tenham o mesmo tratamento, seguindo os mesmos procedimentos e com idêntico acesso às informações.

História da bolsa

No Brasil, a B3 S.A. (Brasil, Bolsa, Balcão) foi criada em março de 2017, a partir da combinação de atividades da BM&FBovespa (Bolsa de Valores, Mercadorias e Futuros) com a Central de Custódia e Liquidação Financeira de Títulos Privados (Cetip), permitindo a ampliação do leque de serviços e produtos oferecidos aos clientes, representando uma das maiores empresas provedoras de infraestrutura para o mercado financeiro. O *site* da bolsa apresenta mais informações sobre sua história.

Vídeo sobre a história da bolsa

No quadro 1.2, destacamos fatos relevantes no longo caminho percorrido até a criação da Brasil, Bolsa, Balcão (B3).

A atuação da B3 engloba as mais diversas áreas do mercado de capitais, como: negociação de *commodities*, juros, moedas, renda fixa, renda variável, formação de mercado e leilões; registro de derivativos de balcão e contratados no exterior, renda fixa e valores mobiliários, operações estruturadas, cotas de fundo aberto; central depositária, compensação e liquidação; empréstimo de ativos; solução para emissões; gestão de garantias e Tesouro Direto.

Os ativos negociados na BM&FBovespa dividem-se nos segmentos Bovespa e BM&F, estruturados conforme os quadros 1.3 e 1.4.

Quadro 1.2 I Percurso do mercado financeiro brasileiro até a criação da B3

1890	A Bovespa inicia sua história através da inauguração da Bolsa Livre, por Emílio Rangel Pestana.
Primeiros anos	1891. Fechamento da Bolsa Livre em decorrência da política do encilhamento. 1895. Fundação da Bolsa de Fundos Públicos de São Paulo.
Década de 1930	1934. Desenvolvimento e instalação da bolsa no Palácio do Café.
Década de 1960	1960. A bolsa deixa de ser subordinada à Secretaria da Fazenda do Estado, ganhando autonomia administrativa, financeira e patrimonial. 1967. A bolsa passa a chamar-se Bolsa de Valores de São Paulo. O Decreto-Lei nº 157 criou os Fundos 157, permitindo aos contribuintes utilizarem parte do imposto devido em fundos de ações.
Década de 1970	1970. As operações passam a ser registradas de forma eletrônica. 1971. Iniciou-se um processo de realização de lucros pelos investidores, que começaram a vender suas posições, conhecido como o "*boom* de 1971". 1972. Início do pregão eletrônico na Bovespa. 1976. Lei das Sociedades Anônimas, que visava modernizar as regras das sociedades anônimas. Criação da CVM.
Década de 1980	1987. O processo de internacionalização do mercado chega ao país, com a edição da Resolução do CMN nº 1.289/1987 e seus anexos.
Década de 1990	1990. Início das negociações através do Sistema de Negociação Eletrônica. 1997. O Mega Bolsa é implantado. 1999. Lançamento do *home broker* e *after-market*.
O novo milênio	2000. Integração das bolsas brasileiras. 2001. Novo Mercado implantado para estimular a governança corporativa. 2005. Fim do pregão viva-voz. 2007. A Bovespa deixa de ser uma instituição sem fins lucrativos e se torna uma sociedade por ações: a Bovespa Holding S/A. 2008. A BM&FBovespa é criada através da integração entre a Bolsa de Mercadorias & Futuros (BM&F) e a Bolsa de Valores de São Paulo (Bovespa). 2017. Surge a nova empresa **B3** – Brasil, Bolsa e Balcão, resultado do processo de fusão entre a BM&FBovespA e a Cetip.

Fonte: atualizado pelos autores com base em Spritzer e Spritzer (2013:30).

Quadro 1.3 I Mercados operados no segmento Bovespa

• **Ações**	• Ações • Direitos de subscrição de ações • Recibos de ações • RCSA – Recibos de carteira selecionada de ações • BDRs (*Brazilian depositary receipts*) • Opções
• **Outros valores mobiliários de renda variável**	• Fundo PIBB (papéis índice Brasil BM&FBovespa – 50) • Fundos ETF (Exchange Traded Fund) • POP – Proteção de investimento com participação • Bônus de subscrição • Opções não padronizadas (*warrants*) de compra e venda sobre valores mobiliários • Outros autorizados pela CVM
• **Títulos de renda fixa**	• Títulos de dívida (debêntures) • Notas promissórias • CRIs (certificados de recebíveis imobiliários) • FIDCs (fundos de recebíveis) • FIIs (fundos de investimento imobiliário) • FIDCs (fundos de investimento em direitos creditórios) • Fundos de Investimentos em cotas de FIDC

Fonte: mercado de derivativos no Brasil: conceitos, produtos e operações (CVM, 2015).

Quadro 1.4 I Mercados derivativos de mercadorias e futuros operados no segmento BM&F

Derivativos de commodities	Derivativos financeiros
Açúcar • Açúcar cristal com liquidação financeira **Boi gordo** • Boi gordo com liquidação financeira	**Taxas de juros** • Cupom cambial - DDI • Cupom de IGP - M • Cupom de IPCA • DI1 • *Swap* cambial - SCC • OC1 • Cupom cambial - DCO • *Swap* cambial – SCS
Café arábica • Café arábica 4/5 • Café arábica 6/7 **Etanol** • Etanol anidro carburante • Etanol hidratado com liquidação financeira	**Índices** • Ibovespa • IBrX – 50 • IGP – M • IPCA • BVMF FTSE/JSE Top40 • BVMF Hang Seng • BVMF Micex • BVMF Sensex • BVMF S&P 500

▼

Milho • Base de preço de milho • Milho com liquidação financeira **Ouro** • Ouro **Petróleo** • Minicontrato futuro de petróleo	**Taxas de câmbio** • Dólar • Dólar australiano (AUD) • Dólar canadense (CAD) • Dólar da Nova Zelândia (NZD) • Euro (EBR) • Franco suíço (CHF) • Iene (JPY) • Iuan (CNY) • Libra esterlina (GBP) • Lira turca (TRY) • Peso chileno (CLP) • Peso mxicano (MXN) • Rande da África do Sul (ZAR)
Soja • Soja com liquidação financeira Minissoja CME	**Títulos da dívida externa** • A – Bond • Global Bonds • US T-Note

Fonte: mercado de derivativos no Brasil: conceitos, produtos e operações (CVM, 2015).

Como podemos observar, os derivativos são instrumentos financeiros cujo preço de mercado deriva do preço de mercado de um bem ou de outro instrumento financeiro e vêm adquirindo importância para todos os agentes econômicos, impulsionados principalmente pela necessidade de encontrar mecanismos de proteção contra o risco de oscilação de preço.

As operações com derivativos visam aos seguintes objetivos: mecanismo de proteção, elevação de rentabilidade (alavancagem), especulação e arbitragem. Ocorrem através da atuação dos agentes em três grandes esferas: *hedger*, arbitrador e especulador, organizados em quatro produtos básicos: mercado a termo, mercado futuro, opções e *swaps*. Para informações atualizadas sobre os conceitos, produtos e operações consulte o *site* da B3 ou a publicação da CVM (2015): *Mercado de derivativos no Brasil: conceitos, produtos e operações.*

Para o funcionamento eficiente da B3, são realizados constantes investimentos em infraestrutura tecnológica, controle e gerenciamento de riscos de todas as operações, garantindo as negociações com títulos e valores mobiliários, além dos sistemas e serviços de negociação e pós-negociação (compensação e liquidação) e do serviço de listagem e de depositária central para os ativos negociados em seus ambientes, bem como serviços de licenciamento de *softwares* e índices.

Empresas do grupo B3

A B3 é uma sociedade de capital aberto, cujas ações B3SA3 são participantes do segmento do Novo Mercado, e integra importantes índices, como o Ibovespa, IBrX50, IBrX100 e Itag. Segundo o *site* da B3, as seguintes empresas integram o grupo B3:

- Banco B3 S.A. - constituído em 2004 como subsidiário integral da Bolsa de Mercados & Futuro (BM&F), funciona como importante mecanismo de mitigação de risco e de suporte operacional;
- B3 S.A. - Brasil, Bolsa, Balcão Ltd. (B3 UK) - subsidiária integral B3 S.A. - Brasil, Bolsa, Balcão UK Ltd., localizada na cidade de Londres;
- B3 INOVA USA LLC (B3 INOVA) - subsidiária integral constituída em 2017, registrada em Wilmington (EUA);
- B3 S.A. USA CHICAGO LLC (B3 USA) - subsidiária integral constituída em Delaware (EUA);
- BM&FBovespa BRV LLC (BRV) - subsidiária integral, a BRV, registrada em Delaware (EUA) no âmbito da parceria estratégica entre a B3 e o CME Group, é cotitular, junto com a B3;
- Bolsa de Valores do Rio de Janeiro (BVRJ) - bolsa de valores inativa (desde 2004, aluga parte do espaço físico de seu edifício-sede para a realização de eventos);
- Central de Exposição a Derivativos (CED) - adquirida em junho de 2020, é uma entidade sem fins lucrativos que oferece ao mercado de capitais transparência sobrc as posições de derivativos contratados no Brasil;
- Cetip Info Tecnologia S.A. (Cetip Info) - é uma subsidiária integral da companhia, cujo objeto social consiste na prestação de serviços de processamento de dados e gerenciamento de sistemas de informática, entre outros;
- Cetip LUX S.À.R.L. (Cetip LUX) - é uma sociedade limitada subsidiária integral da companhia, sediada em Luxemburgo;
- BSM Supervisão de Mercados (BSM) - associação civil criada com a finalidade de fiscalizar a atuação da própria B3 e de seus participantes, nos termos da Instrução CVM nº 461/2007;
- BLK Sistemas Financeiros Ltda. (BLK) - em 2019, a B3 adquiriu participação de 75% na BLK, empresa fundada em 2008 e especializada em *electronic & algorithmic trading* no Brasil;

- PDTec – é uma sociedade por ações sediada em Barueri, estado de São Paulo, que tem por objeto social apresentar soluções para clientes de serviços notariais, aumentando a eficiência de tais serviços;
- Neoway – em 2021, a B3 concluiu a aquisição da Neoway, uma sociedade anônima sediada em Florianópolis, estado de Santa Catarina;
- as empresas coligadas em que a B3 possui participação minoritária são: RTM e a Dimensa;
- a empresa associada à B3 é a B3 Social.

Operações no mercado de capitais

A relevância do mercado de capitais é possibilitar que as companhias ou outros emissores de valores mobiliários captem recursos diretamente do público investidor com o objetivo de viabilizar projetos de investimento que aumentam a capacidade produtiva das empresas. Quando as companhias decidem levantar recursos dessa forma, elas realizam uma nova emissão de valores mobiliários. Os impactos positivos do sistema financeiro no crescimento econômico, em termos de produtividade, acumulação de capital, aumento de poupança e investimentos, têm sido comprovados por meio de vários indicadores de desenvolvimento econômico-social.

O processo de colocação para venda no mercado dos títulos e valores mobiliários das empresas é realizado através de oferta pública, que pode ser de distribuição primária ou secundária.

As negociações realizadas entre os investidores na bolsa de valores ocorrem no chamado mercado secundário. Antes de especificar, portanto, as características do mercado de bolsa, é interessante compreender as diferenças entre mercado primário e secundário.

Mercado primário e mercado secundário

Mercado primário

É no mercado primário que ocorre a emissão de títulos e a capitalização da empresa – os valores mobiliários, como as ações, representam frações patrimoniais da companhia. No mercado primário, os valores mobiliários de emissão da companhia são negociados diretamente por meio da venda (subscrição) de novas ações por investidores no mercado.

A primeira operação de lançamento das ações de uma empresa no mercado denomina-se *initial public offering* (IPO) e os valores resultantes da venda das ações entram no caixa da empresa para serem aplicados, por exemplo, na ampliação das operações, na criação de novas unidades de negócio ou na mudança do perfil de endividamento.

Para a emissão pública de valores mobiliários no mercado primário, são necessários diversos procedimentos até a efetiva colocação junto ao público, conforme o estabelecido na Instrução CVM nº 400/2003. A companhia emissora deve disponibilizar um prospecto com todas as informações sobre a empresa e seu segmento de atuação, sobre o período de subscrição, hipóteses de cancelamento e suspensão, riscos envolvidos, possibilidade de lote suplementar e colocação parcial.

No mercado primário, o investidor deve fazer uma reserva do valor que deseja investir e aguardar o resultado do processo de distribuição das ações para saber quantas efetivamente comprou.

Os lançamentos posteriores de novas ações, ainda no mercado primário, são ditos em regime de *follow-on*. Em ambos os casos, ao subscrever as ações de uma empresa de capital aberto, o acionista se torna proprietário de uma fração da companhia, em troca dos títulos como as ações, que representam frações patrimoniais da companhia e, dessa forma, não são resgatáveis em data predefinida.

Essas características, entre outras, poderiam afastar muitos dos investidores do mercado de capitais, dificultando o processo de emissão pelas companhias, caso eles não tivessem como negociar com terceiros os valores mobiliários subscritos.

A regulamentação dos valores mobiliárias avançou com o tempo, novas legislações incluíram diversas modalidades de captação pública de recursos, acompanhando o lançamento de novos produtos financeiros para atender os investidores em termos de objetivos, prazo e perfil de risco.

Na Lei nº 10.198/2001, art. 1º, ficou definido que são valores mobiliários "quando ofertados publicamente, os títulos ou contratos de investimento coletivo que gerem direito de participação, de parceria ou remuneração, inclusive resultante da prestação de serviços, cujos rendimentos advêm do esforço do empreendedor ou de terceiros".

A evolução dos principais valores mobiliários negociados no mercado primário apresenta crescimento constante em termos de quantidade e valores monetários, com desaceleração em praticamente todas as categorias no último ano, conforme *Boletim Econômico* publicado pela CVM (2022).

Entretanto, destacamos que os valores captados por meio de debêntures, notas promissórias, CRI (certificado de recebíveis imobiliários) e CRA (certificado de recebíveis do agronegócio), apesar do acréscimo no último, não foram suficientes para compensar a queda nas demais operações no mercado nacional.

Tabela 1.3 I Mercado primário e totais por valor mobiliário

Mercado primário Totais por valor mobiliário												
Totais anuais (valor e quantidade)*	**2017**		**2018**		**2019**		**2020**		**2021**		**2022**	
VALOR MOBILIÁRIO	**Qtde.**	**R$ bi**	**Qtde.**	**R$ bi**	**Qtde.**	**R$ bi**	**Qtde.**	**R$ bi**	**Qtde.**	**R$ bi**	**Qtde.**	**R$ bi**
Ações	26	40,1	5	11,2	42	90,2	53	118,6	71	130,7	18	57,4
Debêntures	264	88,2	351	149,2	379	185,7	276	121,2	502	251,0	475	269,6
Letras financeiras	8	3,0	14	6,0	21	10,0	2	1,0	–	–	–	–
Notas promissórias	101	27,3	84	29,0	94	36,6	71	21,9	82	27,0	144	48,4
CRI	104	7,7	101	8,2	188	17,6	230	14,3	427	33,8	412	47,8
CRA	67	12,4	52	6,1	69	14,3	56	13,3	125	25,0	212	43,7
FIDC	141	16,6	196	21,2	269	37,9	304	48,6	687	88,7	454	40,2
FII	75	8,2	106	17,7	198	42,4	262	49,2	388	62,6	255	36,5
FIP	147	23,8	204	38,4	187	41,4	275	56,3	586	118,4	217	30,3
TOTAL	**933**	**227,3**	**1.113**	**287,0**	**1.447**	**476,1**	**1.529**	**444,4**	**2.868**	**737,2**	**2.187**	**573,9**

* Consiste em estimativas e não inclui todos os valores mobiliários sob a jurisdição da CVM. Inclui ações + BDR, CRI, CRA, FIDC, FIP, FII, LF, debêntures (exceto *leasing*) e NP. Ofertas rito ICVM 476 compreendem apenas ofertas encerradas.
Fonte: CVM (2022).

Mercado secundário

No mercado secundário não ocorre a emissão de novos títulos, somente a troca de propriedade pela venda de ações já existentes – proporcionando liquidez aos títulos e incentivo a novas operações de lançamento no mercado primário. É o local onde os investidores negociam e transferem entre si os valores mobiliários emitidos pelas companhias, após o lançamento no mercado primário; as ações passam a ser revendidas entre os investidores no mercado secundário. Os acionistas ou cotistas contam, assim, com esse mercado para reaver o dinheiro investido, o que proporciona liquidez aos títulos emitidos no mercado primário.

Os recursos provenientes da venda no mercado secundário não se destinam ao caixa da empresa; ocorre apenas a transferência de propriedade e de recursos entre investidores. A companhia não tem participação, mas os acionistas que estão vendendo, em geral sócios que querem realizar lucros, desinvestir ou reduzir sua participação no negócio.

No mercado secundário, a negociação entre vendedores e compradores ocorre, em geral, via corretoras associadas à bolsa de valores, mas pode ser realizada também no ambiente de balcão (ver adiante sobre bolsa e balcão). O lote mínimo de negociação é de uma ação; mas em geral são negociados lotes de 100 ações, dependendo do valor de mercado da ação das companhias.

Figura 1.7 | Mercado secundário à vista

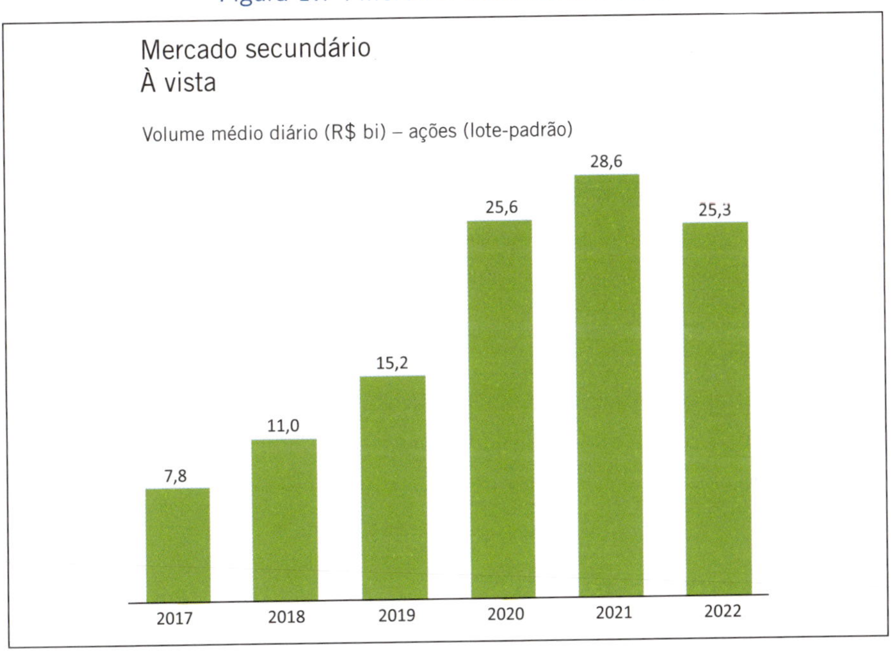

Fonte: CVM (2022).

Representação esquemática

A figura 1.8 representa esquematicamente as posições relativas dos mercados primário e secundário.

Figura 1.8 | Características dos mercados primário e secundário

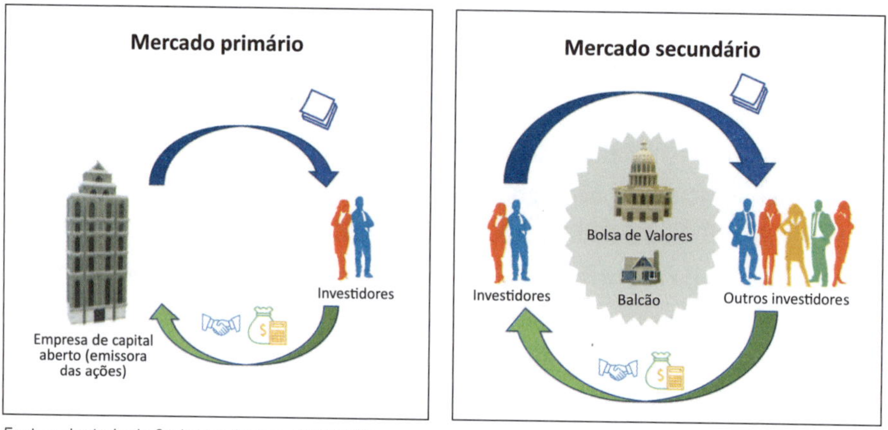

Fonte: adaptada de Spritzer e Spritzer (2013:32).

Negociação das ações

As ações não possuem prazo determinado de resgate, e a partir das negociações diárias no mercado as cotações informam o comportamento da oferta e da demanda dos investidores em relação a determinada companhia. Ao mencionarmos o valor de determinada ação, na prática, ele corresponde ao preço em bolsa, denominado cotação, que representa o valor que o mercado está disposto a pagar na data da negociação.

Os acionistas podem ganhar com a possível valorização do preço das ações, mas também através da distribuição dos resultados auferidos pelas empresas de capital aberto (ver detalhes adiante). É importante destacar que não há garantia de valorização; a cotação das ações depende de uma série de fatores internos e externos, e não só do desempenho da própria companhia, mas também das perspectivas do setor de atuação e da economia de forma geral. O investimento em ações é, portanto, de renda variável e está sujeito ao risco de mercado, inerente aos negócios empresariais e à economia global.

Segundo publicação da CVM (2019a:64):

> As características que garantem credibilidade e segurança ao mercado de bolsa de valores são a livre concorrência e a pluralidade de participações; a homogeneidade dos títulos negociados e a transparência na determinação de preços, permitindo que todos os que compram e vendem ações em bolsa tenham o mesmo tratamento, seguindo os mesmos procedimentos e com idêntico acesso às informações.

Oferta pública de aquisição de ações (OPA)

A OPA é uma modalidade especial de compra de ações no mercado secundário, que merece menção à parte. Trata-se de uma oferta ao mercado que pode ser feita por um investidor interessado em adquirir uma quantidade específica de ações, a preços e prazos determinados, respeitando determinadas condições. As OPAs devem obedecer a procedimentos estabelecidos pela CVM.

Uma OPA pode ser obrigatória ou voluntária. As obrigatórias são as previstas na Lei nº 6.404/1976 e se aplicam em caso de cancelamento de registro de companhia aberta, de aumento da participação de acionista controlador que impeça a liquidez de mercado das ações remanescentes e de alienação de controle acionário – com o objetivo de oferecer a todos os acionistas igualdade de direitos.

Uma OPA voluntária é aquela que surge pelo desejo de um ofertante de realizar a aquisição sob a forma de oferta pública, por exemplo, para aquisição de controle acionário.

As OPAs obrigatórias devem necessariamente passar por registro na CVM; as voluntárias somente estão sujeitas a essa obrigação se envolverem permuta por valores mobiliários, que é uma das formas possíveis de liquidação financeira do negócio.

Volumes de emissões em initial public offering (IPO) e em follow-on

No lançamento de ações no mercado primário, as instituições integrantes do sistema de distribuição de valores mobiliários, como os bancos de investimento, corretoras ou distribuidoras, poderão se organizar em consórcios para distribuir os valores referentes às ofertas públicas no mercado e/ou garantir a subscrição da emissão, determinando uma instituição como líder para assumir responsabilidades específicas.

Na tabela 1.4, podemos verificar a evolução no volume de recursos provenientes de emissões em IPO e em *follow-on* no mercado de capitais nacional nos últimos anos.

Tabela 1.4 | Evolução do volume de recursos das emissões em IPO e follow-on no mercado de capitais nacional, em reais

Volume total (R$)			
Ano	**IPO**	**Follow-on**	**Total**
2004	4.487.065.024	4.317.579.322	**8.804.644.346**
2005	5.447.335.660	8.488.868.795	**13.936.204.455**
2006	15.373.613.634	15.062.683.258	**30.436.296.892**
2007	55.648.186.085	14.464.732.433	**70.112.918.518**
2008	7.494.941.362	26.760.549.835	**34.255.491.197**
2009	23.831.458.391	22.151.816.327	**45.983.274.718**
2010	11.193.373.738	138.047.959.152	**149.241.332.889**
2011	7.175.095.457	10.814.789.923	**17.989.885.380**
2012	3.932.950.736	9.307.533.492	**13.240.484.228**
2013	17.293.349.990	6.066.116.253	**23.359.466.243**
2014	417.980.763	13.959.899.999	**14.377.880.762**
2015	602.800.014	17.461.217.465	**18.064.017.479**
2016	674.197.600	9.966.649.298	**10.640.846.898**
2017	20.760.529.289	21.020.386.288	**41.780.915.577**
2018	6.823.344.095	4.429.700.000	**11.253.044.095**
2019	9.836.302.565	79.762.980.683	**89.599.283.248**
2020	43.925.413.832	73.962.720.930	**117.888.134.762**
2021	65.668.660.563	64.844.099.967	**130.512.760.530**
2022	–	57.701.485.612	**57.701.485.612**

Fonte: B3 (s.d.5).

Ao considerar adquirir ações em ofertas públicas, o investidor deve analisar atentamente as informações do prospecto elaborado pelo ofertante em conjunto com a instituição líder da distribuição, prospecto esse que constitui documento obrigatório em tais ofertas – conforme a Instrução CVM nº 400/2003. O prospecto apresenta as principais informações da companhia sobre as perspectivas e planos, de acordo com o mercado de atuação, a estrutura administrativa e, principalmente, os riscos do negócio.

Como exemplo de lançamentos em *follow-on*, destacamos o ano de 2010, quando a Petrobras arrecadou R$ 120,36 bilhões em sua megaoferta de ações, a maior já realizada no mundo, garantindo recursos para a exploração das áreas do Pré-Sal e assumindo um lugar central no mercado financeiro global. As novas ações ordinárias foram precificadas em R$ 29,65 cada, enquanto as preferenciais saíram a R$ 26,30, segundo informações disponíveis no *site* da CVM. Os preços das ações então lançadas ficaram ligeiramente abaixo dos registrados pelas ações da empresa negociadas na Bovespa (ordinárias encerraram a R$ 30,25 e as preferenciais a R$ 26,80). Foi vendido um total de 4,27 bilhões de novas ações, das quais 2,4 bilhões ordinárias, que dão direito a voto, e 1,87 bilhão de ações preferenciais.

Um dos desafios principais para a realização de um IPO é o *timing*. Um exemplo é o que ocorreu no ano de 2022: além de haver um reduzido valor de captação, não foram realizadas operações de novas emissões (IPO)

Conforme pode ser observado, o mercado de ações apresenta períodos favoráveis e desfavoráveis para emissões de ações, reflexo da alteração no apetite dos investidores por ativos de renda variável como consequência da volatilidade e imprevisibilidade de fatores macroeconômicos: mudanças significativas na taxa de juros, perspectivas de crescimento do país, situações políticas, entre outros.

Bolsa e balcão

As negociações podem ser realizadas em dois locais distintos, que são representados pelos mercados de bolsa e de balcão. Em relação aos mercados de bolsa e de balcão organizado, ou mercados organizados, não estão estabelecidos conceitos, mas caraterísticas que identificam as operações em cada um como mercado de bolsa ou de balcão organizado.

Os órgãos reguladores estabelecem regras determinando os requisitos para autorização de funcionamento da entidade administradora com o objetivo de assegurar a transparência das operações. As operações em bolsa de valores, segundo regulamentação no mercado nacional, são realizadas em mercados organizados e não organizados. Os mercados regulamentados são apresentados na figura 1.9: mercado de bolsa, mercado de balcão organizado e mercado de balcão não organizado.

Figura 1.9 | Mercados regulamentados e não regulamentados

Fonte: CVM (2017).

Bolsa

Os mercados de bolsa operam regularmente com sistemas centralizados e multilaterais de negociação para promover o encontro e as operações de ofertas de compra e de venda de valores mobiliários. Nesses mercados de valores, atuam os investidores (compradores e vendedores) e as instituições do sistema de distribuição de títulos e valores mobiliários. A venda acontece para o proponente comprador que oferecer o melhor lance, sendo o registro da operação realizado através de sistemas eletrônicos centralizados, regulados e seguros, de forma aberta, por sistema de leilão, proporcionando maior liquidez e permitindo negociar de forma confiável e eficiente. As informações sobre os negócios, como os preços, as quantidades e horários, entre outras, devem ser publicadas continuamente num prazo máximo de 15 minutos de atraso.

As entidades administradoras de mercados de bolsa devem manter sistemas de controle de riscos e, especialmente, manter mecanismos para assegurar aos investidores o ressarcimento de prejuízos decorrentes de erros ou omissões das instituições intermediadoras ou seus administradores e empregados.

Balcão

No mercado de balcão organizado, a negociação não ocorre em um local determinado; os valores são negociados apenas entre as partes envolvidas por meio de um sistema de redes de negociação em torno de alguns participantes e sem um local específico para a realização das negociações, muitas vezes fechadas por telefone ou por mensagem eletrônica entre as partes, e a divulgação das informações sobre os negócios pode ser diferida, não sendo obrigatória a divulgação contínua.

O mercado de balcão organizado é administrado por entidades cujo funcionamento depende de autorização da CVM, que estabelece normas gerais (Lei nº 9.457/1997) sobre: condições de constituição e extinção; forma jurídica e requisitos ou condições de admissão quanto à idoneidade, capacidade financeira e habilitação técnica dos administradores e representantes das sociedades participantes ou membros; e administração das entidades, emolumentos, comissões e quaisquer outros custos cobrados, quando for o caso, pelas entidades ou seus participantes ou membros.

Adicionalmente, foram determinadas as características admissíveis para o mercado de balcão não organizado, considerando-se elementos que poderiam criar situações de risco para os investidores. Destacamos que a escolha pela utilização de uma ou outra estrutura está a cargo dos participantes dos mercados.

Principais títulos negociados

Os principais títulos negociados no mercado de capitais são as *ações*, que correspondem a uma parcela do capital das empresas, e as debêntures, conversíveis ou não em ações, que são títulos associados a empréstimos tomados por essas empresas. As operações no mercado de capitais são também realizadas por meio de notas promissórias comerciais (*commercial papers*), bônus de subscrição, certificados de depósitos de valores mobiliários, índices representativos de carteira de ações, opções de compra e venda de valores mobiliários, direitos e recibos de subscrição, cotas de fundos e certificados de recibos imobiliários e recibos de depósitos (*depositary receipts*), utilizados na colocação de empresas brasileiras no exterior, entre outros.

Em seu art. 4º, a Lei nº 10.303, de 31 de outubro de 2001, incorporou esse conceito ao art. 2º da Lei nº 6.385/1976, segundo o qual são valores mobiliários:

> I - as ações, debêntures e bônus de subscrição;
> II - os cupons, direitos, recibos de subscrição e certificados de desdobramento relativos aos valores mobiliários referidos no inciso II;
> III - os certificados de depósito de valores mobiliários;
> IV - as cédulas de debêntures;
> V - as cotas de fundos de investimento em valores mobiliários ou de clubes de investimento em quaisquer ativos;
> VI - as notas comerciais;
> VII - os contratos futuros, de opções e outros derivativos, cujos ativos subjacentes sejam valores mobiliários;
> VIII - outros contratos derivativos, independentemente dos ativos subjacentes; e
> IX - quando ofertados publicamente, quaisquer outros títulos ou contratos de investimento coletivo, que gerem direito de participação, de parceria ou de remuneração, inclusive resultante de prestação de serviços, cujos rendimentos advêm do esforço do empreendedor ou de terceiros.
> § 1º. Excluem-se do regime desta Lei:
> I - os títulos da dívida pública federal, estadual ou municipal;
> II - os títulos cambiais de responsabilidade de instituição financeira, exceto as debêntures.

As ações são títulos de renda variável, emitidos por sociedades anônimas, que representam a menor fração do capital da empresa que os emitiu. O investidor em ações é um coproprietário da sociedade anônima da qual é acionista, sendo o rendimento determinado de acordo com os resultados obtidos pela empresa ou instituição emissora do respectivo título. As ações são conversíveis em dinheiro, a qualquer tempo, pela negociação em bolsas de valores ou no mercado de balcão.

O investimento outorga aos seus proprietários direitos e apenas uma obrigação – a de integralizar sua parte no capital, ou seja, pagar as ações que subscreveu. Os principais direitos dos acionistas, que não podem ser modificados nem por estatuto social e nem pela assembleia geral, são: participação nos lucros, fiscalização, informação, preferência na subscrição de ações em aumento de capital, voto, indicação de membros do conselho de administração, requerer a convocação e o adiamento de assembleias gerais e participar de oferta pública por alienação de controle da companhia aberta (*tag along*). É cada vez mais comum que os estatutos das empresas aumentem para 100% o direito ao *tag along* conferido a todos os tipos de acionistas.

O quadro 1.5 apresenta exemplos de produtos admitidos na B3.

Quadro 1.5 | Exemplos de produtos admitidos na B3

Renda fixa	Crédito público • Títulos públicos e tesouro direto Crédito privado • Debêntures • Nota comercial • CDB e RDB • CRI e CRA • LCI e LCA • LF • US Treasury Note Fundos • ETF renda fixa • FIDC
Renda variável	Mercado de ações • Ações • BDRs Fundos listados • ETF • FIP • FII • FIA
Derivativos	Futuros • Ações • Taxas de juros e moedas • Índice Bovespa • *Commodities* Termo e *swap* • Ações • Taxas de juros e moedas • Mercadorias Opões • Ações • Taxas de juros e moedas • *Commodities*

Fonte: elaborado pelos autores, com base em informações da B3.

A tabela 1.5 mostra a evolução do mercado regulado desde 2017.

Tabela 1.5 | Total do mercado regulado

Mercado regulado							
Total do mercado regulado (R$ tri)*							
CATEGORIA	**ATIVO**	**2017**	**2018**	**2019**	**2020**	**2021**	**2022**
Renda fixa	Debêntures	0,76	0,59	0,68	0,69	0,84	1,02
	Notas promissórias	0,03	0,02	0,03	0,03	0,04	0,07
Certificados de recebíveis	CRI	0,07	0,08	0,08	0,08	0,11	0,15
	CRA	0,03	0,04	0,04	0,05	0,07	0,10
Renda variável	Ações – Capitalização de mercado	3,16	3,56	4,82	5,14	4,55	4,20
Derivativos	Estoque nacional	11,64	9,93	24,15	23,14	20,51	13,99
	COE	0,01	0,02	0,02	0,02	0,03	0,05
Fundos de investimentos	FI-555	3,78	4,20	4,83	5,31	5,85	6,19
	FI-Estruturados	0,45	0,49	0,70	0,84	1,14	1,29
TOTAL		**19,93**	**18,93**	**35,35**	**35,30**	**33,14**	**27,06**

* Consiste em estimativas e não inclui todos os valores mobiliários sob jurisdição da CVM. Para os anos anteriores, corresponde à informação de final de período.
Fonte: CVM (2022).

Ações ordinárias e ações preferenciais

As ações podem ser classificadas de acordo com os seguintes critérios: empresa emissora, espécie, forma de circulação e classe. Na legislação brasileira, existem diferentes espécies e classes de ações relacionadas a remuneração e direitos de voto, que podem não ser iguais para todos os acionistas.

No estatuto social estão definidas as características de cada espécie de ações, conforme os direitos que concedem aos acionistas, que podem ser: *ações ordinárias* e *ações preferenciais.*

Ações ordinárias

As ações ordinárias (ON) apresentam como principal característica o direito ao voto nas assembleias gerais, o que, em uma sociedade anônima, permite o controle da empresa, participando das decisões de lucros, riscos e futuro do negócio, sendo o peso do voto correspondente à quantidade de ações. Adicionalmente, o acionista ordinário tem direito a deliberar sobre o estatuto da empresa, eleger os dirigentes, autorizar fusão, venda de ativos, alterar a quantidade de ações ordinárias e autorizar a emissão de ações preferenciais e de títulos de dívida (debêntures). Em contrapartida, os dividendos pagos às ações ordinárias são normalmente 10% menores que os pagos às ações preferenciais, e o valor de mercado e a liquidez desse tipo de ação são normalmente menores, por estarem em propriedade dos donos das empresas, que desejam controlá-las com menor disposição a negociá-las.

Ações preferenciais

As ações preferenciais (PN) têm como principal característica a prioridade no recebimento de dividendos, além de receber sua parte no caso de dissolução da sociedade e de ser incluída na oferta pública na eventual alienação de controle. O recebimento de dividendos corresponde, no mínimo, a 25% do lucro líquido do exercício e deve ser 10% maior do que os pagos às ações ordinárias. Existem categorias diferenciadas de ações preferenciais (classe A, B etc.) que representam vantagens ou restrições referentes à distribuição adicional de dividendos.

Conforme a Lei das Sociedades Anônimas, o número de ações preferenciais sem direito a voto, ou com restrição ao exercício desse direito, não pode ultrapassar 50% do total das ações emitidas.

Quanto à forma de circulação, as ações podem ser nominativas, ao portador e escriturais. A letra N que compõe as siglas PN e ON corresponde à forma de circulação das ações. As nominativas são emitidas na forma de título de propriedade, identificando a empresa, o proprietário, o tipo de ação, a forma de emissão e os direitos já exercidos. Sua transferência ocorre por meio do registro no livro de transferência de ações nominativas. As ações ao portador são emitidas sem constar o nome do comprador, sendo transferidas de um investidor ao outro por transferência manual. Esta forma de circulação está proibida no Brasil. As ações escriturais dispensam a emissão de títulos de propriedade, funcionando como conta-corrente, sendo a transferência realizada por meio de empresa custodiante.

Os *Brazilian depositary receipts* patrocinados (BDRs) são valores mobiliários emitidos no Brasil, que possuem como lastro ativos, geralmente ações, emitidos no exterior. Depois de emitidos, podem ser negociados no mercado secundário através da plataforma da B3 de forma semelhante às ações. Um investidor, ao adquirir BDR, indiretamente passa a deter ações da companhia com sede em outro país, sem que para isso tenha que abrir uma conta em uma corretora estrangeira e tampouco realizar os trâmites de um investimento internacional.

Retorno do investimento

O retorno do investimento em ações não depende apenas da valorização (ou desvalorização) nas bolsas de valores. Existem diversas formas de remuneração: as ações têm rendimentos e resultados distribuídos pela própria empresa sob a forma de proventos, que correspondem aos dividendos e bonificações, ou o direito de preferência na aquisição de ações, no caso de subscrição, além dos decorrentes dos movimentos de preços dos mercados organizados. Vejamos:

- *Dividendos*. Parte dos lucros das empresas, do exercício corrente ou dos passados, pagos em dinheiro aos acionistas na proporção da quantidade de ações.
- *Bonificações*. Correspondem ao pagamento em espécie ou com a distribuição de novas ações, proporcional à quantia detida, correspondendo à atualização da cota de participação do acionista no capital da empresa. O recurso é proveniente da capitalização de parte dos lucros sociais para uma conta de "Reservas".
- *Juros sobre o capital próprio*. Remuneração paga em dinheiro, originada pelo lucro retido em períodos anteriores. Diferentemente do dividendo, o valor pago pode ser deduzido no imposto de renda pago pela empresa.
- *Desdobramentos* (*split*). Diluição do capital em um maior número de ações. Não altera o capital da empresa, modificando apenas o valor das ações.
- *Agrupamentos* (*inplit*). Consolidação do capital em um número menor de ações com o aumento do valor patrimonial da ação, ajustando o valor nominal desta.

Segmentos de listagem

A partir do ano 2000, a B3 adicionou ao segmento básico de listagem outros segmentos de emissores, relacionados a níveis diferenciados de governança corporativa. Inicialmente, foram introduzidos o Novo Mercado, nível 1 e nível 2 de governança corporativa, classificação essa posteriormente ampliada, a partir de 2012, com a criação dos segmentos B+ e do B+ nível 2, focados em pequenas e médias empresas.

As regras referentes a esses processos e as responsabilidades dos emissores listados visam ao alinhamento das empresas de capital aberto aos princípios de boas práticas da governança corporativa que, direta ou indiretamente, têm o potencial de afetar o ambiente de negócios por estarem vinculadas às partes interessadas (*stakeholders*), assim como ao comportamento de acionistas, clientes, fornecedores, funcionários, legisladores e comunidades relacionadas.

O conceito de sustentabilidade, como definido no *Relatório Brundtland*, emitido pela ONU (1987:16), é o processo de "satisfazer as necessidades do presente sem comprometer a possibilidade de as gerações futuras suprirem suas próprias necessidades". A partir de diferentes motivações, a responsabilidade corporativa, um dos princípios básicos da governança corporativa, ganhou relevância, e mais tarde as organizações incorporaram o triplo alicerce econômico-financeiro, social e ambiental – *triple bottom line* – à estratégia de negócios nas organizações.

Este novo ambiente de gestão profissional leva o investidor a considerar aspectos intangíveis (ou não financeiros), tais como *goodwill*, marca, reputação, respeito ao meio ambiente, aos direitos humanos, como temas relevantes, e que influenciam positivamente os resultados que espera obter com seu investimento.

A principal mudança do Novo Mercado em relação à legislação é a proibição da emissão de ações preferenciais; os compromissos deverão ser aprovados em assembleias gerais e incluídos no estatuto social da companhia. Um contrato assinado entre a bolsa e a empresa, com a participação de controladores e administradores, fortalece a exigibilidade do seu cumprimento.

O quadro 1.6 sumariza as características dos vários segmentos de listagem.

Quadro 1.6 I Características dos principais segmentos de listagem

	Bovespa Mais	Bovespa Mais nível 2	Novo Mercado (a partir de 02/01/2018)	Nível 2	Nível 1	Básico
Capital social	Somente ações ON.	Ações ON e PN.	Somente ações ON.	Ações ON e PN (com direitos adicionais).	Ações ON e PN (conforme legislação).	Ações ON e PN (conforme legislação).
Quórum qualificado e "cláusulas pétreas"	Quórum qualificado e "cláusulas pétreas".	Quórum qualificado e "cláusulas pétreas".	Quórum qualificado e "cláusulas pétreas".	Quórum qualificado e "cláusulas pétreas".	Quórum qualificado e "cláusulas pétreas".	Não há regra específica.
Ofertas públicas de distribuição de ações	Não há regra específica.	Não há regra específica.	Esforços de dispersão acionária, exceto para ofertas ICVM 476.	Esforços de dispersão acionária.	Esforços de dispersão acionária.	Não há regra específica.
Vedação a disposições estatutárias	Quórum qualificado e "cláusulas pétreas".	Quórum qualificado e "cláusulas pétreas".	Limitação de voto inferior a 5% do capital, quórum qualificado e "cláusulas pétreas".	Limitação de voto inferior a 5% do capital, quórum qualificado e "cláusulas pétreas".	Não há regra específica.	Não há regra específica.
Composição do Conselho de Administração	Mínimo de três membros (conforme legislação), com mandato unificado de até dois anos.	Mínimo de três membros (conforme legislação), com mandato unificado de até dois anos.	Mínimo de três membros (conforme legislação), dos quais, pelo menos, dois ou 20% (o que for maior) devem ser independentes, com mandato unificado de até dois anos.	Mínimo de cinco membros, dos quais pelo menos 20% devem ser independentes, com mandato unificado de até dois anos.	Mínimo de três membros (conforme legislação), com mandato unificado de até dois anos.	Mínimo de três membros (conforme legislação).
Vedação à acumulação de cargos	Não há regra específica.	Não há regra específica.	Presidente do conselho e diretor-presidente ou principal executivo pela mesma pessoa. Em caso de vacância que culmine em acumulação de cargos, são obrigatórias determinadas divulgações.	Presidente do conselho e diretor-presidente ou principal executivo pela mesma pessoa (carência de três anos a partir da adesão).	Presidente do conselho e diretor-presidente ou principal executivo pela mesma pessoa (carência de três anos a partir da adesão).	Não há regra específica.
Obrigação do Conselho de Administração	Não há regra específica.	Não há regra específica.	Manifestação sobre qualquer oferta pública de aquisição de ações de emissão da companhia (com conteúdo mínimo, incluindo alternativas à aceitação da OPA disponíveis no mercado).	Manifestação sobre qualquer oferta pública de aquisição de ações de emissão da companhia (com conteúdo mínimo).	Não há regra específica.	Não há regra específica.
Demonstrações financeiras	Conforme legislação.	Conforme legislação.	Conforme legislação.	Traduzidas para o inglês.	Conforme legislação.	Conforme legislação.
Informações em inglês, simultâneas à divulgação em português	Não há regra específica.	Não há regra específica.	Fatos relevantes, informações sobre proventos (aviso aos acionistas ou comunicado ao mercado) e *press release* de resultados.	Não há regra específica, além das DFs (vide item acima).	Não há regra específica.	Não há regra específica.

▼

	Bovespa Mais	Bovespa Mais nível 2	Novo Mercado (a partir de 02/01/2018)	Nível 2	Nível 1	Básico
Reunião pública anual	Facultativa.	Facultativa.	Realização, em até cinco dias úteis após a divulgação de resultados trimestrais ou das demonstrações financeiras, de apresentação pública (presencial, por meio de teleconferência, videoconferência ou outro meio que permita a participação a distância) sobre as informações divulgadas.	Obrigatória (presencial).	Obrigatória (presencial).	Facultativa.
Calendário de eventos corporativos	Obrigatório.	Obrigatório.	Obrigatório.	Obrigatório.	Obrigatório.	Facultativo.
Divulgação adicional de informações	Política de negociação de valores mobiliários.	Política de negociação de valores mobiliários.	Regimentos do Conselho de Administração, de seus comitês de assessoramento e do Conselho Fiscal, quando instalado. Código de conduta (com conteúdo mínimo). Políticas de (i) remuneração; (ii) indicação de membros do Conselho de Administração, seus comitês de assessoramento e diretoria estatutária; (iii) gerenciamento de riscos; (iv) transação com partes relacionadas; (v) negociação de valores mobiliários, com conteúdo mínimo, exceto a de remuneração. Divulgação (i) anual de relatório resumido do Comitê de Auditoria estatutário contemplando os pontos indicados no regulamento; ou (ii) trimestral de ata de reunião do Conselho de Administração, informando o reporte do Comitê de Auditoria não estatutário.	Política de negociação de valores mobiliários e código de conduta.	Política de negociação de valores mobiliários e código de conduta.	Não há regra.
Concessão de *tag along*	100% para ações ON.	100% para ações ON e PN.	100% para ações ON.	100% para ações ON e PN.	80% para ações ON (conforme legislação).	80% para ações ON (conforme legislação).
Saída do segmento / oferta pública de aquisição de ações (OPA)	Realização de OPA, no mínimo, pelo valor econômico em caso de cancelamento de registro ou saída do segmento, exceto se houver migração para Novo Mercado.	Realização de OPA, no mínimo, pelo valor econômico em caso de cancelamento de registro ou saída do segmento, exceto se houver migração para Novo Mercado ou nível 2.	Realização de OPA por preço justo, com quórum de aceitação ou concordância com a saída do segmento de mais de 1/3 dos titulares das ações em circulação (ou percentual maior previsto no estatuto social).	Realização de OPA, no mínimo, pelo valor econômico em caso de cancelamento de registro ou saída do segmento, exceto se houver migração para Novo Mercado.	Não aplicável.	Não aplicável.

▼

	Bovespa Mais	Bovespa Mais nível 2	Novo Mercado (a partir de 02/01/2018)	Nível 2	Nível 1	Básico
Adesão à Câmara de Arbitragem do Mercado	Obrigatória.	Obrigatória.	Obrigatória.	Obrigatória.	Facultativa.	Facultativa.
Comitê de Auditoria	Facultativo.	Facultativo.	Obrigatória a instalação de Comitê de Auditoria, estatutário ou não estatutário, que deve atender aos requisitos indicados no regulamento: composição e atribuições.	Facultativo.	Facultativo.	Facultativo.
Auditoria interna	Facultativa.	Facultativa.	Obrigatória a existência de área de auditoria interna, que deve atender aos requisitos indicados no regulamento.	Facultativa.	Facultativa.	Facultativa.
Compliance	Facultativo.	Facultativo.	Obrigatória a implementação de funções de *compliance*, controles internos e riscos corporativos, sendo vedada a acumulação com atividades operacionais.	Facultativo.	Facultativo.	Facultativo.

Fonte: B3 (s.d.6).

Empresas negociadas em bolsa

O número de companhias abertas negociadas na bolsa no país apresentou uma queda significativa ao longo das últimas décadas, impactado pelas crises econômicas, como observadas no período (ver figura 1.10). Entretanto, a evolução histórica do valor total negociado em ações em percentual do PIB apresentou um crescimento significativo, porém com desaceleração na última década (ver novamente figura 1.10).

No *site* do Banco Mundial (https://data.worldbank.org/), estão disponíveis indicadores da economia mundial. Desde a emissão do primeiro bônus, em 1947, o banco tem sido um promotor-chave de instrumentos únicos do mercado de capitais que dão ao setor privado a oportunidade de se engajar em prioridades globais de desenvolvimento. A figura 1.10 mostra a evolução de companhias negociadas na bolsa do Brasil desde 2017.

A figura 1.11 e a figura 1.12 mostram a evolução do valor total de ações negociadas em bolsa no Brasil em proporção ao PIB e a capitalização de mercado de empresas nacionais listadas também em proporção ao PIB.

Figura 1.10 | Evolução do número de companhias negociadas em bolsa no Brasil

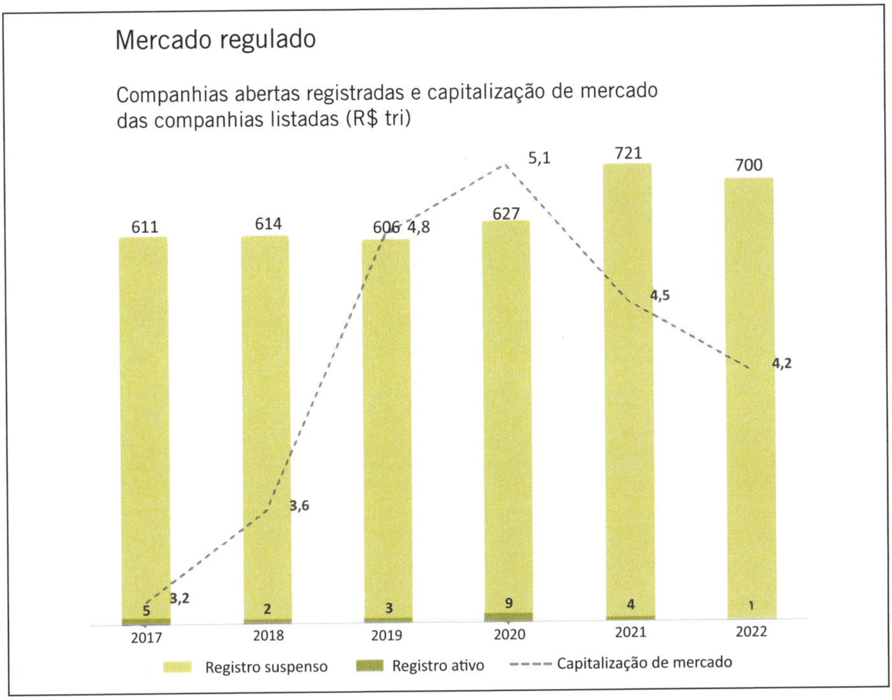

Fonte: CVM (2022).

Figura 1.11 | Evolução do valor total de ações negociadas em bolsa no Brasil em proporção ao PIB

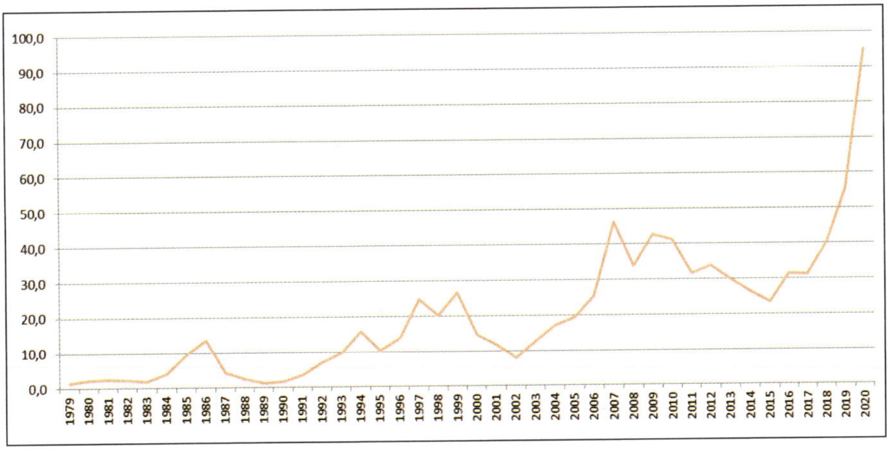

Fonte: The World Bank (s.d.1).

Figura 1.12 | Capitalização de mercado de empresas nacionais listadas em proporção ao PIB

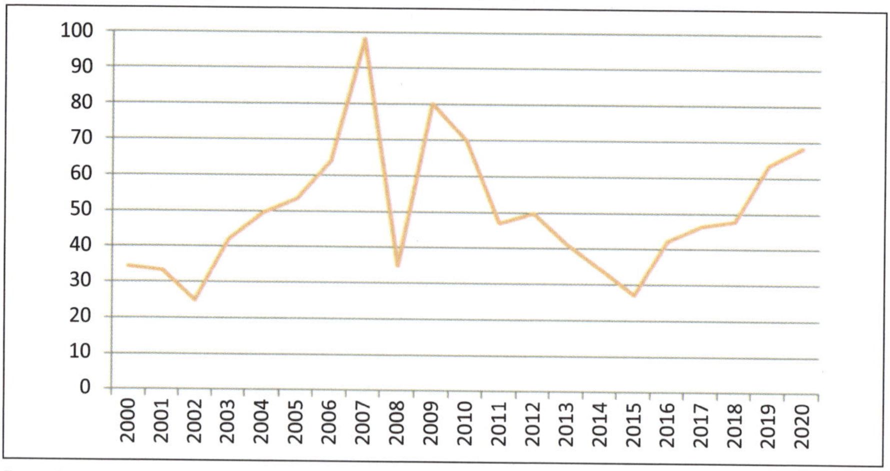

Fonte: The World Bank (s.d.2).

Para consultar as empresas na BM&FBovespa, suas demonstrações financeiras, os fatos relevantes e demais informações importantes, é possível pesquisar pelo nome da empresa, pelo setor de atuação, pelo segmento de listagem ou o ano de abertura do capital.

Índice da B3 – Ibovespa

A B3 é responsável por manter um local adequado para a realização de negócios, registrar, divulgar e supervisionar a liquidação das operações. As informações referentes às negociações são coletadas e organizadas para a divulgação por meio de índices que mostram o comportamento de todo o mercado ou de segmentos específicos.

O índice da B3 (Ibovespa), criado em 1968, corresponde a 80% do valor total negociado das ações. O Ibovespa indica o valor atual, em moeda do país, de uma carteira teórica de ações, visando retratar a configuração real dos negócios realizados à vista em lote-padrão, na Bolsa de Valores de São Paulo. É o mais importante indicador do país e vem aprimorando a metodologia desde a sua criação, sendo que a B3 corresponde ao total das transações no mercado de valores brasileiro.

Foram realizadas diversas adequações em sua forma de divulgação, entretanto somente em 2013 foram realizadas mudanças metodológicas para refletir a grande evolução do mercado de capitais brasileiro. Entre as principais alterações, podemos destacar: a forma de ponderação; o cálculo do índice de negociabilidade (IN); os critérios de inclusão e permanência na carteira em caso de suspensão da negociação; e foi estabelecido um limite de participação por empresa na carteira.

A carteira teórica é composta pelas ações que tiveram, nos últimos 12 meses, maior índice de negociação, correspondendo a aproximadamente 70 e 100 empresas, com atualizações a cada quatro meses, alterando a participação relativa de cada ação com base na nova avaliação de mercado. O peso específico de cada ação no índice é modificado em função dos preços de cada ação e/ou da distribuição de proventos. O Ibovespa é o somatório da multiplicação do último preço de cada ação por sua quantidade teórica em um determinado momento.

Os ativos adotados para compor o Ibovespa devem atender cumulativamente aos critérios a seguir:

- Ativos elegíveis que, no período de vigência das três carteiras anteriores, em ordem decrescente de IN, representem em conjunto 85% do somatório desses indicadores e tenham presença em pregão de 95% no período de vigência das três carteiras anteriores.
- Participação, em termos de volume financeiro, maior ou igual a 0,1%, no mercado à vista (lote-padrão), no período de vigência das três carteiras anteriores.
- Não serem classificados como *penny stock*. Para as ações cotadas abaixo de R$ 1, a mudança nos preços – mesmo de um ou dois centavos – representa uma variação significativa.

No Ibovespa, os ativos são ponderados pelo valor de mercado do *free float* (ativos que se encontram em circulação) da espécie pertencente à carteira, com limite de participação baseado na liquidez (*Manual de definições e procedimentos dos índices da BM&FBovespa*, 2014). O Ibovespa é o índice de ações mais importante do Brasil, resultado de uma carteira teórica de ações e *units* negociadas na B3, cuja quantidade pode variar de acordo com as regras de composição.

Segundo a B3, *units* (certificados de depósitos de ações) correspondem a ativos com mais de uma classe de valores mobiliários, por exemplo, um conjunto de ações ordinárias e preferenciais, também representadas como as ações com quatro letras maiúsculas que correspondem ao emissor mais o 11.

Ainda de acordo com o *site* da B3 (acessado em março de 2023), "o Ibovespa é o principal indicador de desempenho das ações negociadas na B3 e reúne as empresas mais importantes do mercado de capitais brasileiro. Foi criado em 1968 e, ao longo desses 50 anos, consolidou-se como referência para investidores ao redor do mundo".

Considera as variações na participação de cada um dos papéis na composição total do índice, apuradas para a abertura do dia. Por ser um indicador do desempenho médio das cotações dos ativos de maior negociabilidade e representatividade do mercado de ações brasileiro, reflete as variações dos ativos ao longo de sua vigência e a distribuição de proventos das empresas com ações negociadas no mercado de capitais no país.

O índice é reavaliado a cada quatro meses e representa uma carteira teórica de ativos. Em sua composição, estão ações e *units* de companhias listadas na B3, de acordo com os critérios estabelecidos em sua metodologia, com volume financeiro e número de negócios que correspondem a cerca de 80% do mercado de capitais brasileiro.

O índice Ibovespa indica o retorno real, pois considera a reaplicação de todos os ganhos obtidos pelos investidores no mercado, além da variação dos preços das ações. Destacamos que o mercado de ações brasileiro tem alto grau de concentração em poucas empresas, com reflexo no comportamento índice, dado que cerca de 10 ações representam metade do volume negociado no mercado. Atualmente, o setor financeiro, que inclui os bancos e empresas como Cielo e a própria B3, têm o maior peso, com 36% da carteira teórica, com acréscimo da participação nos últimos 10 anos – em janeiro de 2010, sua fatia era de 19%.

A tabela 1.6 permite comparar a participação dos diferentes segmentos de atividades na composição do Ibovespa em 2010 e 2020.

Tabela 1.6 | Participação dos diferentes segmentos no Ibovespa em janeiro de 2010, janeiro de 2020 e janeiro de 2023

Participação dos segmentos no índice, em %			
	Janeiro 2023	Janeiro 2020	Janeiro 2010
Tecnologia da informação	1	0	0
Telecomunicações	1	2	5
Petróleo, gás e biocombustíveis	16	14	18
Utilidade pública	11	4	6
Bens industriais	5	5	5
Consumo não cíclico	8	10	6
Financeiro e outros	25	36	19
Consumo cíclico	11	10	9
Materiais básicos	22	13	32

Fonte: elaborada pelos autores com base em: <www.b3.com.br/pt_br/market-data-e-indices/indices/indices-amplos/indice-ibovespa-ibovespa-composicao-da-carteira.htm>. Acesso em: jun. 2023.

Tabela 1.7 | Carteira teórica do Ibovespa válida para o quadrimestre maio a agosto de 2023

Código	Ação	Tipo	Qtde. teórica	Part. (%)
VALE3	VALE	ON NM	4.035.078.991	15,899
ITUB4	ITAÚ UNIBANCO	PN N1	4.801.630.041	6,769
PETR4	PETROBRAS	PN EDR N2	4.566.511.125	5,89
PETR3	PETROBRAS	ON EDR N2	2.990.884.064	4,341
BBDC4	BRADESCO	PN N1	5.146.612.491	3,879
ELET3	ELETROBRAS	ON ED N1	2.019.004.498	3,719
B3SA3	B3	ON NM	5.733.398.051	3,644
ABEV3	AMBEV S/A	ON	4.386.652.506	3,38

Fonte: B3. Disponível em: <www.b3.com.br/pt_br/market-data-e-indices/indices/indices-amplos/indice-ibovespa-ibovespa-composicao-da-carteira.htm>. Acesso em: maio 2023.

Como observado nas tabelas 1.6 e 1.7, o grande destaque é o setor financeiro. Nos setores de materiais básicos e de petróleo, gás e biocombustíveis, destacamos que são compostos basicamente por uma empresa, a Vale e a Petrobras, respectivamente. Acessando o *site*, é possível conhecer um pouco mais das grandes transformações econômicas, explorando as mudanças de moeda a cada governo, além de fatos nacionais e internacionais que influenciaram o desempenho do índice.

Ao longo do tempo, novos índices foram criados para acompanhar as transformações da economia; esses índices são segmentados conforme as características apresentadas a seguir:

- Índice Brasil 100 (IBrX100) - 100 ações mais líquidas do mercado à vista. Início em 1995.
- Índices setoriais - IEE (energia elétrica), Itel (telecomunicações), Icon (consumo), Imob (imobiliário), entre outros.
- Índice de ações com governança corporativa diferenciada (IGC) - ações de empresas com bons níveis de governança corporativa. Início em 2001.
- Índice de sustentabilidade empresarial (ISE) - aproximadamente 40 ações de empresas altamente comprometidas com sustentabilidade empresarial e responsabilidade social. Início em 2005.
- Índice *small caps* (SMLL) - ações de empresas de menor capitalização. Início em 2008.

Conforme anteriormente mencionado, existem, na B3, diferentes segmentos de listagem para as ações que incluíram os princípios de sustentabilidade e governança. Destacamos os índices de governança, que acompanham o desempenho das empresas atentas às melhores práticas de responsabilidade social e de sustentabilidade, com destaque para os seguintes: IGC - índice de ações com governança corporativa diferenciada; Itag - índice de ações com *tag along* diferenciado; IGCT - índice de governança corporativa *trade*; IGC-NM - índice de governança corporativa - Novo Mercado; ICO2 - índice carbono eficiente; ISE - índice de sustentabilidade empresarial, criado em 2005 e cuja responsabilidade é do Centro de Estudos em Sustentabilidade (GVCes) da Escola de Administração de Empresas de São Paulo da Fundação Getulio Vargas (FGV-Eaesp), cabendo à bolsa o cálculo e a gestão técnica do índice. Os índices de sustentabilidade da B3 incluem índice carbono eficiente (ICO2 B3), índice GPTW B3 (IGPTW B3) e índice de sustentabilidade empresarial (ISE B3).

O comportamento das ações dos principais setores da economia pode ser acompanhado também através de índices de setores diversos, conforme a seguir: IFNC - índice financeiro; Imob - índice imobiliário; Util - índice utilidade pública; Icon - índice de consumo; IEE - índice de energia elétrica; Imat - índice de materiais básicos; INDX - índice do setor industrial. Em termos de segmentos, podemos destacar: MLCX – índice *midlarge cap*; SMLL – índice *small cap*; IVBX – índice valor – 2ª linha (IVBX 2); Idiv – dividendos.

A figura 1.13 mostra a concentração histórica setorial do índice Bovespa em 10 anos.

Figura 1.13 | Concentração histórica setorial – Índice Bovespa – 10 anos

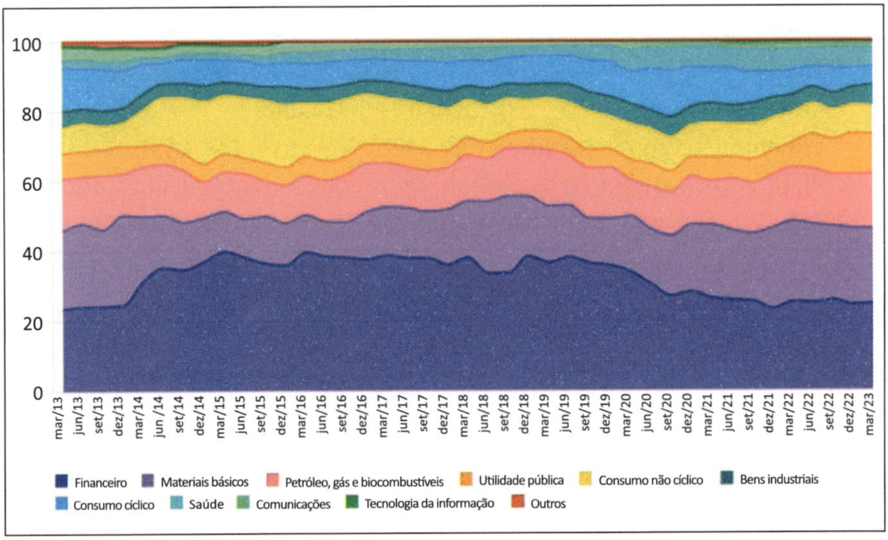

Fonte: Economatica. Disponível em: <https://insight.economatica.com/ibovespa-sera-que-e-um-bom-benchmark/>. Acesso em: maio 2023.

Os índices demonstram a valorização de um determinado grupo de papéis ao longo do tempo, indicam uma média do desempenho histórico de um conjunto de ações, ponderadas conforme os fatores definidos no seu regulamento. Os índices, além de representarem a variação de preços do mercado, servem de parâmetros para avaliar a performance de portfólios e como instrumentos de negociação no mercado futuro.

Recente estudo apresentado pela Economatica destaca a histórica concentração setorial no Ibovespa; portanto não seria adequado como métrica comparativa para carteiras, fundos e parâmetro de risco de mercado na bolsa brasileira. Indica que os setores financeiros, materiais básicos e petróleo/gás correspondem a mais de 60% do Ibovespa, concentrado em cerca de 20 companhias das 88 que compõem o índice, conforme podemos observar no gráfico da figura 1.13.

Nos mercados globais existem muitos índices, com objetivos distintos. Além de indicarem uma média geral dos respectivos mercados, podem representar determinado setor da economia, ou o desempenho de empresas, considerado o porte das empresas negociadas nas bolsas de valores. Na economia global, é importante acompanhar o desempenho de cada país através dos índices de respectivas bolsas de valores, por exemplo, os índices Dow Jones Industrial Average, Standard & Poor's 500, Nasdaq Composite Index, nos Estados Unidos e FT-SE 100 em Londres e Nikkie Stock Average em Tóquio.

"Um mercado de capitais amplo e diversificado é fundamental para o desenvolvimento econômico", segundo informação dada pelo presidente do Banco Central, Roberto Campos Neto (disponível no *site* do Banco Central, acessado em 2019), ao lançar a Iniciativa de Mercado de Capitais (IMK), ação estratégica do governo com o objetivo de avaliar e propor medidas de aperfeiçoamento regulatório para reduzir o custo de capital para as empresas; ampliar a poupança de longo prazo; melhorar a eficiência da intermediação financeira para o investimento privado; e desenvolver os mercados de capitais, de seguros e de previdência complementar.

As práticas de análise de riscos ASG têm sido observadas pelos órgãos reguladores da indústria financeira e do mercado de capitais e devem avançar com a identificação de que estes riscos não são riscos pontuais, mas um potencial impacto à estabilidade do sistema financeiro. A evolução de informações e ferramentas de análise das questões ASG iniciam com a estruturação de *benchmarks*, como os índices de sustentabilidade, até a implementação de modelos de valoração de ativos que consideram os impactos dessas variáveis. A expansão e perenidade dos negócios passam a se relacionar com as questões socioambientais por tomadores de decisão financeira.

Como uma organização que está no centro do mercado financeiro e de capitais, a B3 está engajada na adoção das melhores práticas ASG – Ambiental, Social, Governança Corporativa – através de produtos e serviços que apoiem os clientes na transição para uma economia resiliente e de baixo carbono.

A estratégia de sustentabilidade estabelece três pilares: adotar práticas de sustentabilidade, estimular boas práticas ESG no mercado brasileiro e ampliar o portfólio de produtos com novas frentes de mercado ESG.

Em 2010, a B3 aderiu aos Principles for Responsible Investment (PRI), em prol do investimento responsável. Adotando a agenda de sustentabilidade, estimula investidores e companhias listadas a reportar suas iniciativas socioambientais ao mercado. Sustainable Stock Exchanges (SSE) é uma iniciativa para bolsas de valores, liderada pelo PRI, Unctad, Unep-FI e pelo Pacto Global para, através do diálogo com investidores, companhias e reguladores, promover o investimento responsável de longo prazo e trabalhar pela performance e divulgação de informações ambientais, sociais e de governança corporativa junto às empresas listadas.

A B3 integra, desde sua criação em 2014, o Sustainability Working Group (SWG) da World Federation of Exchanges (WFE), que tem como objetivo a construção de um consenso sobre finalidade, praticidade e relevância dos critérios de sustentabilidade nas bolsas de valores. O grupo atua por meio de pesquisas, promoção de debates e recomendações a todos os seus participantes. Os WFE Sustainability Principles, princípios básicos de sustentabilidade, representam uma declaração formal da WFE e de seus membros para promover a agenda de financiamento sustentável.

As perspectivas econômicas globais, com o reflexo das tensões comerciais, têm gerado pressões do mercado financeiro. O crescimento dos grandes mercados emergentes e economias em desenvolvimento estagnou, com uma recuperação mais fraca do que o esperado pelos exportadores de *commodities*, devido à desaceleração econômica dos respectivos importadores. Os riscos aumentam com a possibilidade de movimentos desordenados do mercado financeiro e a escalada de disputas comerciais. É fundamental que os formuladores de políticas promovam o crescimento potencial, desenvolvendo o capital humano, removendo as barreiras aos investimentos e promovendo a integração comercial. Novas estratégias de negócios visando ao desenvolvimento de longo prazo, quando integradas às práticas de sustentabilidade empresarial, contribuem para o alinhamento de interesses e a geração de valor compartilhado para a empresa, acionistas e demais *stakeholders*.

Ao longo do século XX, a economia dos diferentes países tornou-se cada vez mais marcada pelo processo de globalização e pelo crescimento das operações das grandes instituições financeiras e de prestação de serviços, ao lado das atividades industriais. A origem dos debates sobre governança corporativa está intrinsecamente ligada, nesse contexto, à estrutura de propriedade dispersa de grandes empresas e da dificuldade, nesses casos, de garantir o alinhamento entre os interesses das empresas e os rumos da gestão (Morck, Wolfenzon e Yeung, 2005).

O termo “crescer o bolo” (em inglês *grow the pie*) apresentado por Edmans (2020:31) é uma abordagem de negócios que busca gerar lucros apenas através da criação de valor para a sociedade. Os investidores são importantes, entretanto uma empresa serve-lhes não lhes dando uma fatia maior do que já existe, mas cultivando o bolo.

2. Avaliação econômico-financeira de empresas

O investimento deve ser racional; se não for capaz de compreendê-lo, não o faça.
Warren Buffett

Introdução

Do ponto de vista de quem pensa em investir no mercado de capitais com base em dados fundamentados, é essencial ser capaz de proceder à análise do valor das empresas, ou, ao menos, de entender os critérios de valoração utilizados por especialistas, antes de efetivamente escolher em que empresas investir.

O processo de determinação do valor de uma empresa é complexo e existem dezenas de modelos com ferramental técnico próprio e variáveis subjetivas. Desde a década de 1950, foram desenvolvidas diversas teorias e metodologias de avaliação de empresas. Considerando a quantidade de dinheiro envolvida no mercado de capitais, não é difícil entender a importância do tema. A avaliação de empresas implica não somente variáveis objetivas, tais como preço de ações e patrimônio, mas também variáveis subjetivas, como credibilidade no mercado, valor da marca ou de seus produtos. Um pressuposto de um bom investimento é que o valor pago por ativo financeiro ou real não seja maior que o que se pode denominar "valor justo".

A avaliação de entidades ou negócios depende, em grande parte, das expectativas futuras de desempenho. Levando em conta a dinâmica atual dos mercados financeiros em que o futuro se assemelha cada vez menos ao passado, faz-se necessário que os investidores tenham conhecimento das novas ferramentas que podem ter ao seu dispor para determinar o preço justo das empresas que tenha em foco. Os métodos variam muito e, frequentemente, a subjetividade em jogo no processo de avaliação é uma das maiores dificuldades para a mensuração do valor do ativo, pois os dados de entrada dão margem a julgamentos que não são estritamente objetivos.

A análise dos indicadores financeiros, calculados com base nos dados apresentados nos demonstrativos financeiros, proporciona uma fotografia mais clara da situação e do desempenho presente das empresas. Existem duas escolas de análise das empresas: a fundamentalista e a de análise técnica. Neste capítulo, apresentamos os princípios da análise fundamentalista e discutimos os principais indicadores de balanço, que derivam diretamente dos demonstrativos financeiros da empresa. No capítulo 3, são discutidos indicadores que levam em conta dados correntes de mercado. A análise técnica é apresentada no capítulo 4.

Valor da empresa sob várias perspectivas

Os investidores podem utilizar modelos mais simples ou técnicas mais sofisticadas que variam de acordo com o propósito da avaliação, as características da empresa, a disponibilidade e a qualidade de informações. Os modelos podem ser utilizados em conjunto ou separadamente. Dado que a aplicação de uma simples equação ou metodologia não pode ser considerada suficiente, cada uma das técnicas é válida para uma finalidade diferente. Logo, os modelos alternativos não são mutuamente excludentes, podendo ser tratados como complementares.

O ponto de partida é compreender o valor contábil da empresa, que resulta da diferença entre os bens e direitos registrados no ativo e o exigível de terceiros no passivo exigível.

O valor patrimonial real equivale ao valor de mercado dos ativos (bens e direitos) menos o valor de mercado dos passivos (obrigações com terceiros). O patrimônio líquido evidencia a riqueza da empresa, uma vez que é constituído pelo capital investido pelos proprietários acrescido do lucro retido, quando não distribuído aos acionistas. Também é conhecido como passivo não exigível, representando a obrigação da empresa perante seus acionistas/proprietários.

O *ativo* é composto pelos bens, que são máquinas, terrenos, estoques, moedas, equipamentos, veículos, instalações, entre outros, somados aos direitos, que são as contas a receber, as aplicações financeiras, os depósitos em contas bancárias, os títulos de crédito, entre outros. As contas são apresentadas por ordem decrescente de liquidez em dois grupos: o *ativo circulante*, que são as contas que se transformarão em caixa no prazo de um ano, e o *ativo não circulante*, composto pelos valores a receber em longo prazo, utilizados para as atividades operacionais da empresa, como imóveis, máquinas e instalações.

Na análise do ativo são consideradas as questões apresentadas a seguir.

Figura 2.1 I Ativo total e suas considerações

Ativo total

Ativo circulante

- Caixa e aplicações financeiras
- Contas a receber
- Estoques

Ativo não circulante

- Realizável a longo prazo
- Investimentos
- Imobilizado
- Intangível

⇦

Avaliar a rentabilidade dos recursos investidos

- Decisões sobre aquisições de ativos de curto e longo prazo
- Decisões sobre a composição e os riscos das novas alternativas de investimento
- Avaliar o que deve ser descartado, reduzido ou eliminado, por não acrescentar valor

Fonte: elaborada pelos autores, com base em informações da CVM (www.cvm.gov.br).

O valor presente líquido expressa o valor acumulado do fluxo de caixa projetado até um ponto futuro, descontado o passivo exigível (representa a obrigação da empresa perante seus acionistas/proprietários).

O valor de mercado equivale ao valor de todas as ações conforme a cotação das mesmas na bolsa de valores.

O valor de liquidação equivale ao preço de venda dos ativos da empresa no mercado, deduzidos os gastos da operação (comissão, impostos, transportes etc.) e o valor de quitação dos débitos com terceiros.

Esses conceitos são resumidos a seguir, para melhor visualização.

Figura 2.2 I Valor da empresa

Valor patrimonial contábil	Valor patrimonial real	Valor presente líquido	Valor de mercado	Valor de liquidação
• Ativo total menos passivo exigível	• Valor de mercado de ativos e passivos	• Fluxo de caixa líquido descontado	• Valor de mercado das ações na bolsa de valores	• Valor obtido ao se encerrar o negócio

Fonte: elaborada pelos autores.

Valor da marca

Os estrategistas de investimentos buscam permanentemente tornar os mercados transparentes e racionais. Assim, tendo em vista determinar um dos aspectos do valor real de uma ação, foi desenvolvido o conceito de valor da marca. A marca é um ativo intangível e, dependendo dos valores que a empresa desembolsa para divulgá-la, torna-se um ativo econômico valioso. Uma vez reconhecida e tendo sua mensuração de custo especificada, a marca passa a ser um item do ativo representado nas demonstrações contábeis. Podemos monitorar o valor global da marca por segmentos de mercado e regiões.

Uma das principais empresas que realizam valoração de marcas é a Interbrand, que publica anualmente uma pesquisa em que destaca as 100 marcas mais valiosas. No *ranking* de 2011, o primeiro lugar pertencia à Coca-Cola, avaliada em cerca de US$ 77 bilhões e à frente de fabricantes de equipamentos eletrônicos e *softwares* de última geração. Em 2016, cinco anos depois, a Coca-Cola perde a liderança, assumindo a Apple, com US$ 178 bilhões, seguida pela Google, com US$ 133 bilhões. O *ranking* de 2022 para as 10 primeiras colocadas é apresentado na tabela 2.1.

A nova metodologia do Best Global Brands introduziu áreas de prática focadas em ética de marca, meio ambiente e *design* inclusivo. Em 2022, foram incorporados dados quantitativos ambientais, sociais e de governança (em inglês *environmental, social and governance* ou ESG) pela primeira vez no relatório *Best global brands*.

Gonzalo Brujó, *global chief executive officer* do Best Global Brands destaca que

> os negócios agora têm mais um papel a desempenhar na criação de uma sociedade mais equitativa, a serviço de uma gama de *stakeholders*, incluindo acionistas, funcionários, comunidades e consumidores. Essa plataforma cria uma equidade na resolução de desafios sociais coletivos – e a marca se torna o veículo essencial para a mudança [Brujó, 2022].

O valor acumulado das 100 melhores marcas globais do mundo ultrapassa US$ 3 trilhões pela primeira vez – um aumento de 16% ano a ano. O ano de

2022, em um cenário de aumento da incerteza econômica, prova que marcas fortes têm maior resiliência em tempos difíceis.

Tabela 2.1 | Melhores marcas globais 2022

Ordem	Marca	Setor	Mudança no valor da marca	Valor da marca US$ M
1		Tecnologia	+18%	482.215
2	Microsoft	Tecnologia	+32%	278.288
3	amazon	Tecnologia	+10%	274.819
4	Google	Tecnologia	+28%	251.751
5	SAMSUNG	Tecnologia	17%	87.689
6	TOYOTA	Automotivos	+10%	59.757
7	Coca-Cola	Bebidas	0%	57.535
8		Automotivos	+10%	56.103
9	Disney	Mídia	+14%	50.325
10	NIKE	Esportes	+18%	44.352

Fonte: <https://interbrand.com/best-brands/>. Acesso em: nov. 2022.

Brujó também destaca que as marcas mais valiosas do mundo não são imunes ao risco. A média de idade das cinco principais marcas no Best Global Brands *ranking* é de apenas 39,6 anos contra uma média total de 110 anos em todas as 100 marcas. A concorrência é acirrada, e a velocidade com que os negócios mais relevantes do mundo podem escalar é sem precedentes. Assim também é o risco. Ele afirma, ainda, que nas duas décadas desde que o Best Global Brands *ranking* foi lançado, apenas 36 empresas permaneceram no *top* 100. Mais de

140 caíram nos anos seguintes, incluindo marcas básicas como Nokia, AOL, Yahoo! e MTV.

Os diferentes conceitos e princípios de avaliação patrimonial e, portanto, de lucro são complementares. Nenhum deles possui todas as informações, utilidade e qualidade desejadas pelos usuários, devendo ser tratados como auxiliares aos demais. Em suma, todas as formas de avaliação, ao final, chegam ao mesmo lucro e ao mesmo caixa. Nessa perspectiva, a avaliação de empresas e/ou negócios depende, em grande parte, das expectativas futuras de desempenho.

As maiores empresas segundo a Forbes

Diversas publicações ordenam as empresas a partir de parâmetros distintos, o que permite uma comparação global em termos de receitas de bens/serviços, lucros, patrimônio e valor de mercado. Uma das publicações consultadas pelos analistas de mercado é a revista americana *Forbes*, especializada em economia, finanças e negócios. A tabela 2.2 mostra as 30 empresas globais mais importantes nessa classificação, com o acréscimo das seis empresas brasileiras mais bem posicionadas.

O tamanho de uma empresa pode ser medido por seus ativos ou a partir de suas receitas. Em ambos os casos, o significado do valor é muito relativo e deve ser avaliado no contexto da respectiva indústria. Os ativos de uma pequena companhia ferroviária excederão os de uma loja de departamentos de tamanho razoável. Os ativos totais podem estar inflados por valores excessivos atribuídos a ativos intangíveis, ou subavaliados. Por outro lado, descobrimos que, na maioria das empresas sólidas, o *goodwill*, que constitui um de seus ativos mais importantes, nem mesmo aparece no balanço patrimonial ou é fornecido apenas por uma avaliação nominal (geralmente \$ 1) (Graham e Meredith, 2022).

Tabela 2.2 | Empresas globais mais importantes segundo a Forbes

Ranking	Nome	País	Vendas em US$ bilhões	Lucro em US$ bilhões	Ativos (*assets*) em US$ bilhões	Valor de mercado em US$ bilhões
1	Berkshire Hathaway	EUA	$ 276,09	$ 89,8	$ 958,78	$ 741,48
2	ICBC	China	$ 208,13	$ 54,03	$ 5.518,51	$ 214,43
3	Saudi Arabian Oil Company (Saudi Aramco)	Arábia Saudita	$ 400,38	$ 105,36	$ 576,04	$ 2.292,08
4	JPMorgan Chase	EUA	$ 124,54	$ 42,12	$ 3.954,69	$ 374,45
5	China Construction Bank	China	$ 202,07	$ 46,89	$ 4.746,95	$ 181,32
6	Amazon	EUA	$ 469,82	$ 33,36	$ 420,55	$ 1.468,4
7	Apple	EUA	$ 378,7	$ 100,56	$ 381,19	$ 2.640,32
8	Agricultural Bank of China	China	$ 181,42	$ 37,38	$ 4.561,05	$ 133,38
9	Bank of America	EUA	$ 96,83	$ 31	$ 3.238,22	$ 303,1
10	Toyota Motor	Japão	$ 281,75	$ 28,15	$ 552,46	$ 237,73
11	Alphabet	EUA	$ 257,49	$ 76,03	$ 359,27	$ 1.581,72
12	Microsoft	EUA	$ 184,9	$ 71,19	$ 340,39	$ 2.054,37
13	Bank of China	China	$ 152,43	$ 33,57	$ 4.192,84	$ 117,83
14	Samsung Group	Coreia do Sul	$ 244,16	$ 34,27	$ 358,88	$ 367,26
15	ExxonMobil	EUA	$ 280,51	$ 23,04	$ 338,92	$ 359,73
16	Shell	Reino Unido	$ 261,76	$ 20,27	$ 404,38	$ 211,1
17	Ping An Insurance Group	China	$ 181,37	$ 15,74	$ 1.587,11	$ 121,69
18	Wells Fargo	EUA	$ 84,12	$ 20,58	$ 1.939,71	$ 176,77
19	Verizon Communications	EUA	$ 134,35	$ 21,52	$ 366,6	$ 218,02
20	AT&T	EUA	$ 163,03	$ 17,33	$ 551,62	$ 141,79
21	PetroChina	China	$ 380,31	$ 14,29	$ 392,6	$ 142,3
22	UnitedHealth Group	EUA	$ 297,55	$ 17,45	$ 221,24	$ 490,15
23	Walmart	EUA	$ 572,75	$ 13,67	$ 244,86	$ 431,64
24	China Merchants Bank	China	$ 71,07	$ 18,58	$ 1.451,2	$ 167,32
25	Volkswagen Group	Alemanha	$ 295,73	$ 17,54	$ 638,26	$ 82,4
26	Chevron	EUA	$ 156,29	$ 15,63	$ 239,53	$ 316,23
27	Citigroup	EUA	$ 79,94	$ 18,23	$ 2.394,11	$ 101,48
28	Tencent Holdings	China	$ 86,86	$ 34,94	$ 252,99	$ 414,28
29	Total	França	$ 185,12	$ 16,14	$ 293,46	$ 127,32
30	Postal Savings Bank Of China (PSBC)	China	$ 77,61	$ 11,33	$ 1.975,08	$ 125,53
65	Petrobras	Brasil	$ 83,89	$ 19,77	$ 174,68	$ 83,98
118	Vale	Brasil	$ 54,4	$ 22,47	$ 89,61	$ 82,03
138	Itaú Unibanco Holding	Brasil	$ 35,96	$ 4,96	$ 372,3	$ 52,89
182	Banco Bradesco	Brasil	$ 28,33	$ 4,07	$ 296,89	$ 43,16
268	Banco do Brasil	Brasil	$ 29,54	$ 3,4	$ 362,53	$ 20,7
401	JBS	Brasil	$ 64,99	$ 3,8	$ 37,18	$ 17,48

Fonte: The world's largest public companies. *Forbes.* Disponível em: <www.forbes.com/global2000>. Acesso em: fev. 2023.

Estratégias de avaliação

As técnicas e medidas adotadas para a avaliação acabam por envolver determinado grau de julgamento que varia muito e, frequentemente, implica a adoção de ajustes arbitrários, baseados no instinto e em evidências empíricas limitadas. Podemos considerar a avaliação uma estimativa que estabelece, dentro de uma faixa, um valor referencial de tendência que reflete os impactos das forças de mercado, e não a fixação concreta de um preço ou valor específico de um ativo.

Assim, antes de escolher os métodos de avaliação que serão aplicados, é fundamental a elaboração preliminar de um diagnóstico preciso da empresa avaliada, onde se incluem o contexto macroeconômico no qual ela está inserida, seu setor de atuação, seu mercado consumidor, seus desempenhos passado e atual, seus aspectos econômicos, financeiros, sociais, jurídicos, fiscais, comerciais, tecnológicos e técnicos. A profundidade dessas análises depende das peculiaridades de cada caso, do tamanho do negócio, da disponibilidade de informação e de sua atualização constante, de acordo com o fluxo dinâmico dos dados econômicos.

O avanço das tecnologias de informação e comunicação permite aos investidores um amplo acesso às principais informações das companhias abertas, para que realizem uma avaliação detalhada das alternativas de investimento. As demonstrações financeiras publicadas pelas empresas são o meio formal utilizado pelos administradores para apresentar aos acionistas um resumo das operações realizadas e seu progresso em direção aos objetivos estratégicos. É pela análise dos indicadores financeiros, calculados com base nos dados apresentados nesses demonstrativos, que os *stakeholders* (conjunto heterogêneo de indivíduos, organizações ou grupos econômicos, tais como clientes, fornecedores, funcionários, governos, instituições financeiras e investidores) obtêm uma fotografia mais clara da situação e do desempenho presente das empresas.

Para orientação dos investidores no mercado de capitais que se deparam com uma infinidade de informações a serem consideradas, a experiência deu origem a duas escolas de análise das empresas: a *fundamentalista* e a de *análise técnica*. De forma geral, as duas visam projetar resultados futuros dos investimentos e mensurar o risco que essas projeções podem apresentar.

Análise fundamentalista da empresa

A análise fundamentalista estuda todas as informações disponíveis com o objetivo de determinar o valor real das ações da empresa e viabilizar uma decisão sobre sua compra ou venda. Por meio de indicadores financeiros, apresenta uma fotografia mais clara da situação e do desempenho recente da empresa e os riscos que podem influir no preço da ação.

Neste capítulo, apresentamos os principais indicadores ditos de balanço patrimonial, que usam somente as informações contidas nas demonstrações financeiras consolidadas, periodicamente publicadas. Para verificar o alcance dos objetivos da companhia, utilizam-se índices financeiros que retratam os diferentes aspectos que impactam seu crescimento.

A análise das demonstrações contábeis abrange dois aspectos: o estático, que corresponde à fotografia da empresa em determinado momento, e o dinâmico, que analisa sua evolução para determinar sua tendência. No desempenho da empresa, deve ser considerada a convergência de várias forças econômicas, entre elas o mercado financeiro, os fornecedores, os colaboradores, a comunidade, o meio ambiente e o governo. Em meados da década de 1990, surge o *triple bottom line* (TBL) e uma década depois o conceito de ambiente, social e de governança (ASG) (em inglês *environmental, social and governance* ou ESG). A diferença no caso do *triple bottom line* é a abordagem dos aspectos econômicos, item que não é tratado pelo ESG; por outro lado, a governança não é abordada pelo *triple bottom line*. O surgimento de uma nova perspectiva que passa a considerar os aspectos econômicos, ambientais, sociais e de governança representa um movimento importante no mercado, criando um diferencial de valor para as organizações, que passam a incorporar em uma mesma perspectiva os conceitos de *triple bottom line* e ESG.

O investidor se torna sócio da empresa e busca entender todos os fatores que influenciam seu desempenho. Uma boa análise leva em conta tanto fatores macro quanto microeconômicos, tanto o lado quantitativo (seus números) quanto o qualitativo (seus controladores, seus executivos, a composição do Conselho Administrativo e demais informações). Ocorre cada vez mais a ênfase no lado qualitativo, pois, muitas vezes, uma empresa com saúde financeira impecável pode ter sua avaliação prejudicada, por exemplo, por problemas de governança ou por eventos atípicos temporários que não se refletem nos balanços, mas impactam o valor das ações.

As sociedades por ações têm a obrigatoriedade de elaborar e publicar as *demonstrações financeiras* que devem ser encaminhadas à CVM pelo emissor em até três meses do encerramento do exercício social ou na mesma data de envio das demonstrações financeiras de encerramento de exercício, o que ocorrer primeiro. Adicionalmente, as informações financeiras devem ser publicadas nos respectivos *sites* de relações com investidores e nos jornais de grande circulação normalmente utilizados pela companhia aberta.

A publicação das demonstrações financeiras pelas empresas é o meio formal utilizado pelos administradores para apresentar, aos sócios e acionistas, um resumo de todas as operações realizadas e seu progresso em direção aos objetivos estratégicos; os resultados da atuação da administração em face dos deveres e das responsabilidades na gestão diligente dos recursos que lhe foram confiados. Por meio desse instrumento, as empresas prestam contas também aos demais colaboradores, os *stakeholders*. As informações acerca do desempenho e dos fluxos de caixa da companhia são relevantes para muitos usuários nas avaliações e tomadas de decisão econômicas. Diferentes metodologias de avaliação de empresas podem ser usadas simultaneamente, e o investidor deve escolher a que melhor se ajusta à realidade do empreendimento a ser avaliado.

A globalização tem impacto crescente na economia, e a necessidade de captação de recursos financeiros internacionais exige maior uniformidade na apresentação das informações financeiras e contábeis. Adicionalmente, a integração dos mercados de capitais de todo o mundo aumenta a exigência dos investidores internacionais por transparência e por comparabilidade nas informações. A CVM, por meio da Instrução nº 457, de 13 de julho de 2007, art. 1º, estabeleceu:

> As companhias abertas deverão, a partir do exercício findo em 2010, apresentar as suas demonstrações financeiras consolidadas adotando o padrão contábil internacional, de acordo com os pronunciamentos emitidos pelo International Accounting Standards Board – Iasb [CVM, 2007].

A análise fundamentalista fotografa e mapeia os indicadores do presente para projetar o futuro da empresa. São chamados fundamentos da empresa todos os fatores macro e microeconômicos que influenciam seu desempenho, pois as empresas não dependem apenas de si próprias. Em um momento de crise, por exemplo, mesmo aquelas que tomam atitudes acertadas podem ter seu valor de mercado reduzido.

Em termos macroeconômicos, acompanham-se indicadores como inflação, taxas de juros, políticas setoriais, câmbio, produto interno bruto (PIB), finanças públicas e decisões governamentais globais. Em termos microeconômicos, são consideradas as características do setor da empresa, seus concorrentes e os resultados, como lucro, dividendos, governança corporativa e demais indicadores. Por meio de análise detalhada, em geral num período entre cinco e 10 anos, os investidores lançam mão dos principais indicadores com um olhar no desempenho histórico e setorial para projetar a tendência dos resultados no longo prazo.

Existem publicações que apresentam, anualmente, informações padronizadas, propiciando uma visão ampla dos diferentes setores econômicos e de seus participantes. Além disso, indicam padrões que podem ser usados para avaliar o desempenho econômico-financeiro de diferentes empresas, comparadas com o todo e com o setor de atuação de cada uma. Exemplos dessas publicações são: *Valor 1000*, *Exame Melhores e Maiores* e, para uma comparação global, a *Fortune 500* e a *Forbes*.

Fortune 500

Valor 1000

Exame Melhores e Maiores

O *ranking* das empresas na publicação *Valor 1000* (*Valor Econômico*) adota os balanços consolidados no padrão International Financial Reporting Standards (IFRS) e apresenta as empresas ordenadas pela receita operacional líquida. São apresentados também o desempenho das empresas nos principais setores da economia, através da análise de indicadores econômico-financeiros como o crescimento da receita, margem Ebitda, alavancagem financeira e retorno patrimonial, além das práticas ESG (sigla em inglês para as práticas ambientais, sociais e de governança).

Nem todos que investem por conta própria na bolsa são especialistas em finanças, economia e estratégia de negócios. A análise fundamentalista viabiliza a compreensão dos conceitos necessários para avaliar a saúde financeira das empresas e determinar um preço justo para as ações. Embora as informações que servem de base para os fundamentalistas sejam públicas, análises mais profundas levam não só à identificação de bons negócios para seus acionistas como também à descoberta do que o mercado não está precificando. Cabe ao bom analista saber avaliar o "preço justo" da ação, identificando os investimentos mais seguros. A margem de segurança para o investidor será tanto maior quanto maior a diferença entre o valor avaliado como "preço justo" e o preço de mercado atribuído à ação.

Um destaque, em plano mundial, na aplicação dessa técnica de análise é o megainvestidor Warren Buffet, que desenvolveu um grupo único de ferramentas analíticas para identificar as empresas que tinham vantagem competitiva de longo prazo em relação às concorrentes e, mesmo pagando um preço justo, apresentavam uma forte geração de riqueza no longo prazo (Buffet e Clark, 2010).

Principais demonstrações financeiras

Os principais demonstrativos publicados são: balanço patrimonial (BP), demonstração de resultado (DRE), demonstração de fluxo de caixa (DFC) e a demonstração de valor adicionado (DVA). As demonstrações de fluxo de caixa e o valor adicionado foram introduzidos com a nova lei contábil de 2007, visando à adequação aos padrões contábeis internacionais, com informações mais detalhadas e transparentes aos investidores de mercado.

Pelo formato fixo e padronizado, os demonstrativos apresentados permitem a fácil comparação dos dados do exercício corrente com os de dois exercícios anteriores. Os dados são apresentados em três tipos de relatórios: informações trimestrais (ITRs), demonstrações financeiras padronizadas (DFPs) e informações anuais (IANs).

O balanço patrimonial reflete a posição financeira da empresa em determinado momento, enquanto a demonstração de resultado registra as receitas e as despesas acumuladas no período, para a apuração do lucro ou do prejuízo do exercício. As demonstrações de fluxo de caixa indicam a variação de entrada e saída de caixa relativa às operações, às atividades de financiamento e às atividades de investimentos em determinado período. A demonstração de valor adicionado registra como a riqueza gerada foi distribuída pela empresa, entre governos, credores, empregados e acionistas.

Importante também é o *Relatório da administração* publicado anualmente, no qual os gestores apresentam, sob seu ponto de vista, as explicações sobre os resultados alcançados no exercício, em comparação ao período anterior ou anteriores.

O quadro 2.1 mostra as principais mudanças introduzidas pela Lei nº 11.638, de 2007, sobre as demonstrações financeiras das empresas.

Quadro 2.1 | Comparativo com as leis de 1976 e 2007

Lei nº 6.404, de 15 de dezembro de 1976	Lei nº 11.638, de 28 de dezembro de 2007
Publicação das demonstrações das origens e aplicações de recursos (Doar).	Publicação das demonstrações dos fluxos de caixa (DFC).
Não havia a exigência da publicação da demonstração do valor adicionado (DVA) para as companhias abertas.	Obrigatoriedade da publicação da demonstração do valor adicionado (DVA para as companhias abertas.
Os aumentos de valores nos saldos de ativos serão registrados como reserva de reavaliação, no patrimônio líquido.	Os aumentos ou diminuições de valores nos saldos de ativos e passivos decorrentes de avaliações e preço de mercado serão registrados na conta de ajuste de avaliação patrimonial, no patrimônio líquido.
O ativo permanente é dividido em: investimentos, ativo imobilizado e ativo diferido.	Ativo permanente passa a ser dividido em: investimentos, imobilizado, intangível e diferido.
Nas operações de incorporação, fusão ou cisão, os saldos vertidos poderão ser registrados pelos valores contábeis.	Os saldos serão vertidos a valor de mercados nos casos de fusões, cisões ou incorporações.
O patrimônio líquido: capital social, reservas de capital, reservas de reavaliação, reservas de lucros ou prejuízos acumulados.	O patrimônio líquido: capital social, reservas de capital, ajustes de avaliação patrimonial, reservas de lucros, ações em tesouraria e prejuízos acumulados.
As companhias abertas são obrigadas a publicar suas demonstrações contábeis devidamente auditadas. As companhias fechadas não são obrigadas a publicar suas demonstrações contábeis.	As companhias abertas e as sociedades de grande porte de capital fechado são obrigadas a apresentar demonstrações contábeis segundo os mesmos padrões da Lei das S.A. e auditadas por auditores independentes.
A escrituração contábil será efetuada de acordo com os princípios de contabilidade geralmente aceitos, podendo registrar nos livros comerciais ou em livros auxiliares os ajustes decorrentes da legislação tributária.	Deverá ocorrer segregação entre escrituração mercantil e tributária.
A CVM expedirá normas contábeis de acordo com os princípios de contabilidade geralmente aceitos.	A CVM expedirá normas contábeis em consonância com as normas internacionais de contabilidade (IFRS).
As sociedades controladas devem ser avaliadas pelo método da equivalência patrimonial.	As sociedades controladas, sociedades que fazem parte do mesmo grupo que estejam sob influência e controle comum, devem ser avaliadas pelo método de equivalência patrimonial.

Fonte: <https://capitalaberto.com.br/boletins/as-mudancas-introduzidas-pela-lei-11-6382007/>. Acesso em: mar. 2023.

As demonstrações financeiras se destinam a fornecer uma imagem precisa da condição e dos resultados operacionais de determinada empresa de forma condensada. Todos que entram em contato com empresas e seus respectivos títulos acabam por ter de ler balanços e demonstrações de resultados. Espera-se que empresário e investidores sejam capazes de entender as demonstrações corporativas. Como destacam Graham e Meredith (2022:11), "Quando você sabe o que os números significam, adquire-se uma base sólida para uma boa tomada de decisão nos negócios".

Balanço patrimonial

O balanço patrimonial é formado por ativo (bens e direitos), passivo (obrigações com terceiros) e patrimônio líquido.

O valor calculado do patrimônio líquido corresponde à diferença entre o ativo total e o passivo exigível, indicando o total de recursos da empresa. É composto de cinco grupos: capital social, reserva de capital, reserva de reavaliação, reserva de lucros e lucros ou prejuízos acumulados. O valor do patrimônio é determinado pela equação simplificada:

Patrimônio líquido = bens e direitos – obrigações

Caso o total das obrigações supere o total dos bens e direitos, o patrimônio dos acionistas corresponde a um valor negativo, o que indica que a empresa estará, tecnicamente, quebrada. Portanto, é importante avaliar a composição das contas, o que é adiante exposto.

O patrimônio líquido corresponde à participação dos acionistas e consta na coluna do passivo, representando o capital devido pela empresa a seus acionistas. Alternativamente, a participação dos acionistas representa a simples diferença entre os ativos e passivos, que está registrado no passivo por conveniência, para equilibrar os dois lados. Portanto, o total de ativos e o total de passivos sempre serão idênticos em um balanço patrimonial (Graham e Meredith, 2022:15).

As principais demonstrações financeiras relativas às sociedades anônimas de capital aberto estão disponíveis eletronicamente na CVM ou no portal da B3, através da opção "Empresas listadas" no campo disponível para a busca. Informando-se o nome da empresa (ou código), a pesquisa pode ser realizada através do setor de atuação, ano de listagem ou empresas do mercado internacional – *Brazilian depositary receipts* (BDRs).

CVM

B3

Consulte nas demonstrações financeiras fatos relevantes, entre outras informações importantes das empresas listadas na B3. Para acessar o balanço patrimonial, acesse "Empresas listadas", escolha a empresa, selecione "Relatórios estruturados" e, na área "Demonstrações financeiras padronizadas", selecione o relatório financeiro mais atual. Em seguida, "Demonstrações financeiras (DFs) consolidadas". A tabela 2.3 mostra o balanço patrimonial ativo da empresa industrial WEG, conforme apresentado no portal da B3.

Nota: Nas planilhas de demonstrativos financeiros da WEG apresentada a seguir, foram suprimidos itens (linhas) que constavam em branco, ou seja, sem informação aplicável, ou que representavam itens de subcontas de detalhamento de níveis 4 ou 5, já suficientemente representados por uma conta de nível imediatamente superior – facilitando-se assim uma visão geral dos dados apresentados como exemplo.

Tabela 2.3 | Balanço patrimonial WEG – ativo total

WEG S.A./ Balanço patrimonial ativo (R$ mil)				
Conta	**Descrição**	**31/12/2022**	**31/12/2021**	**31/12/2020**
1	**Ativo total**	**28.134.660**	**23.932.787**	**19.927.896**
1.01	**Ativo circulante**	**19.653.210**	**15.945.946**	**12.556.143**
1.01.01	Caixa e equivalentes de caixa	4.451.002	2.714.427	3.892.140
1.01.02	Aplicações financeiras	531.826	502.708	592.794
1.01.03	Contas a receber	5.614.423	4.317.393	3.417.251
1.01.04	Estoques	7.644.361	6.497.048	3.737.529
1.01.06	Tributos a recuperar	657.580	890.290	339.283
1.01.08	Outros ativos circulantes	754.018	1.024.080	577.146
1.02	**Ativo não circulante**	**8.481.450**	**7.986.841**	**7.371.753**
1.02.01	Ativo realizável a longo prazo	673.726	930.416	898.045
1.02.02	Investimentos	1.056	1.265	1.023
1.02.03	Imobilizado	6.282.653	5.504.772	4.877.210
1.02.04	Intangível	1.524.015	1.550.388	1.595.475

Fonte: B3 (www.b3.com.br). Acesso em: mar. 2023.

Acompanhando a evolução das contas de ativo da empresa WEG, podemos destacar que o ativo circulante tem representado mais de 60% do ativo total, sendo as contas de maior representatividade os recursos disponíveis em caixa e aplicações financeiras, clientes e estoques referentes à atividade operacional da companhia.

Entre os ativos registrados no longo prazo, são destaques o imobilizado e o intangível, que serão utilizados para continuidade das operações da empresa.

Um ativo intangível é um ativo não monetário identificável sem substância física. Tal ativo é identificável quando é separável, ou quando surge de direitos contratuais ou outros direitos legais. Ativos separáveis podem ser vendidos, transferidos, licenciados etc. Exemplos: *softwares*, licenças, marcas, patentes, filmes, direitos de autor e cotas de importação. Os ativos intangíveis são mensurados inicialmente pelo custo. Após o reconhecimento inicial, a companhia geralmente mede um ativo intangível a um custo menos a amortização acumulada. Pode-se optar por medir o ativo pelo justo valor em casos raros em que o justo valor possa ser determinado por referência a um mercado ativo.

Um ativo intangível com uma vida útil finita é amortizado e está sujeito a testes de imparidade. Um ativo intangível com uma vida útil indefinida não é amortizado, mas é testado anualmente quanto à imparidade. Quando um ativo intangível é alienado, o ganho ou perda na alienação é incluído no lucro ou perda.

O *passivo* apresenta as dívidas, as obrigações, os riscos e as contingências da empresa, em ordem crescente, em termos de prazo de vencimento. No *passivo circulante* estão as obrigações que devem ser saldadas no prazo máximo de um ano; no *passivo não circulante*, as obrigações que vencem em prazos maiores que um ano. As principais contas que compõem o *patrimônio líquido* são: capital social, reserva de capital, reserva de reavaliação, reserva de lucros e lucros ou prejuízos acumulados. O valor do patrimônio é determinado pela equação simplificada da diferença entre o *ativo total* (bens e direitos) e o *passivo total* (obrigações/exigível), representando o total de recursos próprios aplicados na companhia.

Na análise do *passivo* são consideradas as questões sintetizadas na figura 2.3.

Figura 2.3 | Passivo total e suas considerações

Passivo total

Passivo circulante

- Obrigações sociais e trabalhistas
- Fornecedores
- Obrigações fiscais
- Empréstimos e financiamentos

Passivo não circulante

- Empréstimos e financiamentos
- Debêntures
- Provisões e tributos diferidos

Patrimônio líquido

- Capital social realizado
- Reservas de capital
- Reservas de reavaliação
- Reservas de lucro
- Lucros/prejuízos acumulados

Avaliar a estrutura de capital

- Proporção entre fontes de recursos – capital de terceiros e/ou próprio
- Perfil de endividamento em curto e longo prazo
- Sincronismo entre os vencimentos das dívidas e a geração de meios de pagamentos
- Custo das fontes de recursos
- Risco financeiro

Fonte: elaborada pelos autores, com base em informações da CVM (www.cvm.gov.br).

A tabela 2.4 mostra o balanço patrimonial passivo da WEG, que pode ser obtido na íntegra pelo *site* da B3, conforme caminho anteriormente descrito.

Os totais de ativos e de passivos que constam no balanço patrimonial fornecem apenas uma indicação aproximada do tamanho da empresa.

As regras do IFRS criadas pelo International Accounting Standards Board (Iasb) visam padronizar o registro das transações financeiras nos relatórios contábeis, de modo que os negócios e as demonstrações de todas as empresas em nível global possam ser consistentes e confiáveis. No Brasil, o Conselho Federal de Contabilidade acompanha a evolução das regras através de correspondente resolução orientando a contabilização aos novos padrões contábeis.

Em geral, pode-se dizer que pouco peso deve ser dado aos valores dos ativos como constam do balanço patrimonial, mas é a demonstração de resultado que confirma seu potencial de rendimento.

Tabela 2.4 | Balanço patrimonial WEG – passivo total

WEG S.A. / Balanço patrimonial passivo (R$ mil)				
Conta	**Descrição**	**31/12/2022**	**31/12/2021**	**31/12/2020**
2	**Passivo total**	**28.134.660**	**23.932.787**	**19.927.896**
2.01	**Passivo circulante**	**10.262.877**	**7.927.884**	**5.882.044**
2.01.01	Obrigações sociais e trabalhistas	466.843	388.190	366.790
2.01.02	Fornecedores	2.036.216	2.120.338	1.249.368
2.01.03	Obrigações fiscais	459.647	279.271	240.467
2.01.04	Empréstimos e financiamentos	2.307.817	1.052.044	642.284
2.01.05	Outras obrigações	4.992.354	4.088.041	3.383.135
2.02	**Passivo não circulante**	**2.623.428**	**1.994.231**	**2.115.554**
2.02.01	Empréstimos e financiamentos	1.151.875	737.071	1.044.296
2.02.02	Outras obrigações	674.929	542.097	388.928
2.02.03	Tributos diferidos	77.136	71.892	69.625
2.02.04	Provisões	719.488	643.171	612.705
2.03	**Patrimônio líquido consolidado**	**15.248.355**	**14.010.672**	**11.930.298**
2.03.01	Capital social realizado	6.504.517	5.504.517	5.504.517
2.03.02	Reservas de capital	-108.853	-120.840	-132.243
2.03.03	Reservas de reavaliação	3.631	3.631	3.631
2.03.04	Reservas de lucros	6.409.895	5.346.602	3.512.410
2.03.06	Ajustes de avaliação patrimonial	303.512	322.893	343.843
2.03.08	Outros resultados abrangentes	1.722.093	2.548.168	2.331.007
2.03.09	Participação dos acionistas não controladores	413.560	405.701	367.133

Fonte: B3 (www.b3.com.br). Acesso em: mar. 2023.

Demonstração do resultado

A *demonstração do resultado do exercício* (DRE) apresenta um resumo das transações operacionais e financeiras e o resultado líquido atribuído aos acionistas, que poderá ser distribuído na forma de dividendos ou acumulado no patrimônio ao final do exercício. São registradas as receitas, as despesas, os ganhos e as perdas acumuladas, apurados pelo regime de competência – portanto, independente dos pagamentos e recebimentos. O exercício contábil geralmente é igual a um ano, mas podem ser apresentadas versões limitadas das demonstrações do resultado, com frequência trimestral ou semestral.

A análise do demonstrativo de resultado do exercício permite avaliar o resultado das decisões de investimentos e financiamento das companhias e acompanhar a evolução destes por meio do crescimento das receitas operacionais e a eficiência na gestão de custos e despesas. Em resumo, trata-se de mensurar o retorno obtido nos investimentos em ativos e no capital investido pelos acionistas, em comparação às alternativas de investimento no mercado financeiro.

Na avaliação da *demonstração do resultado* são consideradas as questões resumidas na figura 2.4.

Figura 2.4 | Demonstração do resultado e suas considerações

Demonstração do resultado

Receita de venda de bens/serviços
– Custo de bens/serviços vendidos
= Resultado bruto
– Despesas/receitas operacionais
= Resultado antes do resultado financeiro e dos tributos (=Ebit)
– Resultado financeiro
= Resultado antes dos tributos sobre o lucro
– Imposto de Renda e Contribuição Social
= Lucro/prejuízo consolidado

Lucro por Ação

- PN
- ON

⇦

Avaliar o resultado obtido e sua evolução

- Crescimento de vendas em relação às despesas
- Margem: bruta, operacional (Ebitda) e líquida
- Eficiência na gestão de custos e despesas
- Proporção das receitas em relação aos investimentos
- Comparar resultado com os dos melhores do setor

Fonte: elaborada pelos autores com base em informações da CVM (www.cvm.gov.br).

A tabela 2.5, obtida no *site* da B3, apresenta a demonstração do resultado da WEG.

Tabela 2.5 | Demonstração do resultado da WEG

WEG S.A. / Demonstração do resultado (R$ mil)				
Conta	**Descrição**	**01/01/2022 a 31/12/2022**	**01/01/2021 a 31/12/2021**	**01/01/2020 a 31/12/2020**
3.01	**Receita de venda de bens e/ou serviços**	**29.904.722**	**23.563.338**	**17.469.557**
3.02	**Custo dos bens e/ou serviços vendidos**	**-21.209.235**	**-16.602.381**	**-12.032.050**
3.03	**Resultado bruto**	**8.695.487**	**6.960.957**	**5.437.507**
3.04	**Despesas/receitas operacionais**	**-3.643.900**	**-2.802.614**	**-2.621.183**
3.04.01	Despesas com vendas	-2.164.802	-1.833.204	-1.506.817
3.04.02	Despesas gerais e administrativas	-872.935	-776.007	-654.469
3.04.03	Perdas pela não recuperabilidade de ativos			
3.04.04	Outras receitas operacionais	147.360	422.154	46.369
3.04.05	Outras despesas operacionais	-753.523	-615.557	-510.136
3.04.06	Resultado de equivalência patrimonial	0	0	3.870
3.05	**Resultado antes do resultado financeiro e dos tributos**	**5.051.587**	**4.158.343**	**2.816.324**
3.06	**Resultado financeiro**	**64.055**	**171.693**	**-69.675**
3.06.01	Receitas financeiras	1.105.994	992.739	1.020.426
3.06.02	Despesas financeiras	-1.041.939	-821.046	-1.090.101
3.07	**Resultado antes dos tributos sobre o lucro**	**5.115.642**	**4.330.036**	**2.746.649**
3.08	**Imposto de renda e contribuição social sobre o lucro**	**-842.770**	**-672.556**	**-350.692**
3.08.01	Corrente	-885.055	-693.854	-500.450
3.08.02	Diferido	42.285	21.298	149.758
3.09	**Resultado líquido das operações continuadas**	**4.272.872**	**3.657.480**	**2.395.957**
3.10	**Resultado líquido de operações descontinuadas**			
3.10.01	Lucro/prejuízo líquido das operações descontinuadas			
3.10.02	Ganhos/perdas líquidas sobre ativos de operações descontinuadas			
3.11	**Lucro/prejuízo consolidado do período**	**4.272.872**	**3.657.480**	**2.395.957**
3.11.01	Atribuído a sócios da empresa controladora	4.208.084	3.585.947	2.340.873
3.11.02	Atribuído a sócios não controladores	64.788	71.533	55.084
3.99	**Lucro por ação - (reais/ação)**			
3.99.01	Lucro básico por ação			
3.99.01.01	ON	1,00288	0,85459	0,55796
3.99.02	Lucro diluído por ação			
3.99.02.01	ON	1,00264	0,85447	0,55773

Fonte: B3 (www.b3.com.br). Acesso em: mar. 2022.

A WEG supera as turbulências da pandemia e apresenta forte crescimento impulsionada por novos negócios, alcançando um acréscimo de 34,9% na receita em 2021 e 27% em 2022, impulsionada em grande parte por vendas fora do país. A receita no mercado interno correspondeu ao setor de eletrodomésticos, construção civil, agronegócio e máquinas e equipamentos para a indústria, reflexo de investimentos que implicaram aumento da produtividade. Segundo informações do relatório da administração, a estratégia de crescimento da empresa está pautada em dois pilares:

> o permanente desenvolvimento tecnológico e o avanço no mercado mundial com investimento em novos negócios alinhados às grandes tendências da economia verde- energias renováveis, armazenamento de energia, mobilidade elétrica, eficiência energética e soluções para a indústria 4.0 [*Valor Econômico*, 2022:174].

Na grande maioria dos casos, o grau de atração ou de sucesso de um investimento depende do potencial de rendimento por trás dele, ou seja, rendimentos que, de modo razoável, podem ser esperados em um determinado período no futuro. Se as condições de negócios tiverem sido notadamente normais ao longo de uma sequência de anos, a média dos rendimentos durante esse período pode fornecer um índice do potencial de rendimento melhor do que o valor atual isolado. Isso é particularmente válido se o objetivo for determinar se um título ou uma ação preferencial constitui um investimento seguro.

Demonstração de fluxo de caixa

A demonstração do fluxo de caixa (DFC) em linguagem padronizada passou a fazer parte das demonstrações financeiras obrigatórias através da Lei nº 11.638/2007, substituindo a Doar (demonstrações de origens e aplicações de recursos). O objetivo da obrigatoriedade, segundo a CVM, é acompanhar a mudança nos padrões contábeis nacionais para internacionais do International Accounting Standards Board (Iasb) e do International Financial Reporting Standards (IFRS), o que facilita a análise de investidores e torna as empresas brasileiras mais competitivas.

As demonstrações devem apresentar o fluxo de caixa oriundo ou aplicado nas atividades operacionais, de investimentos e financiamentos do exercício ou período, apresentando a liquidez dos saldos em relação ao caixa e equivalentes de caixa, conforme a seguir:

- *Operacionais.* Referem-se ao caixa gerado nas operações da empresa (recebimento de vendas, prestação de serviços) menos as despesas e gastos decorrentes da produção, comercialização ou prestação de serviços e demais atividades que não estão vinculadas às atividades de financiamentos e investimentos.
- *Financiamentos.* Empréstimos obtidos de curto e longo prazos, integralização de capital e pagamentos de lucros, essas atividades modificam a composição do capital próprio e capital de terceiros.
- *Investimentos.* Compra de ativos financeiros, aquisições de ações, juros recebidos de contratos de mútuos, essas transações não podem ser revendidas. Isso pode estar em desacordo com o objetivo social da empresa.

A classificação por atividade permite a avaliação do impacto das atividades sobre a posição financeira da empresa. O valor dos fluxos de caixa das atividades operacionais é um indicador que mostra se as operações da empresa geram fluxos de caixa suficientes para amortizar empréstimos, manter a capacidade operacional, pagar dividendos e fazer novos investimentos sem precisar de fontes externas de financiamento.

A elaboração, por ser através de dois métodos – direto ou indireto – possui informações úteis e pode ser utilizada de forma complementar. Basicamente, a diferença nas demonstrações é que no fluxo de caixa direto pode-se identificar o valor total de cada entrada e saída; por outro lado, no indireto são evidenciadas as variações das contas.

Na apresentação do fluxo de caixa, o método direto não é frequente, apesar de ter reconhecida utilidade na melhoria da qualidade das demonstrações contábeis e da assimetria informacional. Há evidências de que os custos adicionais para elaborar a DFC pelo método direto não superam os benefícios; portanto a maioria das empresas apresenta a DFC pelo método indireto.

Na avaliação do *fluxo de* caixa, são consideradas as questões sumarizadas. Na tabela 2.6, parte integrante das demonstrações financeiras da WEG, apresentamos a seção sobre fluxo de caixa.

Tabela 2.6 | Fluxo de caixa da WEG

WEG S.A. / Demonstração do fluxo de caixa – (R$ mil) – Método indireto				
Conta	**Descrição**	**01/01/2022 a 31/12/2022**	**01/01/2021 a 31/12/2021**	**01/01/2020 a 31/12/2020**
6.01	**Caixa líquido atividades operacionais**	**2.982.930**	**1.056.058**	**3.930.032**
6.01.01	Caixa gerado nas operações	6.891.708	5.052.412	3.800.156
6.01.01.01	Lucro antes dos impostos	5.115.642	4.330.036	2.746.649
6.01.01.02	Depreciação, amortização e exaustão	565.557	520.178	451.359
6.01.01.03	Equivalência patrimonial	0	0	-3.870
6.01.01.04	Participação nos resultados dos colaboradores	569.352	538.705	406.706
6.01.01.05	Provisão para risco de crédito	-8.472	-21.684	8.064
6.01.01.06	Provisão de passivos tributários, cíveis e trabalhistas	72.362	30.466	61.127
6.01.01.07	Provisão para perdas nos estoques	31.520	-13.078	54.031
6.01.01.08	Provisão com garantia de produtos	108.947	7.813	83.257
6.01.01.09	Perda na alienação de imobilizado e intangível	5.450	10.593	7.869
6.01.01.10	Juros provisionados de empréstimos e financiamentos	78.366	51.969	8.269
6.01.01.11	Despesas com plano de opções de compra de ações	12.035	10.712	12.118
6.01.01.12	Rendimento s/ aplicações financeiras	-43.947	-23.029	-35.423
6.01.01.13	Crédito tributário - exclusão do ICMS na base de cálculo do PIS/Cofins	-69.740	-506.942	0
6.01.01.14	Provisão/liquidação dos instrumentos financeiros derivativos	454.636	116.673	0
6.01.02	Variações nos ativos e passivos	-3.908.778	-3.996.354	129.876
6.01.02.01	Aumento/redução nas contas a receber	-912.382	-1.348.893	487.751
6.01.02.02	Aumento/redução nas contas a pagar	-360.078	1.170.236	785.538
6.01.02.03	Aumento/redução nos estoques	-1.424.939	-2.670.807	-439.340
6.01.02.04	Imposto de renda e contribuição social pagos	-744.674	-675.317	-420.956
6.01.02.05	Participação dos colaboradores pagos	-466.705	-471.573	-283.117
6.02	**Caixa líquido atividades de investimento**	**-1.346.394**	**-683.870**	**207.375**
6.02.02	Imobilizado	-1.111.431	-780.849	-481.104
6.02.03	Intangível	-62.979	-66.495	-77.442
6.02.04	Recebimento na venda de ativo imobilizado e intangível	20.526	50.359	23.400
6.02.09	Aquisição de empresa - combinação de negócio (líquido do caixa)	-195.052	0	-144.335
6.02.11	Aplicações financeiras mantidas até o vencimento	-12.287	-57.864	-604.346
6.02.12	Resgate de aplicações financeiras	14.829	170.979	1.491.202
6.03	**Caixa líquido atividades de financiamento**	**191.912**	**-1.560.078**	**-2.360.601**
6.03.01	Captação de empréstimos e financiamentos obtidos	4.253.529	386.533	211.487
6.03.02	Pagamento de empréstimos e financiamentos	-2.110.718	-241.149	-1.674.612
6.03.03	Juros pagos sobre empréstimos e financiamentos	-55.867	-52.680	-11.784
6.03.04	Pgto de dividendos/juros s/capital próprio	-1.887.512	-1.657.345	-881.332
6.03.05	Ações em tesouraria	-7.520	4.563	-4.360
6.04	**Variação cambial s/ caixa e equivalentes**	**-91.873**	**10.177**	**169.290**
6.05	**Aumento (redução) de caixa e equivalentes**	**1.736.575**	**-1.177.713**	**1.946.096**
6.05.01	Saldo inicial de caixa e equivalentes	2.714.427	3.892.140	1.946.044
6.05.02	Saldo final de caixa e equivalentes	4.451.002	2.714.427	3.892.140

Fonte: B3 (www.b3.com.br). Acesso em: mar. 2022.

Principais indicadores econômico-financeiros

Para avaliar uma empresa de capital aberto, não é suficiente entender o que representam os números contidos no balanço patrimonial, apresentados nas diversas planilhas que compõem as demonstrações financeiras. É necessário transformar esses dados em informações padronizadas, fundamentais à tomada de decisão, observando-se sua evolução no tempo e efetuando-se comparações com outras empresas do mesmo setor ou ramo de atividade.

A partir dos dados dos balanços, é possível calcular uma série de indicadores que fornecem as informações básicas para determinação do valor de uma empresa, envolvendo conceitos que os investidores devem conhecer, como o retorno do ativo e o retorno do capital próprio, e, sobretudo, a manutenção e a direção dos investimentos. É importante ressaltar que isoladamente nenhum desses indicadores é suficiente para avaliar se os papéis de uma empresa são "bons" ou não para se investir.

A situação financeira de uma empresa pode ser medida através dos índices de *produtividade do ativo, estrutura do capital e liquidez*. Em relação à situação econômica, tratamos basicamente da mensuração e avaliação dos resultados - lucros ou prejuízos alcançados em comparação com os recursos aplicados, através dos *índices de rentabilidade*.

Empresas nacionais tomadas como exemplos

Repassamos a seguir os principais indicadores da análise fundamentalista, tomando como exemplos ilustrativos três empresas representativas da economia nacional, correspondendo a setores distintos para comparar o desempenho dos indicadores financeiros.

As empresas nacionais exemplificadas são: WEG Bens Indls (máquinas e equipamentos), Ambev Cons N Cíclico (bebidas) e Petrobras (petróleo, gás e biocombustíveis).

Quadro 2.2 | Empresas nacionais selecionadas para os exemplos

WEG	**Fundação**: 1961 **Indústria**: Motores elétricos; motorredutores; geração, transmissão e distribuição; automação e controle industrial; *building & infrastructure*; *critical power*; segurança de máquinas e sensores industriais; painéis elétricos; tintas e vernizes. Produzindo inicialmente motores elétricos, a WEG ampliou suas atividades a partir da década de 1980, com a produção de componentes eletroeletrônicos, produtos para automação industrial, transformadores de força e distribuição, tintas líquidas e em pó e vernizes eletroisolantes. **Missão**: A WEG deseja continuar crescendo de forma rápida e sustentável. O objetivo é manter uma estrutura simples de negócios, que permita flexibilidade em nossas ações. Queremos oferecer o melhor dos dois mundos: as capacidades de uma empresa global e disponível sempre que for necessário. **Visão**: Ser referência global em motores, geradores, transformadores e acionamentos elétricos com uma ampla oferta integrada para eletrificação, automação e digitalização. **Valores**: Pessoas e meio ambiente; gestão participativa; governança; eficiência com simplicidade; inovação e flexibilidade; liderança e cultura.
ambev	**Fundação**: 1999 **Indústria**: Cerveja; refrigerantes; água e chás; isotônicos; energéticos; sucos. União da Companhia Antarctica Paulista e da Companhia de Bebidas das Américas, Compañia de Bebidas de las Américas, American Beverage Company. Primeira multinacional brasileira, a Ambev torna-se a terceira maior indústria cervejeira e a quinta maior produtora de bebidas do mundo. A Ambev faz parte da Anheuser-Busch Inbev, conhecida como AB Inbev, que nasceu da união entre o espírito pioneiro da Ambev com a qualidade belga da Interbrew e a tradição da Anheuser-Busch. **Princípios**: Sonhamos grande; Somos donos e donas que constroem o longo prazo; Somos impulsionados por pessoas incríveis e construímos times diversos por meio de inclusão e colaboração; Lideramos mudanças e inovamos para os nossos consumidores; Crescemos junto com os nossos clientes; Prosperamos com a nossa comunidade e o ecossistema; Acreditamos na simplicidade e em soluções escaláveis; Cuidamos dos nossos custos com disciplina e fazemos escolhas para acelerar o crescimento; Criamos e compartilhamos valor; Nunca pegamos atalhos.
BR	**Fundação**: 1953 **Indústria**: Petróleo, gás, energia, biocombustível. **Atividade principal**: Pesquisa. lavra. refinação. processamento. comércio e transporte de petróleo, de seus derivados, de gás natural e de outros hidrocarbonetos fluidos, além das atividades vinculadas à energia. **Missão**: Distribuir, industrializar e comercializar derivados de petróleo e seus correlatos, com competitividade, rentabilidade e responsabilidade social e ambiental. **Visão**: Ser a melhor empresa de energia na geração de valor, com foco em óleo e gás, sustentabilidade, segurança, respeito às pessoas e ao meio ambiente. **Valores**: Respeito à vida, às pessoas e ao meio-ambiente; Ética e transparência; Superação e confiança; Orientação ao mercado e resultados.

Fonte: *sites* das empresas e da B3 (www.b3.com.br).

Índice de produtividade do ativo – estratégia de aplicação

Um importante indicador para avaliar os investimentos realizados pelas empresas é a *produtividade do ativo*, também denominado *giro do ativo*, calculado pela divisão da receita líquida das vendas de bens e serviços pelo ativo total.

$$\textit{Produtividade do ativo} = \frac{\textit{receita líquida operacional}}{\textit{ativo total}}$$

A receita de vendas de bens e/ou serviços apresentada nas demonstrações financeiras padronizadas das companhias considera o valor após a dedução dos impostos diretos sobre as vendas e as devoluções, o que consideramos receita operacional líquida.

A interpretação do índice é a de quanto maior, melhor, pois quanto maior a receita das operações da empresa em relação ao investimento realizado em ativos, melhor seu desempenho. Para a análise, é importante avaliar a evolução histórica, de forma a identificar a ocorrência de investimentos e considerar as características operacionais dos diferentes setores empresariais. Por exemplo, nas empresas industriais, ou com grande investimento em ativos, as receitas operacionais podem corresponder apenas a um valor reduzido, como podemos observar na produtividade giro do ativo, calculada para as empresas nacionais tomadas como exemplos.

Nos últimos cinco anos, observamos que a WEG tem apresentado uma evolução positiva na produtividade do ativo, indicando que as decisões de investimentos em ativos resultaram em aumento mais que proporcional da receita proveniente das operações da empresa. Em destaque, o programa de PD&I da WEG, que proporciona maior produtividade e consequentemente melhores resultados operacionais, como afirmado no relatório de administração da empresa: "desenvolvimento de novos produtos, no aprimoramento contínuo de produtos já disponíveis, na engenharia de aplicação e no aprimoramento dos processos industriais, sempre buscando manter nossa posição de liderança tecnológica no mercado global".

Tabela 2.7 | Produtividade do ativo das empresas tomadas como exemplos

WEG • ON • WEGE3 — Bovespa

Balanço em R$ milhões	2022	2021	2020	2019	2018	2017	2016
Receita líquida operacional	29.905	23.563	17.470	13.347	11.970	9.524	9.367
Ativo total	28.135	23.933	19.928	15.688	15.400	13.981	13.481
Produtividade do ativo	**1,06**	**0,98**	**0,88**	**0,85**	**0,78**	**0,68**	**0,69**

Ambev S/A • ON • ABEV3 — Bovespa

Balanço em R$ milhões	2022	2021	2020	2019	2018	2017	2016
Receita líquida operacional	79.709	72.854	58.379	52.600	50.231	47.900	45.603
Ativo total	137.958	138.602	125.197	101743	95.714	88.766	83.841
Produtividade do ativo	**0,58**	**0,53**	**0,47**	**0,52**	**0,52**	**0,54**	**0,54**

Petrobras • ON • PETR3 — Bovespa

Balanço em R$ milhões	2022	2021	2020	2019	2018	2017	2016
Receita líquida operacional	641.256	452.668	272.069	302.245	310.255	283.695	282.589
Ativo total	976.709	972.951	987.419	926.011	860.473	831.515	804.945
Produtividade do ativo	**0,66**	**0,47**	**0,28**	**0,33**	**0,36**	**0,34**	**0,35**

Fonte: índices calculados pelos autores com base nos demonstrativos das empresas, disponíveis na B3.

Índices da estrutura do capital – estratégia de captação

Na análise da estrutura do capital, procura-se identificar a composição das fontes de recursos, entre capital próprio e de terceiros, que a empresa utiliza para garantir o crescimento sustentado de suas atividades. Fazem parte do capital próprio os recursos obtidos com aporte de capital pelos sócios, a abertura de capital a novos sócios e a geração de recursos pela empresa com seus lucros. O capital próprio normalmente gera custo de oportunidade, e não existe um prazo predeterminado para o retorno. O capital de terceiros, obtido no mercado financeiro para financiamento do processo produtivo ou operacional da empresa, deve ser devolvido em prazos determinados, com custo financeiro em moeda local ou estrangeira. A utilização de recursos onerosos de terceiros, via instituições financeiras, impacta no volume e custo de novas captações de recursos por meio de novas operações similares.

A maior proporção de financiamento com capital de terceiros aumenta a alavancagem financeira da empresa. Quanto maior o volume de capital de terceiros em relação ao capital próprio, maior será a alavancagem. Uma empresa que utiliza apenas capital próprio é considerada não alavancada.

A estrutura financeira pode ser analisada com base no balanço da empresa e medida pelos índices de endividamento, entre os quais a participação do exigível a curto prazo, a participação do exigível a longo prazo e a participação do exigível total.

Endividamento geral

Um dos índices mais utilizados para avaliar a estrutura do capital é o de *endividamento geral*, que indica que proporção do ativo total da empresa está sendo financiada pelos credores de curto e longo prazos.

$$Endividamento\ geral = \frac{passivo\ circulante + passivo\ não\ circulante}{ativo\ total} \times 100$$

O índice de endividamento geral é calculado pela divisão da soma do passivo circulante com o passivo não circulante pelo ativo total, multiplicado, em seguida, por 100. O resultado é em porcentagem e representa a participação dos recursos financiados por terceiros na operação da empresa. Esse resultado pode ser considerado um indicador de risco do negócio, já que o aumento nas taxas de juros pode comprometer a capacidade de pagamento da empresa. Entretanto, um aumento significativo no grau de endividamento pode ser positivo se estiver ligado à modernização ou à ampliação da capacidade produtiva para o desenvolvimento de novos produtos ou a melhoria de processos logísticos. Dessa forma, é necessário acompanhar o resultado desses investimentos no aumento da receita ou do lucro líquido nos períodos seguintes, a fim de confirmar se o endividamento foi compensado por meio da performance da empresa.

Um estudo publicado na Economatica (2022), que analisa a dívida total bruta, entre 2010 e 2022, das empresas não financeiras de capital aberto, demonstra:

Na maior parte do período analisado, o volume de dívida de curto prazo dessas empresas varia na mesma direção da taxa CDI. A Taxa CDI de 2010 foi 10,64%, alcançando o valor máximo de 14,14% em 2015. O mínimo foi 1,90% em 2020, chegando a setembro de 2022 com 13,65%.

Adicionalmente, comparado com a variação do dólar (PTAX venda), indica que há uma associação entre a variação do câmbio e o montante de dívida das empresas.

Seguem os indicadores de endividamento geral para as empresas tomadas como exemplos.

Tabela 2.8 I Endividamento geral das empresas tomadas como exemplos

WEG • ON • WEGE3							Bovespa
Balanço em R$ milhões	**2022**	**2021**	**2020**	**2019**	**018**	**2017**	**2016**
Exigível total (PC + PnC)	12.886	9.922	7.998	6.758	7.547	7.143	7.438
Ativo total	28.135	23.933	19.928	15.688	15.400	13.981	13.509
Endividamento geral %	**45,8**	**41,5**	**40,1**	**43,1**	**49,0**	**51,1**	**55,2**

Ambev S/A • ON • ABEV3							Bovespa
Balanço em R$ milhões	**2022**	**2021**	**2020**	**2019**	**2018**	**2017**	**2016**
Exigível total (PC + PnC)	54.631	54.585	50.045	39.187	38.260	40.847	37.190
Ativo total	137.958	138.602	125.197	101.743	95.714	88.766	83.841
Endividamento geral %	**39,6**	**39,4**	**40,0**	**38,5**	**40,0**	**46,0**	**44,4**

Petrobras • ON • PETR3							Bovespa
Balanço em R$ milhões	**2022**	**2021**	**2020**	**2019**	**2018**	**2017**	**2016**
Exigível total (PC + PnC)	612.324	583.370	676.269	626.874	576.930	561.906	552.202
Ativo total	976.709	972.951	987.419	926.011	860.473	831.515	804.945
Endividamento geral %	**62,7**	**60,0**	**68,5**	**67,7**	**67,1**	**67,6**	**68,6**

Fonte: índices calculados pelos autores com base nos demonstrativos das empresas, disponíveis na B3.

A tendência do endividamento geral reflete o fraco desempenho da economia, bem abaixo do crescimento médio do PIB de 155 economias emergentes e em desenvolvimento. O desempenho médio anual do período foi menos da metade do registrado na década anterior, iniciada em 2000 (3,39%). Até então, o pior resultado anual era de 1,75% nos anos 1990 – época marcada por crises externas e planos fracassados de estabilização.

A Petrobras apresenta o maior nível de endividamento financeiro no curto e no longo prazo, em 2022, Entre as 255 empresas não financeiras de capital aberto, a Petrobras era a empresa com maior dívida, R$ 293,4 bilhões, em relação ao total R$ 1,829 trilhão em setembro de 2022, um problema vindo de decisões empresariais equivocadas no passado com impacto na capacidade de investimento da companhia.

No passivo da Ambev destacamos que a conta de maior representatividade é a dos fornecedores, que alcançou cerca de 20% do total, com condições de pagamento normalmente mais vantajosas que o endividamento bancário.

A análise do nível de endividamento das empresas, deve ser complementada com as características das respectivas operações financeiras, através dos encargos financeiros, prazo de pagamento e moeda de origem dos recursos.

Capitalização ajustada

Um segundo índice importante, referente ao capital da empresa, é o de *capitalização ajustada*. Esse índice revela o nível de dependência da empresa em relação ao financiamento por meio de recursos próprios.

$$\textit{Capitalização ajustada} = \frac{\textit{passivo circulante} + \textit{passivo não circulante}}{\textit{patrimônio líquido}}$$

A interpretação do índice é a de que quanto maior, melhor.

Dificilmente uma empresa não utiliza capital de terceiros; muito pelo contrário, é comum as empresas irem ao mercado para negociar descontos de duplicatas e obter empréstimos para capital de giro e, no longo prazo, por exemplo, captar recursos por meio do lançamento de debêntures. A capitalização ajustada tem por finalidade indicar o quanto está sendo sustentada a relação entre capital próprio e capital de terceiros, sinalizando a capacidade da empresa em honrar seus compromissos. Para cada unidade de capital exigível, representada pelas contas de passivo circulante e passivo não circulante, há uma contrapartida de capital não exigível, para realizar a cobertura das contas do passivo.

Seguem os indicadores de capitalização ajustada para as empresas tomadas como exemplos.

Tabela 2.9 | Capitalização ajustada das empresas tomadas como exemplos

WEG • ON • WEGE3							Bovespa
Balanço em R$ milhões	**2022**	**2021**	**2020**	**2019**	**2018**	**2017**	**2016**
Exigível total (PC + PnC)	12.886	9.922	7.998	6.758	7.547	7.143	7.438
Patrimônio líquido	15.248	14.011	11.930	8.930	7.853	6.838	6.043
Capitalização ajustada	**0,85**	**0,71**	**0,67**	**0,76**	**0,96**	**1,04**	**1,23**

Ambev S/A • ON • ABEV3							Bovespa
Balanço em R$ milhões	**2022**	**2021**	**2020**	**2019**	**2018**	**2017**	**2016**
Exigível total (PC + PnC)	54.630	54.585	50.046	39.187	38.260	40.847	37.190
Patrimônio líquido	83.328	84.018	75.151	62.556	57.455	47.920	46.651
Capitalização ajustada	**0,66**	**0,65**	**0,67**	**0,63**	**0,67**	**0,85**	**0,80**

Petrobras • ON • PETR3							Bovespa
Balanço em R$ milhões	**2022**	**2021**	**2020**	**2019**	**2018**	**2017**	**2016**
Exigível total (PC + PnC)	612.324	583.370	676.269	626.874	576.930	561.906	552.202
Patrimônio líquido	364.385	389.581	311.150	299.137	283.543	269.609	252.743
Capitalização ajustada	**1,68**	**1,50**	**2,17**	**2,10**	**2,03**	**2,08**	**2,18**

Fonte: índices calculados pelos autores com base nos demonstrativos das empresas, disponíveis na B3.

Na capitalização ajustada, analisamos o comprometimento do capital próprio em relação ao exigível com terceiros no curto e no longo prazo. A WEG e a Ambev apresentam, até 2021, aumento na participação do capital próprio no financiamento das operações, com a redução no índice de capitalização ajustada, enquanto na Petrobras, apesar da redução no índice, o comprometimento com as exigibilidades é 1,68 vez maior que o patrimônio líquido.

Alavancagem financeira

Na análise da estrutura patrimonial, é importante avaliar a *alavancagem financeira* da empresa, isto é, a participação dos recursos próprios no montante investido por ela em seu ativo, calculado pela divisão do ativo total pelo patrimônio líquido. A maneira mais simples de compreender esse conceito é lembrar o que uma alavanca faz no contexto da engenharia, por exemplo, uma grande pedra que você não consegue mover sozinho e com a alavanca, multiplicando a força que você aplica à tarefa será possível mover essa pedra. A alavancagem financeira permite que os proprietários controlem ativos que não conseguiriam de outra forma.

$$Alavancagem\ financeira = \frac{ativo\ total}{patrimônio\ líquido}$$

Quanto maior se apresentar esse índice, maior será a alavancagem financeira, ou seja, maior a dependência da empresa em relação a recursos de terceiros. Por outro lado, quando o índice for igual a 1, isso indicará que a empresa é não alavancada e que, portanto, não utiliza recursos de terceiros no financiamento de suas atividades. A utilização de empréstimos é normal na atividade de qualquer empresa, entretanto as decisões de financiamento devem levar em conta as condições de prazos e taxas de juros nas operações do mercado financeiro, em relação à característica em termos de prazo e taxa de retorno na utilização desses recursos.

A alavancagem financeira das três empresas tomadas como exemplos é apresentada na tabela 2.10.

A geração de caixa e a contínua gestão da dívida em 2021 permitiram à Petrobras o atingimento antecipado de sua meta de dívida bruta de US$ 60 bilhões, estabelecida originalmente para 2022 com redução de 22%. Em 2021, foram US$ 8,8 bilhões, aumento de 9% em relação a 2020, para os próximos cinco anos foram planejados US$ 68 bilhões de investimentos, segundo relatório de administração, 24% acima do projetado para 2021-2025.

As dívidas têm um custo de juros fixo associado; por outro lado, o patrimônio líquido tem uma taxa variada de retorno que acompanha os direitos de propriedade, que impacta na proporção do financiamento da companhia através de endividamento e de capital dos acionistas.

Tabela 2.10 I Alavancagem financeira das empresas tomadas como exemplos

WEG • ON • WEGE3 — **Bovespa**

Balanço em R$ milhões	2022	2021	2020	2019	2018	2017	2016
Ativo total	28.135	23.933	19.928	15.688	15.400	13.981	13.509
Patrimônio líquido	15.248	14.011	11.930	8.930	7.853	6.838	6.043
Alavancagem financeira	**1,85**	**1,71**	**1,67**	**1,76**	**1,96**	**2,04**	**2,23**

Ambev S/A • ON • ABEV3 — **Bovespa**

Balanço em R$ milhões	2022	2021	2020	2019	2018	2017	2016
Ativo total	137.958	138.602	125.197	101.743	95.714	88.766	83.841
Patrimônio líquido	83.328	84.017	75.151	62.556	57.455	47.920	46.651
Alavancagem financeira	**1,66**	**1,65**	**1,67**	**1,63**	**1,67**	**1,85**	**1,80**

Petrobras • ON • PETR3 — **Bovespa**

Balanço em R$ milhões	2021	2021	2020	2019	2018	2017	2016
Ativo total	976.709	972.951	987.419	926.011	860.473	831.515	804.945
Patrimônio líquido	364.385	389.581	311.150	299.137	283.543	269.609	252.743
Alavancagem financeira	**2,68**	**2,50**	**3,17**	**3,10**	**3,03**	**3,08**	**3,18**

Fonte: índices calculados pelos autores com base nos demonstrativos das empresas, disponíveis na B3

A alavancagem financeira considerada aceitável para uma companhia deve estar atrelada aos impactos econômicos e dinâmicas setoriais. No setor financeiro, por exemplo, o padrão indicado para alavancagem financeira, conforme o Comitê de Basileia, pode ultrapassar 10 vezes o patrimônio líquido das instituições financeiras, muito acima das companhias não financeiras. Na pesquisa anual *Valor 1000*, são acompanhados indicadores das companhias a cada ano e, em 2022, a alavancagem financeira em pontos apresentada pelos principais bancos foram: Itaú-12,92; Banco do Brasil-12,34; Bradesco-10,19; Santander-11,04; Caixa-12,03; BTG-7,54; Safra-15,87.

A convergência dos requerimentos aplicados no Brasil aos padrões internacionais irá exigir dos bancos a manutenção de um índice mínimo, de acordo com Basileia III no intervalo de 10,5% a 13,0%, e para instituições de maior relevância sistêmica, 15%.

Índices de liquidez

Os índices de *liquidez* avaliam a capacidade da empresa de saldar seus compromissos no curto prazo. O principal índice é o de *liquidez corrente*, que indica a proporção de cada unidade monetária de que a empresa dispõe para pagamento de suas dívidas de curto prazo. O índice é calculado dividindo-se o ativo circulante pelo passivo circulante. Se os ativos circulantes serão suficientes para quitar os passivos circulantes (incluindo aqueles devidos aos fornecedores), está diretamente relacionado ao crédito que poderá ser ofertado e à capacidade de sobrevivência da companhia no curto prazo.

Para aprimorar a qualidade da análise da capacidade de pagamento da empresa, podemos calcular a *liquidez seca*, que não considera o valor dos estoques para o pagamento das dívidas de curto prazo e é utilizada nas análises de risco de crédito pelas instituições financeiras.

$$\textit{Liquidez corrente} = \frac{\textit{ativo circulante}}{\textit{passivo circulante}}$$

$$\textit{Liquidez seca} = \frac{\textit{ativo circulante} - \textit{estoques}}{\textit{passivo circulante}}$$

A interpretação do índice é a de que, se maior que 1, melhor a capacidade de saldar as dívidas de curto prazo.

Entretanto, deve-se avaliar a composição desses ativos e o padrão do setor da empresa. Por exemplo, no setor de transporte público, os pagamentos, na maioria, são à vista, e as mercadorias, irrelevantes. Portanto, um índice ligeiramente menor que 1 pode não indicar restrição de liquidez. A manutenção de um padrão acima de 1 por vários períodos demonstra um sólido controle da empresa em relação aos recursos de curto prazo, reduzindo o risco de inadimplência com melhores condições de endividamento.

Em relação à liquidez seca, o valor menor que 1 é mais observado, e devemos atentar para diferenças relevantes entre os índices. Para empresas com estoque de alto risco, como empresas de tecnologia, o índice apresenta uma visão mais cética de sua liquidez.

Indicadores de liquidez corrente e liquidez seca foram calculados para as três empresas em destaque.

Tabela 2.11 | Liquidez corrente e liquidez seca das empresas tomadas como exemplos

WEG • ON • WEGE3 — Bovespa

Balanço em R$ milhões	2022	2021	2020	2019	2018	2017	2016
Ativo circulante	19.653	15.946	12.556	9.761	9.439	9.416	9.127
Ativo circulante – Estoques	12.009	9.449	8.819	6.944	6.981	7.564	7.552
Passivo circulante	10.263	7.928	5.882	4.491	5,034	4.327	3.279
Liquidez corrente	1,91	2,01	2,13	2,17	1,87	2,18	2,78
Liquidez seca	**1,17**	**1,19**	**1,50**	**1,55**	**1,39**	**1,75**	**2,30**

Ambev S/A • ON • ABEV3 — Bovespa

Balanço em R$ milhões	2022	2021	2020	2019	2018	2017	2016
Ativo circulante	37.817	38.627	35.343	27.621	25.330	24.718	23.887
Ativo circulante – Estoques	24.894	27.627	27.737	21.642	19.928	20.399	19.540
Passivo circulante	40.541	38.866	33.478	25.011	25.209	29.067	28.774
Liquidez corrente	0,93	0,99	1,06	1,10	1,00	0,85	0,83
Liquidez seca	**0,61**	**0,71**	**0,83**	**0,87**	**0,79**	**0,70**	**0,68**

Petrobras • ON • PETR3 — Bovespa

Balanço em R$ milhões	2022	2021	2020	2019	2018	2017	2016
Ativo circulante	163.052	168.247	142.323	112.101	143.606	155.909	145.907
Ativo circulante – Estoques	117.248	127.761	113.823	79.092	108.784	127.828	118.285
Passivo circulante	163.731	134.913	136.287	116.147	97.068	82.535	81.167
Liquidez corrente	1,00	1,25	1,04	0,97	1,48	1,89	1,80
Liquidez seca	**0,72**	**0,95**	**0,84**	**0,68**	**1,12**	**1,55**	**1,46**

Fonte: índices calculados pelos autores com base nos demonstrativos das empresas, disponíveis na B3.

As decisões que afetam a liquidez da empresa estão diretamente relacionadas à gestão da atividade operacional. O índice de liquidez reflete as decisões em relação aos volumes de contas a receber, estoques, prazos de pagamento a fornecedores e despesas provisionadas. Na análise do ciclo operacional, vários índices podem ser usados para medir a eficiência da empresa na gestão do capital de giro.

O índice de liquidez seca é relevante por indicar a representatividade dos estoques na liquidez da empresa. Através do giro de estoque, é mensurado o número de vezes por ano que uma empresa é capaz de girar seu estoque, reduzindo a necessidade de capital e o risco de obsolescência de matéria-prima.

Os índices de atividade servem para medir a velocidade com que a empresa recebe pelas vendas, a fim de pagar suas compras e renovar seu estoque, ou, por outro lado, o financiamento obtido com prazo de pagamento aos fornecedores.

O ciclo operacional pode ser medido de duas formas distintas: pelo ciclo financeiro e pelo ciclo econômico. O ciclo financeiro é determinado pelo período entre o desembolso de caixa para a aquisição de matérias-primas até o recebimento dos recursos referentes à venda do produto acabado. A redução do ciclo operacional por meio da redução dos prazos médios de estocagem e/ou do recebimento de vendas pode impactar na redução no índice de liquidez. Os sistemas de informações gerenciais vêm sendo adotados para monitorar o comportamento dos estoques, para identificar melhorias na gestão e prever níveis mínimos de segurança para manutenção das operações com melhores resultados.

Por outro lado, o ciclo econômico é medido pelo prazo decorrido entre o pagamento aos fornecedores de matérias-primas/mercadorias e o recebimento mediante vendas de bens e serviços. O aumento no prazo médio de pagamento aos fornecedores reduz o índice de liquidez, mas em grande parte com menor custo no financiamento do capital de giro comparado aos empréstimos bancários.

A análise deve ponderar o custo das fontes de recursos destinados ao financiamento do capital de giro das companhias. Um exemplo relevante foi o ocorrido com as demonstrações financeiras padronizadas (DFPs) da Americanas, que, em publicação de fato relevante em janeiro de 2023, comunicou ajustes contábeis em relação à conta fornecedores que tem impacto nas demonstrações financeiras da companhia. Os valores considerados como fornecedores deveriam ser contabilizados como empréstimos bancários.

O capital de giro calculado pela diferença entre o exigível de curto prazo registrado no passivo circulante e os valores a receber consolidados no ativo circulante representa um valor de grande relevância na determinação da força financeira de uma empresa. No capital de giro se encontra a medida da capacidade da empresa de realizar seus negócios normais com tranquilidade e sem restrições financeiras, de expandir suas operações sem depender de novos financiamentos e até enfrentar emergências e sinistros sem descontinuar as operações no curto prazo, evitando consequências mais graves como a insolvência e o tribunal de falências.

Fornecedores de recursos para as companhias preferem altos índices de liquidez, de forma a garantir que seus clientes possam pagar os compromissos. Entretanto, para os acionistas, uma liquidez maior pode assegurar que a empresa não vá à falência, mas ativos com liquidez muito alta, como caixa e títulos negociáveis, podem não resultar em retorno.

Índices de rentabilidade: margens

A análise da rentabilidade refere-se à mensuração, à análise e à interpretação dos resultados – lucros ou prejuízos obtidos – em comparação com os recursos aplicados. O conjunto de indicadores utilizado possibilita avaliar a eficácia das decisões dos gestores nos diferentes níveis de utilização dos fluxos de recursos, seja na venda de produtos e serviços, seja nos diferentes desembolsos da companhia, inclusive na remuneração dos investidores.

Os indicadores de rentabilidade devem ser analisados levando-se em conta o setor de atividade no qual a empresa atua, pois somente dessa forma terá sentido uma mensuração da atuação dos gestores, através dos demonstrativos contábeis, em comparação com os de outras empresas da área.

A análise da rentabilidade corresponde a identificar a proporção de item de custos e despesas em relação à receita líquida operacional, proveniente da venda de bens e serviços após o pagamento dos impostos diretos sobre as vendas e as devoluções nos respectivos períodos em acompanhamento. As principais medidas do resultado econômico são: margem bruta, margem operacional (ou margem Ebit), margem Ebitda, margem líquida, rentabilidade do ativo (ROA) e rentabilidade sobre o patrimônio (ROE).

Margem bruta

A *margem bruta* representa o percentual da receita líquida operacional que não foi despendido com os custos de venda dos produtos e serviços. É calculada por meio da divisão do lucro bruto pela receita líquida operacional, cujo resultado é multiplicado por 100. Quanto maior esse percentual, melhor, em princípio, o desempenho da empresa.

$$Margem\ bruta = \frac{lucro\ bruto}{receita\ líquida\ operacional} \times 100$$

Em poucas palavras, pode-se dizer que a margem bruta representa o quanto, de cada real vendido, permaneceu na empresa na forma de lucro bruto. Por exemplo, o resultado de 10% significa que, de cada real de receita de vendas, 10 centavos correspondem a lucro para a empresa. Pode-se fazer o mesmo cálculo utilizando-se, no lugar do lucro bruto, o lucro operacional e o lucro líquido, obtendo-se, respectivamente, a margem operacional e a margem líquida.

No lucro bruto, são subtraídos da receita operacional os gastos relacionados à produção de bens, enquanto o lucro operacional também subtrai outros gastos operacionais, como custos de vendas e administrativos. Na apuração do lucro líquido, são subtraídos os juros e os impostos, correspondendo ao resultado final disponível para os acionistas.

Margem operacional (Ebit)

A *margem operacional* ou margem Ebit (*earnings before interest and tax*) mede o resultado da atividade da empresa, estabelecendo-se uma relação percentual do resultado antes do resultado financeiro e dos impostos sobre a receita líquida operacional.

$$Margem\ operacional = \frac{lucro\ antes\ de\ juros\ e\ impostos}{receita\ líquida\ operacional} \times 100$$

A margem operacional é calculada por meio da divisão do lucro antes de juros e impostos (Ebit) pela receita líquida operacional, multiplicada por 100. Representa a parcela da receita líquida da empresa que não está comprometida com seu funcionamento normal e com os custos associados à produção. A utilização do Ebit permite uma comparação do desempenho de forma mais direta, devido às diferentes cargas tributárias e estruturas de capital nas diversas companhias.

Margem Ebitda

Destaque para mensurar a geração de caixa proveniente das operações da companhia é a margem *Ebitda* – na sigla em inglês, *earnings before interest, tax, depreciation and amortization*, ou seja, lucro antes de impostos, juros, depreciação e amortização (Instrução CVM nº 527/2012) como porcentagem obtida pela divisão com a receita operacional líquida. A *margem Ebitda* mensura quanto de lucro restou de cada real gerado pela atividade operacional da empresa. O indicador demonstra o real potencial de geração de caixa da companhia, uma vez que indica quanto de dinheiro é efetivamente gerado por sua atividade principal, desconsiderando-se resultado financeiro, impostos, depreciação e amortização.

Quando se comparam empresas de vários países, a margem Ebitda se torna uma ferramenta ainda mais importante, porque, na contabilização das deduções, é possível ser bastante flexível, o que torna a margem líquida um indicador pouco consistente.

$$\textit{Ebitda} = \textit{lucro antes de juros e impostos} + \textit{depreciação e amortização}$$

$$\textit{Margem Ebitda} = \frac{\textit{Ebitda}}{\textit{receita líquida operacional}} \times 100$$

Quanto maior o valor da margem Ebitda, melhor o desempenho operacional da companhia, porém esse indicador, apesar de medir com maior precisão a produtividade e a eficiência do negócio, não considera o montante de reinvestimento requerido pela depreciação, ou seja, não avalia se a empresa reserva uma parte de sua receita para reinvestir na renovação de suas máquinas e de seus equipamentos e em sua capacidade de endividamento.

A margem Ebitda é um indicador importante para mensurar a capacidade operacional de caixa das empresas, entretanto, ela não deve ser observada sozinha. Em companhias com alto endividamento não é recomendada a análise apenas através da margem Ebitda, uma vez que os encargos financeiros são retirados do cálculo desse indicador financeiro. Desse modo, é válida a utilização de outros indicadores para visão mais concreta sobre os desempenhos da empresa.

Margem líquida

A *margem líquida* compara, em determinado período, o lucro líquido (ou seja, lucro ou prejuízo consolidado do exercício), que é o resultado da atividade da empresa, com a receita líquida operacional (ou receita de venda de bens e serviços).

$$Margem\ líquida = \frac{lucro\ líquido}{receita\ líquida\ operacional} \times 100$$

A margem líquida é calculada por meio da divisão do lucro líquido pela receita líquida operacional, multiplicada por 100. O resultado líquido corresponde aos fluxos de recursos não comprometidos com todos os fatores econômicos que impactam as atividades da empresa, tais como pagamentos, remunerações ou provisões, exceto a remuneração do capital próprio e a distribuição desse resultado para os acionistas. O resultado pode ser destinado tanto à composição de reservas de lucros quanto à distribuição entre os sócios.

Quando a empresa apresenta um resultado líquido negativo, o que corresponde a prejuízo, a margem líquida será negativa, indicando a parcela dos recursos que não foi coberta pela receita líquida no período em análise. Por exemplo, nas empresas listadas a seguir, é possível observar as situações de resultado positivo e negativo, cabendo ao analista investigar os fatores que levaram a tais resultados. A comparação desses indicadores entre setores permite um panorama interessante dos prováveis impactos que os fatores externos macroeconômicos, políticos, ambientais e sociais exercem sobre a atividade econômica e a atratividade dos diversos setores da economia.

Existem termos que são utilizados como sinônimos, como lucro bruto e receita bruta no demonstrativo; lucro operacional e resultado antes do resultado financeiro e dos tributos; e lucro líquido e resultado líquido das operações continuadas. É importante confirmar os respectivos valores, tendo como referência a publicação oficial na CVM.

Seguem, na tabela 2.12, os dados referentes à margem bruta, margem líquida, margem Ebit e margem Ebitda para as três empresas adotadas como exemplos.

Tabela 2.12 | Margens bruta, líquida, Ebit e Ebitda das empresas tomadas como exemplos

WEG • ON • WEGE3 — Bovespa

Balanço em R$ milhões	2022	2021	2020	2019	2018	2017	2016
Receita líquida operacional	29.905	23.563	17.470	13.347	11.970	9.524	9.367
Lucro bruto	8.695	6.961	5.438	3.953	3.469	2.758	2.636
Lucro operacional (Ebit)	5.052	4.158	2.816	1.848	1.507	1.182	1.064
Ebitda	5.617	4.679	3.267	2.245	1.824	1.466	1.407
Lucro líquido	4.273	3.657	2.396	1.632	1.344	1.141	1.128
Margem bruta %	29,1	29,5	31,1	29,6	29,0	29,0	28,1
Margem Ebit %	16,9	17,6	16,1	13,8	12,6	12,4	11,4
Margem Ebitda %	18,8	19,9	18,7	16,8	15,2	15,4	15,0
Margem líquida %	**14,3**	**15,5**	**13,7**	**12,2**	**11,2**	**12,0**	**12,0**

Ambev S/A • ON • ABEV3 — Bovespa

Balanço em R$ milhões	2022	2021	2020	2019	2018	2017	2016
Receita líquida operacional	79.709	72.854	58.379	52.600	50.231	47.900	45.603
Lucro bruto	39.287	37.195	31.313	30.922	30.982	29.871	28.925
Lucro operacional (Ebit)	17.659	16.965	15.929	16.053	17.152	16.549	17.100
Ebitda	23.615	22.362	21.096	20.728	21.600	20.586	20.612
Lucro líquido	14.891	13.123	11.732	12.188	11.348	7.787	13.083
Margem bruta %	49,3	51,1	53,6	58,8	61,7	62,4	63,4
Margem Ebit %	22,2	23,3	27,3	30,5	34,2	34,6	37,5
Margem Ebitda %	29,6	30,7	36,1	39,4	43,0	43,0	45,2
Margem líquida %	**18,7**	**18,0**	**20,1**	**23,2**	**22,6**	**16,3**	**28,7**

Petrobras • ON • PETR3 — Bovespa

Balanço em R$ milhões	2022	2021	2020	2019	2018	2017	2016
Receita líquida operacional	641.256	452.668	272.069	302.245	310.255	283.695	282.589
Lucro bruto	334.100	219.637	123.962	122.105	118.687	91.595	89.978
Lucro operacional (Ebit)	294.255	210.831	49.621	81.701	62.465	37.773	16.482
Ebitda	362.457	273.879	107.926	140.203	105.694	80.251	65.025
Lucro líquido	189.005	107.264	6.246	40.970	26.698	377	-13.045
Margem bruta %	52,1	48,5	45,6	40,4	38,3	32,3	31,4
Margem Ebit %	45,9	46,6	18,2	27,0	20,1	13,3	5,8
Margem Ebitda %	56,5	60,5	39,7	46,4	34,1	28,3	23,0
Margem líquida %	**29,5**	**23,7**	**2,3**	**13,6**	**8,6**	**0,1**	**-4,6**

Fonte: índices calculados pelos autores com base nos demonstrativos das empresas, disponíveis na B3.

A receita proveniente da venda de bens e serviços na WEG tem apresentado evolução constante nos últimos exercícios, e em 2022 o mercado interno representou 49,7% da receita operacional líquida total e o mercado externo 50,3% da receita líquida total. O desempenho dos resultados das operações apresenta, através das margens de lucro, uma evolução positiva em todos os indicadores, refletindo a eficácia na gestão das despesas operacionais, como a margem Ebit com acréscimo de cerca de seis pontos percentuais, e a margem Ebitda cerca de cinco pontos percentuais.

Os resultados da Ambev nos cinco anos, apesar do acréscimo na receita de venda de bens e serviços têm apresentado um decréscimo constante. Em todos os indicadores de lucratividade, a queda atingiu cerca de 15 pontos percentuais no período, reflexo da evolução dos custos operacionais que não foram repassados para o preço de venda. No resultado final mensurado pela margem líquida, a perda foi compensada por resultados financeiros, acarretando queda menor que os demais níveis de rentabilidade.

As receitas de venda de bens e serviços na Petrobras refletem as características distintas das demais companhias, em grande parte do comportamento do preço do petróleo no mercado internacional, que em 2020, devido à pandemia de Covid, atingiu um nível mais baixo em décadas. Em 2022, a lucratividade da companhia apresentou o melhor desempenho nos cinco anos, em decorrência da otimização dos custos operacionais e políticas de preço do combustível no mercado nacional, que resultaram em elevação significativa de sua margem líquida.

A importância dos indicadores de rentabilidade pode ser confirmada na classificação dos destaques setoriais escolhidos a cada exercício social pela pesquisa *Valor 1000*, que adota seis itens de avaliação contábil-financeira: receita líquida (peso 3), margem Ebitda (peso 2,5), rentabilidade do patrimônio líquido (peso 1,5), crescimento médio da receita em cinco anos, alavancagem financeira e cobertura de juros (peso 1 em cada), representando 70% da nota. Os 30% complementares referem-se às práticas ESG (sigla em inglês para as práticas ambientais, sociais e de governança). As companhias em destaque estabelecem um padrão de referência na gestão contábil-financeira.

A empresa pode obter, ainda, receitas que não estão ligadas à sua atividade operacional e sim ao resultado decorrente de investimentos e desinvestimentos em ativos financeiros, como títulos de renda fixa e contratos de *hedge*. Também incorre em despesas financeiras que correspondem ao pagamento de empréstimos e financiamentos utilizados em suas atividades. Pode possuir, ainda, investimentos em coligadas e controladas, cujas participações no capital destas corresponderão, na mesma proporção, ao resultado de equivalência patrimonial.

No geral, a tendência de longo prazo é a obtenção de resultado financeiro negativo, pois a aplicação financeira não costuma ser suficiente para cobrir os custos de remuneração do capital de terceiros investido na empresa. Assim, usualmente, a receita financeira é inexpressiva em relação à despesa financeira. As notas explicativas, publicadas com as demonstrações financeiras, fornecem informações complementares sobre a composição da aplicação das disponibilidades e características do endividamento em relação a custos e prazos, permitindo uma análise do risco financeiro da empresa.

Os indicadores de rentabilidade visam avaliar a eficácia das decisões dos gestores nas operações das companhias com impacto na receita de vendas de bens e serviços e os resultados alcançados em relação ao cenário macroeconômico dos respectivos exercícios em análise.

Índices de rentabilidade: sobre o ativo e sobre o patrimônio

Rentabilidade do ativo (ROA)

A *rentabilidade do ativo* é um importante indicador para avaliar o desempenho do retorno do capital investido nos ativos da empresa. É calculada pela divisão do lucro líquido pelo ativo total, razão pela qual o indicador também é conhecido como retorno sobre o ativo (ROA – *return on assets*). Importante indicador de produtividade, mensura a eficiência na utilização dos ativos para gerar produção. Em longo prazo, a contribuição mais importante para o crescimento econômico são os aumentos de produtividade.

$$\textit{Rentabilidade do ativo} = \frac{\textit{lucro líquido}}{\textit{ativo total}} \times 100$$

Ou, equivalentemente,

$$\textit{Rentabilidade do ativo} = \frac{\textit{receita líquida operacional}}{\textit{ativo total}} \times \frac{\textit{lucro líquido} \times 100}{\textit{receita líquida operacional}}$$

De onde:

Rentabilidade do ativo = produtividade do ativo × margem líquida

A avaliação do indicador de rentabilidade do ativo de forma desmembrada permite identificar o impacto de cada fator nos resultados alcançados a cada exercício, no uso dos ativos ou na margem de lucro obtida pela companhia.

Em setores nos quais as empresas são fortemente dependentes de ativos imobilizados, com participação elevada em relação ao ativo total, os indicadores tendem a apresentar menor giro do ativo. É o caso das indústrias pesadas de bens de capital. Empresas comerciais de varejo e de serviços intensivos em mão de obra possuem, em geral, giro do ativo elevado; em contrapartida, apresentam reduzida margem líquida. Uma participação elevada no mercado e a qualidade relativa de seus produtos e serviços costumam fazer subir a rentabilidade do ativo. Por outro lado, investimentos elevados e custos fixos altos em geral reduzem a rentabilidade.

Seguem os dados referentes à rentabilidade do ativo para as três empresas adotadas como exemplos.

Tabela 2.13 | Rentabilidade do ativo para as empresas tomadas como exemplos

WEG • ON • WEGE3 — Bovespa

Balanço em R$ milhões	2022	2021	2020	2019	2018	2017	2016
Lucro líquido	4.273	3.657	2.396	1.632	1.344	1.141	1.128
Ativo total	28.135	23.933	19.928	15.688	15.400	13.981	13.509
Rentabilidade do ativo (ROA)%	**15,2**	**15,3**	**12,0**	**10,4**	**8,7**	**8,2**	**8,4**

Ambev S/A • ON • ABEV3 — Bovespa

Balanço em R$ milhões	2022	2021	2020	2019	2018	2017	2016
Lucro líquido	14.891	13.123	11.732	12.188	11.348	7.787	13.083
Ativo total	137.958	138.602	125.197	101.743	95.714	88.766	83.841
Rentabilidade do ativo (ROA)%	**10,8**	**9,5**	**9,4**	**12**	**11,9**	**8,8**	**15,6**

Petrobras • ON • PETR3 — Bovespa

Balanço em R$ milhões	2022	2021	2020	2019	2018	2017	2016
Lucro líquido	189.005	107.264	6.246	40.970	26.698	377	-13.045
Ativo total	976.709	972.951	987.419	926.011	860.473	831.515	804.945
Rentabilidade do ativo (ROA)%	**19,4**	**11,0**	**0,6**	**4,4**	**3,1**	**0,1**	**-1,6**

Fonte: índices calculados pelos autores com base nos demonstrativos das empresas, disponíveis na B3.

Rentabilidade sobre o patrimônio líquido (ROE)

O índice de *rentabilidade sobre patrimônio líquido* (ROE – *return on equity*) corresponde à taxa de retorno do acionista, pois mede a capacidade da empresa de gerar lucro a partir de seu patrimônio, ou seja, do capital investido pelos acionistas.

$$\textit{Rentabilidade sobre patrimônio} = \frac{\textit{lucro líquido}}{\textit{patrimônio líquido}} \times 100$$

Ou, equivalentemente,

$$\textit{Rentabilidade sobre o patrimônio} = \frac{\textit{lucro líquido}}{\textit{ativo total}} \times \frac{\textit{ativo total}}{\textit{patrimônio líquido}}$$

De onde:

$$\textit{Rentabilidade sobre patrimônio} = \textit{retorno do ativo} \times \textit{alavancagem financeira}$$

Ou seja,

$$ROE = ROA \times \textit{alavancagem financeira}$$

A rentabilidade (ou retorno) sobre o patrimônio líquido é calculada com base na divisão do lucro líquido pelo patrimônio líquido, em termos percentuais. Quanto maior esse indicador, melhor. A tabela 2.14 apresenta os três exemplos selecionados.

Tabela 2.14 | Rentabilidade sobre o patrimônio para as empresas tomadas como exemplos

WEG • ON • WEGE3 — Bovespa

Balanço em R$ milhões	2022	2021	2020	2019	2018	2017	2016
Lucro líquido	4.273	3.657	2.396	1.632	1.344	1.141	1.128
Patrimônio líquido	15.248	14.011	11.930	8.930	7.853	6.838	6.043
Rentabilidade sobre o patrimônio (ROE) %	**28,0**	**26,1**	**20,1**	**18,3**	**17,1**	**16,7**	**18,7**

Ambev S/A • ON • ABEV3 — Bovespa

Balanço em R$ milhões	2022	2021	2020	2019	2018	2017	2016
Lucro líquido	14.891	13.123	11.732	12.188	11.348	7.787	13.083
Patrimônio líquido	83.328	84.018	75.151	62.556	57.455	47.920	46.651
Rentabilidade sobre o patrimônio (ROE) %	**17,9**	**15,6**	**15,6**	**19,5**	**19,8**	**16,3**	**28,0**

Petrobras • ON • PETR3 — Bovespa

Balanço em R$ milhões	2022	2021	2020	2019	2018	2017	2016
Lucro líquido	189.005	107.264	6.246	40.970	26.698	377	-13.045
Patrimônio líquido	364.385	389.581	311.150	299.137	283.543	269.609	252.743
Rentabilidade sobre o patrimônio (ROE) %	**51,9**	**27,5**	**2,0**	**13,7**	**9,4**	**0,1**	**-5,2**

Fonte: índices calculados pelos autores com base nos demonstrativos das empresas, disponíveis na B3.

Os resultados demostraram um comportamento inverso, enquanto a WEG apresenta um crescimento constante no retorno aos acionistas, a Ambev anda na direção oposta, com redução de cerca de 10 pontos percentuais no retorno do capital próprio.

Por sua vez, a Petrobras alcançou elevado retorno em 2022, em contrapartida a um histórico de grande variação nos resultados, inclusive desempenho negativo em 2016. Devem ser consideradas as especificidades do setor de atuação, adicionalmente à participação governamental no controle da companhia.

A manutenção de uma posição competitiva financeira sustentável de uma empresa em relação ao setor em que atua é alcançada com o equilíbrio entre produtividade do ativo, margem líquida e alavancagem financeira. A rentabilidade sobre o patrimônio líquido (ROE) é medida percentualmente pela relação entre o lucro líquido do exercício e o patrimônio líquido. Essa relação é equivalente à multiplicação do produto da produtividade do ativo pela margem líquida pela alavancagem financeira, conforme demonstrado a seguir:

$$ROE = ROA \times alavancagem\ financeira$$

Porém,

$$ROA = \frac{lucro\ líquido}{ativo\ total} = \frac{receita\ líquida\ operacional}{ativo\ total} \times \frac{lucro\ líquido}{receita\ líquida\ operacional}$$

De onde:

$$ROE = Produtividade\ do\ ativo \times margem\ líquida \times alavancagem\ financeira$$

A análise do peso desses três fatores no resultado do produto, que é o ROE, possibilita identificar qual fator é determinante no resultado para o acionista. Essa técnica é também conhecida como "identidade DuPont", pois foi inicialmente aplicada no grupo empresarial de mesmo nome para avaliar o desempenho e o retorno dos projetos de investimento em suas diversas empresas.

O modelo DuPont considera o ROE algebricamente em três partes: lucratividade, produtividade e alavancagem. A lucratividade, medida pela margem líquida, é importante fator para o retorno dos acionistas. A produtividade pode impulsionar a lucratividade através da eficiência de como uma companhia usa seus ativos para gerar receitas através de suas operações. Adicionalmente, a alavancagem visa ampliar os retornos, contribuindo para o ROE, que adota os lucros após os pagamentos de juros, e é impactado pelo *mix* de financiamento que a companhia utiliza para financiar seus projetos. Em geral, uma empresa que toma dinheiro emprestado para financiar projetos, e que obtém um ROA sobre esses projetos que excede a taxa de juros pós-imposto de renda que ela paga sobre sua dívida, será capaz de aumentar o ROE através de endividamento financeiro.

O retorno sobre patrimônio líquido (ROE) relaciona lucros ao investidor em ações (lucro líquido após os impostos e despesas de juros) com o valor contábil do investimento em ações e representa a rentabilidade a partir da perspectiva do investidor em ações.

No caso de empresas com acionistas preferenciais, que têm um tipo diferente de reivindicação sobre a empresa em relação aos acionistas ordinários, o lucro líquido deve ser estimado após os dividendos preferenciais, e o patrimônio líquido ordinário não deve incluir o valor contábil das ações preferenciais.

Na análise das companhias do setor financeiro, poderíamos incluir indicadores específicos para mensurar o desempenho econômico-financeiro, mas não foi o objetivo deste livro. Entretanto, considerando a representatividade do setor entre as companhias de capital aberto no mercado nacional, destacamos os resultados alcançados na rentabilidade patrimonial comum a todos os setores de atividade na economia.

Estudo publicado na Economatica em 2022 destaca que "os grandes bancos tiveram o maior lucro dos últimos 15 anos", considerando os quatro maiores bancos listados na bolsa de valores brasileira nos últimos 15 anos: Bradesco, Banco do Brasil, Itaú Unibanco e Santander. O valor acumulado de lucro líquido alcançou R$ 93,7 bilhões, o maior montante nos últimos 15 anos.

O retorno sobre o patrimônio líquido (ROE) médio atingiu 17,1%, destacando o desempenho do Banco do Brasil com a maior mediana de ROE nos 15 anos (19,6%), seguido por Itaú (19,0%), Bradesco (17,7%) e Santander (9,7%). O resultado reflete um aumento na receita de intermediação financeira em 47,5% superior ao alcançado em 2021, e cerca de 3,5 vezes maior em relação ao ano de 2008.

A rentabilidade das instituições bancárias reflete a gestão eficiente, mesmo em momentos de instabilidade econômica com reflexo nas provisões para inadimplência, que apresentaram um acréscimo maior que a recita de intermediação financeira.

Nos próximos anos a expectativa é a desaceleração no retorno patrimonial dos bancos como consequência das mudanças regulatórias acompanhando a aceleração das inovações tecnológicas, que aumentam a instabilidade econômica e a competitividade exigindo constantes investimentos.

Crescimento sustentável

A diferença entre os indicadores de retorno do ativo (ROA) e de retorno sobre o patrimônio líquido (ROE) reflete o uso de capital de terceiros no financiamento dos ativos da empresa. Como já vimos:

$$ROE = ROA \times alavancagem\ financeira$$

Quanto maior a proporção do financiamento com capital de terceiros em relação ao capital próprio, maior será a alavancagem financeira da empresa. Uma alavancagem mais elevada afeta a rentabilidade sobre o patrimônio de duas maneiras: (1) um efeito de custo financeiro que reduz a rentabilidade (por meio das despesas financeiras) e (2) um efeito de estrutura financeira que aumenta a rentabilidade sobre o patrimônio, uma vez que utiliza menor volume de capital próprio em relação ao capital investido na empresa.

O aumento anual contínuo do retorno sobre o patrimônio líquido demonstra que a empresa vem alcançando performance crescente, já que, proporcionalmente, com o mesmo volume de recursos próprios, vem obtendo mais lucro.

A rentabilidade sobre o patrimônio líquido é uma das principais medidas do retorno do investimento de capital dos sócios, o qual, diferente do capital de terceiros, não tem uma remuneração obrigatória e definida. Entretanto, o aporte de capital pelos sócios na empresa indica uma expectativa de que as aplicações realizadas, somadas às aplicações do capital de terceiros nos projetos da empresa, depois de deduzidos os custos de captação, apresentem um retorno maior do que a taxa básica do mercado (a Selic, no Brasil).

Segundo destaca Palepu e Healy (2016:166),

> em uma análise de longo prazo o valor do patrimônio da empresa será impactado diretamente pela relação entre o ROE e o custo de seu capital próprio, ou seja, em longo prazo, as empresas deveriam ser capazes de gerar valores de mercado acima de seu valor contábil e vice-versa. Ao compararmos o ROE com o custo do capital, será possível não só analisar o seu valor, como realizar análises que permitam indicar sua rentabilidade no longo prazo.

A análise dos índices calculados através das demonstrações financeiras não permite uma visão abrangente do desempenho das companhias. Dessa forma, é sugerido determinar a taxa de crescimento sustentável que considera o retorno do capital próprio, descontado da distribuição dos resultados através dos dividendos pagos.

Conforme a seguinte equação, podemos definir a sustentabilidade do retorno para as companhias:

Taxa de crescimento sustentável = ROE × (1-Índice de pagamento de dividendos)

A política de dividendos determina o padrão de distribuição de resultados como forma de remunerar os acionistas com o excedente de caixa que não será investido nos novos projetos, além de servir como uma remuneração àqueles acionistas que visam ao retorno do capital investido de forma imediata. Portanto, a taxa de crescimento sustentável visa mensurar o crescimento da empresa, considerando o desempenho dos índices apresentados ao longo deste capítulo, aliado ao reinvestimento dos recursos na manutenção e expansão das atividades empresariais.

O padrão na distribuição de dividendos das companhias de capital aberto será analisado em detalhe no próximo capítulo, bem como a composição dos fluxos de caixa para projeção dos resultados futuros.

A figura 2.5 representa, segundo Palepu e Healy (2016), a estrutura da taxa de crescimento sustentável de uma empresa como um ponto de referência para analisar a eficácia dos projetos estratégicos.

Figura 2.5 | Estrutura da taxa de crescimento sustentável de uma empresa

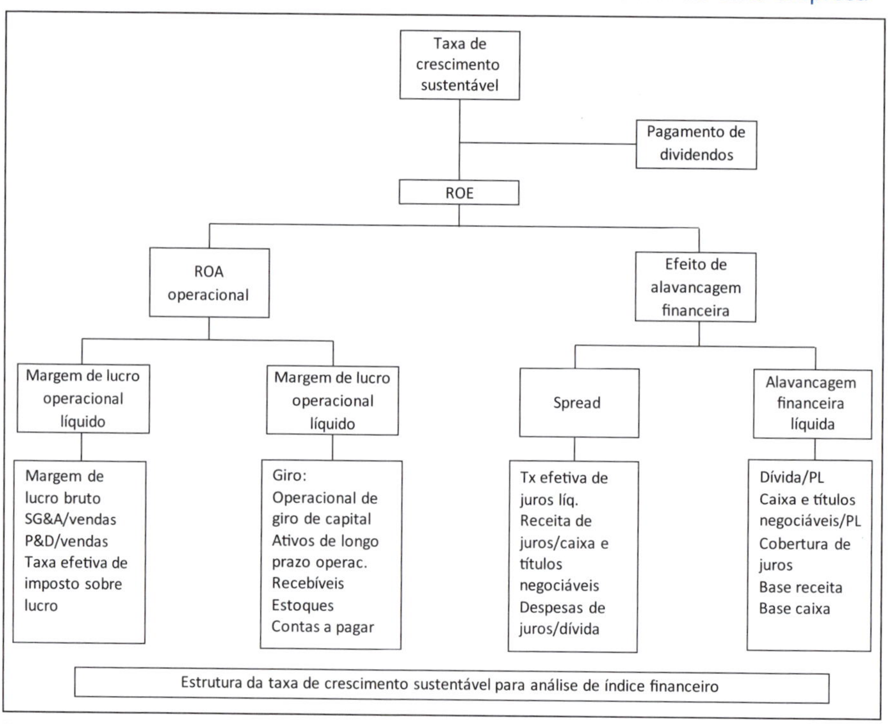

Fonte: Palepu e Healy (2016:156).

Na análise do crescimento sustentável é possível identificar quais as decisões gerenciais que impulsionaram os resultados: produtividade dos ativos, margem de lucratividade ou alavancagem financeira.

No levantamento realizado com os executivos das empresas campeãs do *Valor 1000*, o destaque é "manter o foco nos negócios e operar com flexibilidade e rigor na alocação de capital". Segundo destaque do CEO da Whirlpool, primeira colocada no setor eletroeletrônico: "O executivo no Brasil precisa, desde cedo, aprender a trabalhar com a incerteza. É crucial ser adaptável, saber moldar o negócio às condições de mercado e investir em inovação".

Resumo de fórmulas e conceitos

	Índice	Cálculo	Conceito
Produtividade	Produtividade do ativo	$\frac{\text{Receita líquida operacional}}{\text{Ativo total}}$	Representa a capacidade de gerar receita a partir dos investimentos em ativos. Quanto maior a receita das operações em relação ao investimento em ativos, melhor o desempenho da empresa.
Estrutura do capital	Endividamento geral	$\frac{\text{Passivo circulante + não circulante}}{\text{Ativo total}}$	Representa a participação dos recursos financiados por terceiros na operação da empresa.
	Capitalização ajustada	$\frac{\text{Passivo circulante + não circulante}}{\text{Patrimônio líquido}}$	Representa o nível de endividamento da empresa em relação ao financiamento por meio de recursos próprios. Quanto maior, melhor.
	Alavancagem financeira	$\frac{\text{Ativo total}}{\text{Patrimônio líquido}}$	Representa o uso de recursos de terceiros no financiamento das operações da empresa. O índice >1 significa que será maior a alavancagem financeira, ou seja, maior a dependência de recursos de terceiros. =1 indica que a empresa é não alavancada.
Liquidez	Liquidez corrente	$\frac{\text{Ativo circulante}}{\text{Passivo circulante}}$	Representam a capacidade de pagamento das obrigações de curto prazo. A liquidez seca exclui da avaliação o valor dos estoques. >1 significa que existem recursos para saldar as dívidas de curto prazo.
	Liquidez seca	$\frac{\text{Ativo circulante − estoques}}{\text{Passivo circulante}}$	

▼

▼

	Índice	Cálculo	Conceito
Rentabilidade	Margem bruta	$\frac{\text{Lucro bruto}}{\text{Receita líquida operacional}} \times 100$	Representa quanto de cada real vendido permaneceu na empresa na forma de lucro bruto. Quanto maior o valor, melhor.
	Margem operacional (margem Ebit)	$\frac{\text{Lucro antes de juros e impostos}}{\text{Receita líquida operacional}} \times 100$	Representa o resultado da atividade da empresa, relacionando o lucro antes do resultado financeiro e dos impostos à receita líquida da venda de bens e serviços. Quanto maior o valor, melhor.
	Margem Ebitda	$\frac{\text{Lucro antes de juros e impostos + depreciação e amortização}}{\text{Receita líquida operacional}} \times 100$	Representa o resultado da atividade da empresa, relacionando o lucro antes do resultado financeiro e dos impostos, mais depreciação e amortização, à receita líquida da venda de bens e serviços. Quanto maior o valor, melhor.
	Margem líquida	$\frac{\text{Lucro líquido}}{\text{Receita líquida operacional}} \times 100$	Representa quanto de cada real vendido permaneceu na empresa, após todos os desembolsos necessários à operação. Quando a empresa apresenta resultado líquido negativo, a margem líquida é negativa.
	Rentabilidade do ativo (ROA)	$\frac{\text{Lucro líquido}}{\text{Ativo total}} \times 100$ ou Produtividade do ativo × margem líquida	Representa o retorno obtido com os investimentos em ativos. O valor inverso indica o número de anos para a recuperação do capital investido pelos acionistas. Quanto maior o valor, melhor.
	Rentabilidade sobre o patrimônio (ROE)	$\frac{\text{Lucro líquido}}{\text{Patrimônio líquido}} \times 100$ ou Retorno do ativo × alavancagem financeira	Representa o retorno dos acionistas obtido com os investimentos em ativos. Inversamente, indica o número de anos para recuperar o capital investido pelos acionistas. Quanto maior o valor, melhor.

3. Múltiplos de valor e modelo de fluxo de caixa

A vida é como andar de bicicleta. Para manter o equilíbrio, você deve continuar se movendo.
Albert Einstein

Fundamentos para a valoração da empresa

Neste capítulo, apresentamos as principais técnicas de análise do valor da empresa. O conceito de valor, sob o ponto de vista financeiro, está associado à capacidade futura de gerar fluxos de caixa positivos. A valoração da empresa baseia-se em modelos quantitativos que visam a uma justa determinação do valor, considerando o risco a ser assumido pelo investidor. Segundo Damodaran (2012:3), "um postulado do bom investimento é o investidor não pagar mais por um ativo do que seu valor justo". Portanto, o objetivo do investidor é determinar antecipadamente o valor do ativo que pretende comprar. A avaliação econômica, ao contrário do que possa indicar, não é a fixação concreta de um preço específico para um ativo, mas uma tentativa de estabelecer, dentro de uma faixa, um valor referencial de tendência, sobre o qual exercerão influência as expectativas econômicas e mercadológicas desse ativo.

Existe uma ampla variedade de abordagens para a valoração das companhias no mercado de capitais. Destacamos as principais como o método dos múltiplos de valor, que envolve a avaliação relativa comparando os índices de preços da ação com outras empresas semelhantes negociadas no mercado, ou com os múltiplos da própria empresa com suas médias históricas. Na avaliação relativa de ações, é importante considerar que os múltiplos de valor podem variar com as perspectivas da indústria e com o ciclo econômico, e deve ser complementada com outros indicadores para obter uma visão completa e precisa do valor da empresa.

Na sequência, abordamos um método amplamente adotado na avaliação financeira, o fluxo de caixa descontado, que considera os benefícios de caixa esperados no futuro, descontados pelo custo do capital próprio. Ele envolve projetar os fluxos de caixa futuros da empresa e, em seguida, trazer esses fluxos de volta ao valor presente usando uma taxa de desconto apropriada que determina o valor de uma empresa por meio da riqueza econômica.

Em finanças, o valor é definido pela capacidade potencial que os ativos têm de proporcionar fluxos de caixa futuros positivos que, trazidos a valor presente, ao custo do capital, sejam maiores que o valor investido. A dinâmica no valor da cotação das ações depende, em grande parte, das expectativas do mercado em relação ao desempenho da empresa e da tendência no cenário econômico global para os anos futuros.

A avaliação das companhias abertas engloba não somente variáveis objetivas, como o valor patrimonial ou o valor de mercado das respectivas ações, mas também variáveis subjetivas, como o valor da marca da companhia. Os métodos variam muito e, frequentemente, a subjetividade envolvida no processo de avaliação é uma das maiores dificuldades da mensuração do valor do ativo.

Em razão da dinâmica atual dos mercados financeiros – em que o futuro se assemelha cada vez menos ao passado, com todos os desafios relacionados à projeção de valores, como as mudanças dos hábitos de consumo, as inovações tecnológicas e as políticas econômicas –, faz-se necessária a utilização de mais de uma ferramenta para determinar o preço justo das ações. De acordo com Damodaran (2009a:3), o maior esforço deve estar na reunião de dados e na compreensão da empresa em estudo. O autor destaca que a avaliação envelhece rapidamente e necessita ser constantemente atualizada com novos dados econômico-financeiros, de modo a refletir as informações correntes.

Método dos múltiplos de mercado

A avaliação por indicadores de mercado utiliza o método de comparação direta ou de avaliação relativa baseada nos fundamentos da teoria econômica de que ativos semelhantes devem ser negociados a preços similares. Alternativamente, os analistas chamam esses indicadores de "múltiplos".

Para entender melhor essa ideia, podemos nos reportar à negociação de veículos, que utiliza como base os preços de reposição médios do mercado de veículos praticados em diversas regiões do país e apresentados, mensalmente, pela Fundação Instituto de Pesquisas Econômicas (Fipe), de acordo com marca, modelo e ano. O índice Fipe é utilizado como parâmetro de negócio por lojas concessionárias, seguradoras e demais interessados.

As operações no mercado de capitais, entre outros ativos financeiros, negociam ações de empresas dos mais variados setores da economia. Uma vez que a empresa tenha passado na avaliação dos indicadores econômicos e financeiros, é utilizada a análise de múltiplos, que permite ao investidor estimar quanto valem suas ações, quanto elas podem gerar em dividendos e em quanto tempo se pode recuperar o que foi investido. Nas companhias indicadas para investimentos, será necessário determinar o alvo de preço, em valores monetários, pelo qual se estima que o ativo seja negociado em determinado momento do mercado para identificar o potencial de ganho na compra dos ativos subavaliados ou na venda dos superavaliados.

As avaliações de fluxo de caixa descontado requerem substancialmente mais informações do que a avaliação relativa. Para analistas que enfrentam restrições de tempo e limitação de acesso às informações, a avaliação relativa oferece uma alternativa mais rápida.

Na avaliação relativa, o valor de um ativo é estimado observando como ativos semelhantes são precificados. Embora o atrativo dos múltiplos continue sendo a simplicidade, o segredo de usá-los com sabedoria continua sendo encontrar as melhores empresas, em termos de crescimento, risco e geração de caixa (Damodaran, 2012).

Na avaliação por múltiplos, de acordo com Matias (2009:344), são necessárias as seguintes etapas:

1) identificar ativos comparáveis com preços formados pelo mercado;
2) transformar os preços de mercado em múltiplos – variáveis comuns para comparação;
3) ajustar as diferenças do ativo.

Na utilização dos múltiplos para avaliação de empresa, não podemos estabelecer um padrão fixo para representar o que são valores altos ou baixos, pois os múltiplos mudam ao longo do tempo em todo o mercado ou em setores específicos.

Os principais múltiplos utilizados pelos analistas de mercado para determinar o valor da ação adotam a cotação da ação em relação ao lucro e ao valor patrimonial contábil. Adicionalmente, os dividendos pagos aos acionistas indicam percentual comparável às taxas de retorno de investimentos financeiros.

Preço/lucro

O índice *preço/lucro (P/L)* é um dos múltiplos mais utilizados. Indica ao acionista o tempo de retorno do seu investimento, isto é, o número de anos necessários para que lucre a partir de seu investimento. É calculado por meio da divisão do preço de mercado de aquisição da ação pelo lucro por ação. O lucro por ação é obtido dividindo-se o lucro líquido pela quantidade de ações; ele pode ser estimado para os anos seguintes em regime de perpetuidade. Os índices referentes a lucro podem ser determinados por meio do uso da média de preços em determinados números de pregões ou através da última cotação. Podem ser adotados diversos parâmetros, como o ano fiscal mais atual, ou o resultado anualizado do trimestre mais próximo ou, ainda, projeções para os anos subsequentes.

$$P/L = \frac{\text{preço de mercado da ação}}{\text{lucro líquido por ação}}$$

Esse múltiplo é um bom indicador para avaliar o "preço" da ação. Quanto menor o P/L, menor o preço para um dado lucro; mas, além da praticidade e da facilidade do seu cálculo, esse índice permite determinar o tempo de espera para recuperar o investimento inicial. Quando se comparam papéis de empresas de um mesmo setor, um P/L mais elevado em relação a uma das companhias indica o otimismo do mercado em relação ao seu desempenho.

Não se deve, no entanto, comprar uma ação só porque seu preço está "baixo". É necessário verificar se houve alguma anormalidade no lucro do último ano, bem como a expectativa de lucro para o próximo exercício, a fim de se definir se a relação entre os dois indicadores – preço e lucro – se manterá ou não.

Uma das principais desvantagens do uso desse múltiplo é o fato de recorrer ao lucro contábil, desconsiderando-se a perda de valor do dinheiro no tempo, além da ideia implícita de eficiência de mercado. Esse múltiplo não tem significado quando o lucro é negativo e quando a volatilidade dos lucros altera drasticamente seu valor de um período para outro.

As empresas com índices P/L menores do que a expectativa da taxa de crescimento são consideradas subvalorizadas. Entretanto, o baixo preço deve ser confirmado através dos índices fundamentalistas, verificando-se o potencial de valorização ou se o papel perdeu a atratividade no mercado. Em contrapartida, uma alta relação P/L indica a expectativa de crescimento dos benefícios gerados pela empresa (Damodaran, 2012). É necessário avaliar a expectativa de crescimento através dos projetos de investimentos, informações que podem ser obtidas no *site* da empresa e nos relatórios anuais aos acionistas.

O quadro 3.1 mostra as vantagens e as desvantagens do múltiplo P/L.

Quadro 3.1 | Vantagens e desvantagens do múltiplo preço/lucro (P/L)

Múltiplo	Vantagens	Desvantagens
• P/L	• Métrica mais popular. • Facilidade e praticidade de cálculo. • Entendimento rápido. • Mercado familiarizado com o conceito. • Empresas relativamente maduras e com crescimento próximo à média do mercado.	• Considera o lucro contábil. • Ignora o valor do dinheiro no tempo e seus riscos. • Considera implícita a ideia de eficiência do mercado. • Não tem significado com prejuízo e/ou alta volatilidade nos lucros.

Fonte: adaptado de Matias (2017).

Nos gráficos elaborados com dados da Economatica (2023), acompanhamos o indicador preço/lucro nas últimas duas décadas para as ações ABEV3, WEGE3 e PETR4, de forma a compararmos o comportamento do indicador em relação aos respectivos desempenhos econômico-financeiros das companhias.

O múltiplo da PETR4 fica sem significado em especial em 2017/18, quando a empresa registrou prejuízo, que foi revertido, tendo o lucro por ação (LPA) apresentado uma recuperação, alcançando o maior patamar da série histórica.

Um levantamento publicado pela Economatica comparou o desempenho do indicador preço/lucro das ações negociadas no mercado de capitais no país, considerando todas as empresas com disponibilidade de dados, com as 1.000 maiores empresas norte-americanas listadas em bolsa. No caso da bolsa brasileira, o maior valor registrado foi de 25 anos em dezembro de 2012, e o menor em 2003 com 9,1 anos, com significativa volatilidade no período em análise.

Figura 3.1 | Indicador preço/lucro para as ações ABEV3, WEGE3 e PETR4 Ambev S/A – ON – ABEV3

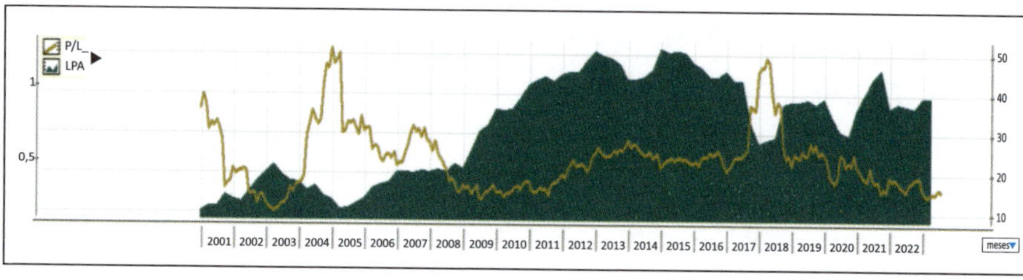

WEG – ON – WEGE3

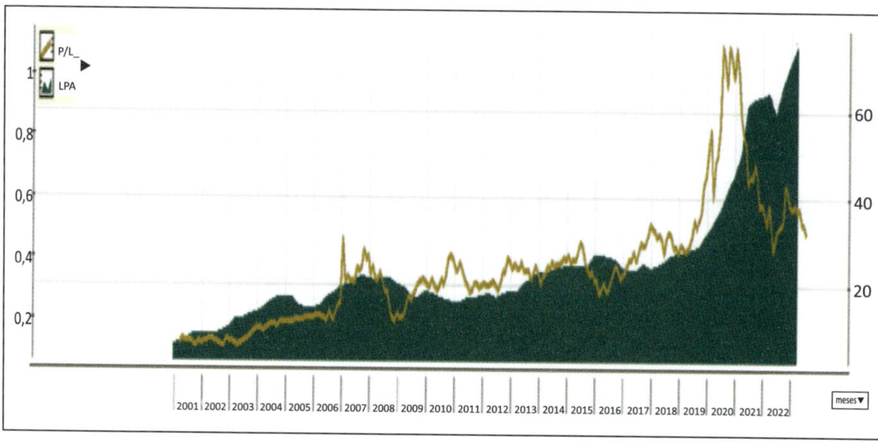

Petrobras – PN – PETR4

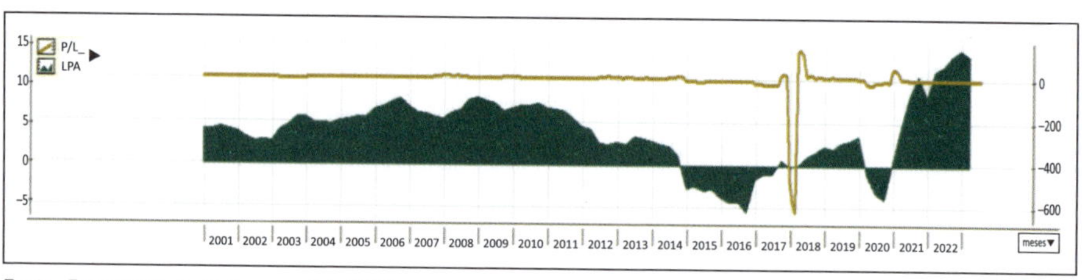

Fonte: Economatica. Acesso em: jul. 2023.

Comparado ao mercado norte-americano de menor volatilidade, o índice registrou o valor máximo de 27,8 anos em 2008, que em seguida, com o impacto da crise, reduziu para 16,1 anos, retomando a seguir uma tendência de recuperação.

Figura 3.2 | Mercado norte-americano comparado com o brasileiro

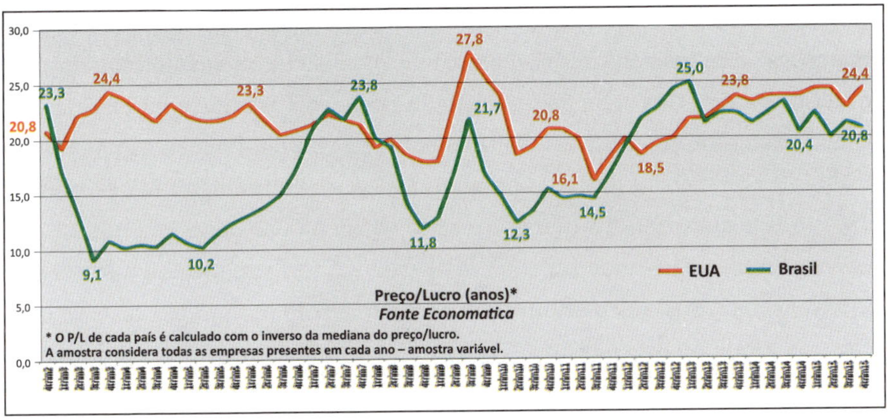

Fonte: Economatica. Acesso em: jul. 2023.

O inverso do P/L calculado pela divisão do lucro pelo preço em percentual, corresponde à *taxa de retorno* obtida anualmente. Por exemplo, se o preço/lucro de uma empresa é de cinco anos, isso significa que ela terá uma taxa de retorno de 20% ao ano, o que indica que o acionista vai recuperar seu investimento em cinco anos. Na taxa de retorno, estão considerados a valorização da cotação e os dividendos pagos no período da respectiva ação, comparável ao *benchmark* do mercado ou do setor de atuação da companhia.

$$\text{Taxa de retorno} = \frac{\text{lucro líquido por ação}}{\text{preço de mercado da ação}} \times 100$$

Preço por valor patrimonial

O *preço por valor patrimonial (P/VP)* é determinado através da divisão do preço da ação no mercado pelo valor patrimonial da ação, e indica quantitativamente o ágio ou deságio que o mercado está disposto a pagar por ela.

O valor patrimonial da ação é obtido pela divisão do patrimônio líquido pela quantidade de ações da empresa. O índice de preço por valor patrimonial da ação é calculado com base na fórmula:

$$P/L = \frac{\text{preço de mercado da ação}}{\text{valor patrimonial por ação}}$$

Se as ações são negociadas acima de seu valor patrimonial, o índice P/VP será maior que 1, o que quer dizer que o mercado acredita nas perspectivas da empresa e os investidores aceitam pagar mais do que seu valor patrimonial contábil. Porém, um valor muito elevado pode representar uma valorização especulativa, sem respaldo nos fundamentos da companhia.

Caso a ação seja negociada abaixo de seu valor contábil, o índice será menor que 1, o que significa que o mercado só aceita pagar por ela menos que seu valor real, o que pode refletir uma perda de performance ou a existência de fatores externos que estejam prejudicando as operações. No caso de uma crise, o choque no preço dessas ações pode ser especialmente desastroso para o investidor.

O quadro 3.2 mostra as vantagens e as desvantagens do múltiplo P/VP.

Quadro 3.2 I Vantagens e desvantagens do múltiplo preço por valor patrimonial (P/VP)

Múltiplo	Vantagens	Desvantagens
• P/VP	• Medida intuitiva, utilizada para comparações entre empresas similares e entre setores, identificando o prêmio ou desconto em relação ao valor patrimonial. • Aplicável em empresas com lucros variáveis ou negativos, não depende dos lucros atuais, mas sim do valor contábil, que é mais estável.	• Não considera a capacidade futura da empresa de gerar lucros e fluxo de caixa, como ativos intangíveis: marcas, patentes e propriedade intelectual. • Pode variar substancialmente entre diferentes setores e indústrias, pois cada setor tem características diferentes que afetam sua avaliação.

Fonte: adaptado de Matias (2017).

As figuras 3.3 e 3.4 ilustram o indicador preço/valor patrimonial e o valor de mercado das ações em destaque: ABEV3, WEGE3, e PETR4 no período de dezembro de 2010 a dezembro de 2022. Podemos comparar o desempenho histórico e como se comportaram as expectativas de mercado, confirmando a tendência de valorização ou desvalorização das respectivas empresas, em relação ao seu valor patrimonial.

Figura 3.3 | Indicador preço/valor patrimonial e o valor de mercado das ações da ABEV3

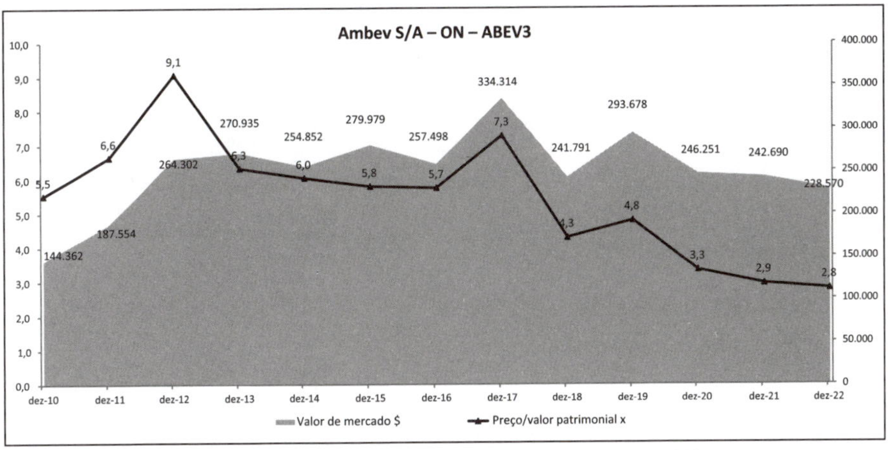

Fonte: elaborada pelos autores com base em dados da Economatica. Acesso em: jul. 2023.

Figura 3.4 | Indicador preço/valor patrimonial e o valor de mercado das ações da WEGE3

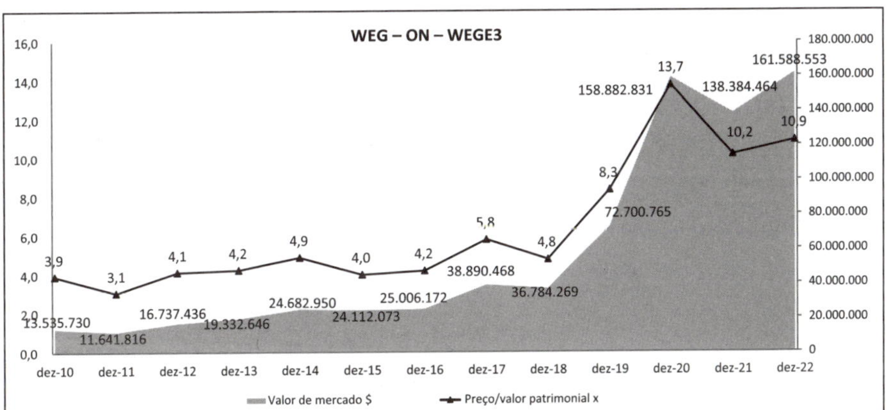

Fonte: elaborada pelos autores com base em dados da Economatica. Acesso em: jul. 2023.

Figura 3.5 | Indicador preço/valor patrimonial e o valor de mercado das ações da PETR4

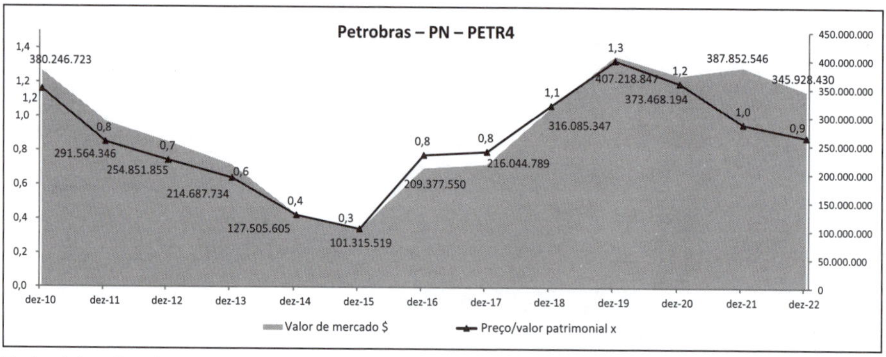

Fonte: elaborada pelos autores com base em dados da Economatica. Acesso em: jul. 2023.

O múltiplo preço/valor patrimonial da ação WEGE3 – em face das expectativas dos investidores – apresenta tendência positiva, atingindo seu maior valor de 13 vezes no final de 2020, diferente das demais companhias em análise.

Na ABEV3 observamos a reversão da tendência de alta no valor de mercado, que, após atingir o maior valor em dez-12, apresenta queda constante no valor de mercado em relação ao valor do patrimônio da companhia atingindo 2,8 vezes.

No caso da PETR4 destacamos que o indicador mantém um padrão no valor de mercado abaixo do valor patrimonial, mantendo-se em sua maioria abaixo de 1, até mesmo em momento de aumento do valor patrimonial com a reversão dos resultados negativos.

Com a elevação dos juros, reflexo do cenário negativo da pandemia e de alta inflação a partir de 2021, observamos um recuo no apetite do risco dos investidores, com queda generalizada no valor de mercado das companhias.

P/Ebitda

O indicador P/Ebitda (preço/lucro antes de juros, impostos, depreciação e amortização) é uma métrica de avaliação da companhia em relação à geração operacional de caixa e indica quanto os investidores estão dispostos a pagar pelos fluxos de caixa operacionais. A avaliação do P/Ebitda não é tão direta como o "quanto maior melhor". Em geral, um valor menor pode indicar que a ação está sendo negociada a um preço relativamente baixo em relação ao lucro operacional gerado, e que a companhia pode estar subvalorizada ou ser uma oportunidade de compra.

O índice P/Ebitda da ação é calculado com base na fórmula:

$$P/Ebitda = \frac{cotação\ da\ ação}{Ebitda/quantidade\ de\ ações}$$

O Ebitda, quando analisado historicamente, permite identificar o comportamento de uma companhia em relação ao resultado operacional ao longo do tempo e é relevante no momento de definir uma ação para investir. Esse indicador apresenta uma visão mais direta dos ganhos operacionais da companhia por excluir de seus cálculos quaisquer lucros de atividades que não são o foco da empresa, como a receita na venda de ativos da companhia. Adicionalmente, não considera os efeitos do endividamento, dos impostos e dos investimentos necessários para manter a operação da empresa. Portanto, não fornece uma imagem completa da saúde financeira.

Um valor maior para o múltiplo pode indicar que os investidores estão dispostos a pagar um prêmio em decorrência das expectativas positivas sobre o desempenho futuro da companhia. Portanto, é importante verificar a capacidade da empresa de converter seu alto Ebitda em lucro líquido de fato.

Segue o gráfico ilustrativo do indicador P/Ebitda das ações em destaque: ABEV3, WEGE3, e PETR3 no período de dezembro de 2010 a dezembro de 2022.

Figura 3.6 I Gráfico ilustrativo do indicador P/Ebitda das ações em destaque: ABEV3, WEGE3 e PETR4

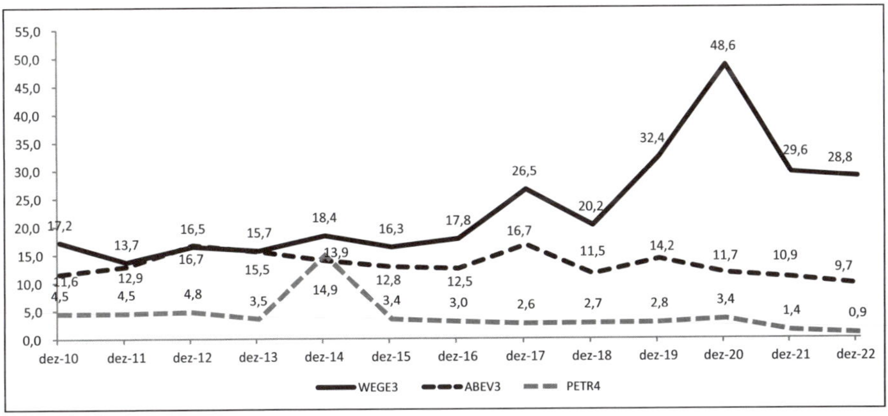

Fonte: elaborado pelos autores com base em dados da Economatica. Acesso em: jul. 2023.

O múltiplo da WEGE3 indica tendência crescente, mantendo um patamar acima das demais companhias em análise. Em contrapartida, a expectativa em relação às demais companhias em análise indicam tendência de queda nos resultados operacionais, ou que pode estar subvalorizada ou ser uma oportunidade de compra.

Destacamos que o Ebitda é uma medida não padronizada. Portanto, é importante considerar outras métricas e fazer uma análise completa em conjunto com indicadores da saúde financeira, e as perspectivas de crescimento da companhia em relação ao contexto da indústria.

Distribuição de dividendos (dividend yield)

O indicador expressa a relação entre os dividendos pagos por uma companhia aos acionistas e o preço de mercado da ação expressado em percentual. É calculado pela soma de todos os rendimentos gerados pela ação (que incluem dividendos, juros sobre capital próprio e bonificação em dinheiro), dividida pela cotação da ação antes da distribuição; multiplicamos então o resultado dessa divisão por 100.

O múltiplo *dividend yield* (DY) corresponde à proporção do valor de mercado da ação que está sendo distribuído aos investidores sob a forma de dividendos, em um dado período – geralmente, um múltiplo de 12 meses. Na teoria, quanto maior esse número, mais proventos são distribuídos.

$$\textit{Dividend yield} = \frac{\textit{total de rendimentos da ação}}{\textit{cotação da ação}} \times 100$$

O *dividend yield* é um dos múltiplos mais adotados pelos investidores que compram ações com foco no pagamento de dividendos. Empresas que mantêm DY elevado apresentam, em geral, papéis mais estáveis, com menor volatilidade, sendo a maior parte dos retornos por meio do pagamento de dividendos (e não na valorização da ação), o que normalmente é característica de empresas em estágio mais maduro, que não estão investindo fortemente em expansões. Nos últimos anos, observamos que as ações das companhias do setor de energia elétrica têm correspondido a taxas significativas de distribuição de dividendos.

A elevada distribuição dos resultados indica que a empresa obtém bons resultados e adota uma política de distribuição de lucro representativa em relação ao preço da ação. Deve-se destacar, contudo, que empresas com ações valorizadas e DY baixo geralmente reinvestem nas operações grandes parcelas de seus resultados, visando a resultados positivos no futuro e à valorização futura da ação. As companhias que são normalmente ligadas aos setores mais perenes e essenciais da economia distribuem proventos recorrentemente e se destacam por menor volatilidade e resiliência em momentos de crise.

As grandes transformações nos últimos anos levaram as empresas de tecnologia a um maior destaque entre as maiores companhias em termos de valor de mercado, enquanto negócios do setor primário e da indústria – setores tradicionalmente mais estáveis e rentáveis – têm perdido espaço. É necessário considerar o potencial para manter o pagamento dos bons dividendos no médio e no longo prazo, e quais negócios podem ser verdadeiras armadilhas.

Essa foi a estratégia adotada pela Apple por longo período, em relação a suas ações, priorizando o investimento em inovação tecnológica, conforme o histórico. Desde o ano de 2013, a companhia distribuiu pouco mais de 20% do lucro líquido auferido ao acionista, via dividendos, e vem alcançando a maior valorização de uma companhia no mercado de capitais global.

Referências históricas na distribuição de dividendos no mercado americano são as seguintes companhias: Coca-Cola: COCA34; Johnson & Johnson: JNJB34; Procter & Gamble: PGCO34; 3M: MMMC3, que operam em setores de baixa volatilidade e que possuem um longo histórico de pagamento de dividendos. Adicionalmente, as ações de empresas com atuação global são alternativas para diversificação do risco, por estarem expostas ao produto interno bruto (PIB) globalizado.

Os recibos de ações de empresas listadas no exterior (*Brazilian depositary receipts* – BDRs) são negociados na bolsa brasileira (B3), assim como as ações, também conferem aos seus detentores o direito de receber os dividendos pagos aos acionistas da companhia de acordo com sua participação no capital social.

O quadro 3.3 apresenta vantagens e desvantagens do múltiplo *dividend yield*.

Quadro 3.3 | Vantagens e desvantagens do múltiplo dividend yield

Múltiplo	Vantagens	Desvantagens
DY	• Traduz para o preço a quantidade de dividendos esperados, revelando de forma sucinta políticas passadas e esperadas de distribuição de dividendos. • Fornece pistas do fluxo de caixa para o acionista.	• Políticas diferentes de dividendos podem alterar equivocadamente o valor de uma empresa. • A empresa pode, a qualquer momento, alterar sua política de dividendos. • No caso brasileiro, a comparação com empresas estrangeiras pode ser prejudicada pela obrigatoriedade da distribuição em dividendos de 25% do resultado, entre sócios e acionistas preferenciais.

Fonte: adaptado de Matias (2017).

As figuras 3.7 a 3.9 ilustram a variação trimestral do indicador DY para as ações ABEV3, WEGE3 e PETR4.

Figura 3.7 | Variação trimestral do indicador DY para a ação ABEV3

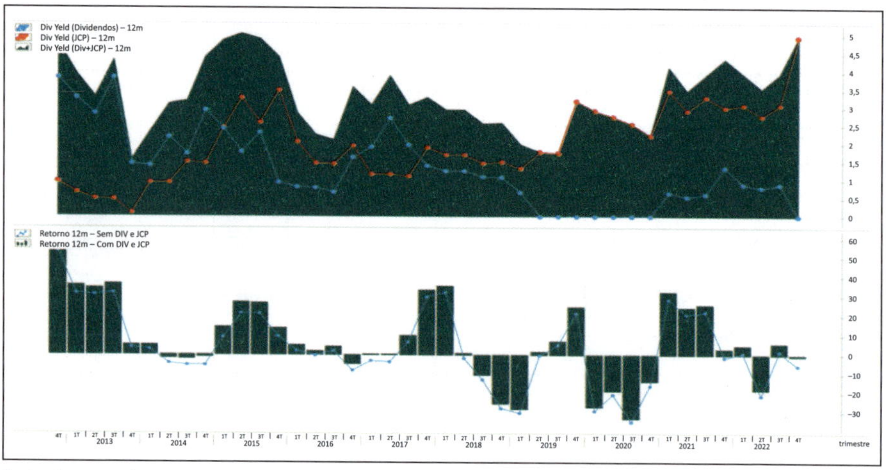

Fonte: Economatica. Acesso em: jul. 2023.

Figura 3.8 | Variação trimestral do indicador DY para a ação WEGE3

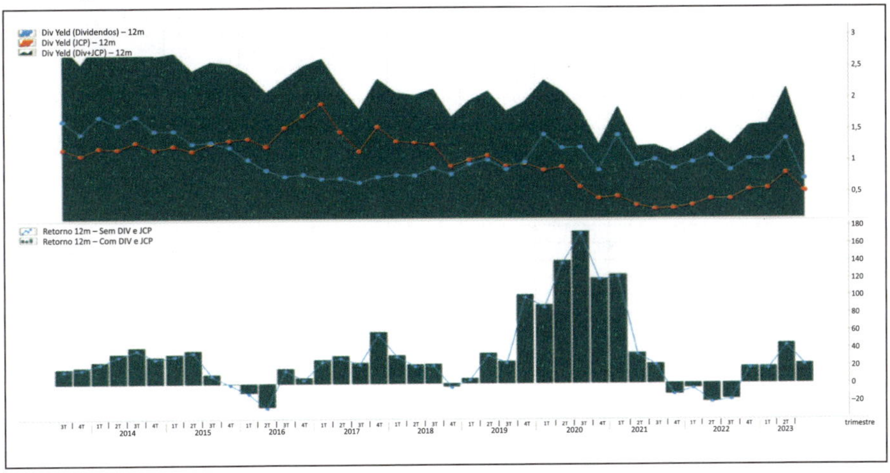

Fonte: Economatica. Acesso em: jul. 2023.

Figura 3.9 | Variação trimestral do indicador DY para a ação PETR4

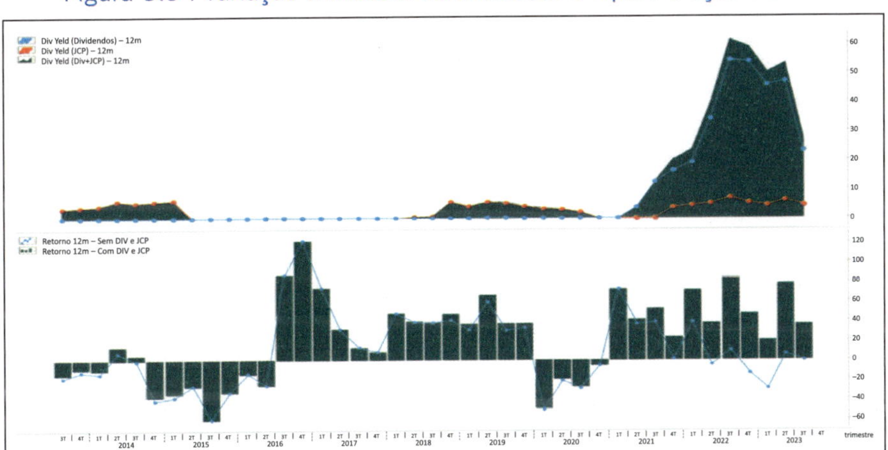

Fonte: Economatica. Acesso em: jul. 2023.

Elaboramos na tabela 3.1 uma lista de dividendos das companhias que compõem o Ibovespa na B3 – bolsa de valores, agrupadas por setor da economia, com base nos dados disponíveis na Economatica.

Tabela 3.1 | Lista de dividendos das companhias que compõem o Ibovespa, agrupadas por setor da economia

	Subsetor Bovespa	Participação no Ibovespa em %	Div Yield (Inic) 12 meses 4 anos atrás em %	Div Yield (Inic) 12 meses 2 anos atrás em %	Div Yield (Inic) 12 meses Atual em %	Média Div Yield (Inic) 5 anos em %	Mediana Div Yield (Inic) 5 anos em %	Retorno 60 meses com DIV e JCP em %	Retorno 60 meses sem DIV e JCP em %
	agrupador	***soma***	*mediana*	*mediana*	*mediana*	***mediana***	*mediana*	***mediana***	*mediana*
3	Mineração	***13,74***	3,67	16,28	13,06	**9,74**	11,17	**154,17**	14,16
4	Siderurgia e metalurgia	***2,43***	2,96	5,34	13,89	**7,49**	5,34	**138,24**	59,68
10	Energia elétrica	***10,40***	5,77	10,47	5,11	**5,83**	4,97	**199,38**	125,80
2	Telecomunicações	***1,39***	7,03	4,81	5,56	**5,69**	4,81	**39,66**	4,44
7	Intermediários financeiros	***20,07***	6,60	5,37	6,52	**4,96**	5,53	**42,16**	5,09
2	Previdência e seguros	***1,20***	8,28	3,16	5,26	**4,93**	4,65	**-1,25**	-33,47
2	Agropecuária	***0,46***	3,30	6,78	5,88	**4,88**	5,26	**121,04**	76,68
2	Serviços financeiros diversos	***4,34***	5,84	3,21	5,38	**4,27**	4,24	**39,44**	12,33
3	Madeira e papel	***2,36***	4,67	0,00	3,93	**4,19**	4,08	**18,67**	4,78
5	Alimentos processados	***1,90***	0,00	2,48	4,18	**3,92**	3,36	**76,65**	43,02
3	Construção civil	***0,59***	6,13	3,96	2,21	**3,70**	3,89	**45,37**	33,22
1	Químicos	***0,32***	0,00	0,00	0,00	**3,40**	0,00	**-42,08**	-52,08
1	Bebidas	***3,19***	1,70	3,34	5,24	**3,30**	3,34	**-3,80**	-18,57
1	Água e saneamento	***0,89***	4,65	0,64	3,01	**2,71**	2,65	**149,06**	121,81
7	Petróleo gás e biocombustíveis	***16,47***	2,72	2,81	2,41	**2,46**	2,53	**201,54**	54,69
3	Exploração de imóveis	***1,19***	2,18	1,35	3,13	**1,98**	1,98	**37,71**	24,94
1	Máquinas e equipamentos	***2,34***	1,86	1,04	2,24	**1,67**	1,77	**347,63**	317,05
3	Diversos	***3,46***	2,27	0,80	0,00	**1,40**	1,25	**-10,41**	-20,54
3	Serviços médico-hospitalares análises e diagnósticos	***2,97***	2,55	1,73	0,64	**1,36**	1,36	**-28,46**	-35,19
5	Comércio e distribuição	***3,61***	2,00	3,03	1,68	**1,26**	0,85	**82,63**	53,67
6	Comércio	***1,97***	1,31	0,59	0,64	**0,51**	0,53	**-24,72**	28,27
1	Produtos de uso pessoal e de limpeza	***0,68***	1,26	0,00	0,00	**0,39**	0,22	**13,87**	11,79
1	Viagens e lazer	***0,06***	0,98	0,00	0,00	**0,37**	0,00	**-92,23**	-92,36
3	Programas e serviços	***0,89***	0,94	0,63	0,78	**0,35**	0,27	**208,29**	194,37
1	Tecidos, vestuário e calçados	***0,08***	0,66	0,00	0,00	**0,35**	0,25	**-12,73**	-14,43
4	Transporte	***2,38***	0,00	0,00	0,21	**0,05**	0,00	**12,68**	0,97
1	Material de transporte	***0,62***	0,10	0,00	0,00	**0,02**	0,00	**-14,64**	-14,72

Fonte: elaborada pelos autores com base em dados da Economatica. Acesso em: jul. 2023.

Destacamos as características mais citadas no mercado para identificar as ações que historicamente distribuem dividendos: atuação em setores maduros e perenes da economia com maior estabilidade de receitas e maturidade de crescimento; alto índice de *payout* financeiro e elevado índice de *dividend yield.*

Na tabela 3.2, podemos observar as características das 25 ações com maior "média *dividend yield* (início) em cinco anos em %", com base nas companhias que compõem o Ibovespa – jun. 23.

Tabela 3.2 | 25 ações com maior média DY em cinco anos em %
Companhias que compõem o Ibovespa – jun. 23

	Nome	Classe	Código	Subsetor Bovespa	Participação no Ibovespa em %	Média Div Yield (inic) 5 anos em %	Mínimo Div Yield (inic) 5 anos em %	Máximo Div Yield (inic) 5 anos em %	Retorno 12 meses com DIV e JCP em %	Retorno 36 meses com DIV e JCP em %	Retorno 60 meses com DIV e JCP em %	Retorno 60 meses sem DIV e JCP em %
1	Petrobras	PN	PETR4	Petróleo, gás e biocombustíveis	6,48	21,05	2,99	51,12	71,77	219,64	**316,19**	53,86
2	Petrobras	ON	PETR3	Petróleo, gás e biocombustíveis	4,77	19,10	1,33	46,96	68,39	229,05	**277,75**	55,51
3	CSN Mineração	ON	CMIN3	Mineração	0,22	17,91	9,73	26,09	47,81	–	**–**	–
4	Sid Nacional	ON	CSNA3	Siderurgia e metalurgia	0,36	8,85	1,75	24,28	13,40	52,61	**132,73**	55,12
5	CPFL Energia	ON	CPFE3	Energia elétrica	0,32	7,99	0,00	20,64	18,06	61,65	**129,52**	59,58
6	Copel	PNB	CPLE6	Energia elétrica	0,61	10,44	4,99	19,36	23,59	86,39	**480,47**	277,56
7	Taesa	UNT N2	TAEE11	Energia elétrica	0,39	11,45	8,25	18,82	2,18	82,63	**210,75**	85,46
8	Bradespar	PN	BRAP4	Mineração	0,28	9,74	2,41	17,74	14,15	104,30	**206,62**	-10,83
9	Gerdau Met	PN	GOAU4	Siderurgia e metalurgia	0,42	8,03	1,16	17,13	43,93	142,35	**146,32**	64,23
10	Marfrig	ON	MRFG3	Alimentos processados	0,10	6,02	0,00	16,59	-37,25	-34,21	**23,81**	-11,08
11	Gerdau	PN	GGBR4	Siderurgia e metalurgia	1,47	6,95	0,98	15,08	36,61	135,87	**143,75**	75,88
12	Vale	ON	VALE3	Mineração	13,25	7,85	2,68	14,82	6,65	55,87	**101,72**	39,16
13	Braskem	PNA	BRKM5	Químicos	0,32	3,40	0,00	14,69	-28,99	17,93	**-42,08**	-52,08
14	Vibra	ON	VBBR3	Petróleo, gás e biocombustíveis	0,91	6,30	1,77	12,91	6,28	-13,47	**15,19**	-15,67
15	Brasil	ON	BBAS3	Intermediários financeiros	3,32	7,66	3,54	12,89	55,56	78,63	**110,30**	47,03
16	Cemig	PN	CMIG4	Energia elétrica	0,87	8,69	1,89	12,45	31,98	122,57	**238,41**	135,35
17	Telef Brasil	ON	VIVT3	Telecomunicações	0,84	7,47	4,55	12,10	-7,58	-4,82	**47,52**	1,13
18	Eletrobras	PNB	ELET6	Energia elétrica	0,57	5,09	0,00	11,21	-1,01	35,04	**188,02**	126,15
19	BB Seguridade	ON	BBSE3	Previdência e seguros	1,01	8,32	4,79	11,20	22,68	34,16	**87,08**	23,21
20	Cyrela Realt	ON	CYRE3	Construção civil	0,30	6,64	2,53	11,19	87,75	-2,64	**141,86**	81,74
21	Eletrobras	ON	ELET3	Energia elétrica	3,72	3,47	0,00	10,34	-12,09	15,46	**165,88**	125,45
22	JBS	ON	JBSS3	Alimentos processados	1,00	4,64	0,02	9,85	-35,56	0,65	**138,41**	88,15
23	Usiminas	PNA	USIM5	Siderurgia e metalurgia	0,18	3,50	0,46	9,75	-16,94	16,11	**-0,26**	-18,80
24	Itausa	PN	ITSA4	Intermediários financeiros	2,37	6,29	2,82	9,72	35,91	25,82	**42,16**	5,09
25	Engie Brasil	ON	EGIE3	Energia elétrica	0,55	6,57	3,26	9,69	16,36	24,81	**115,63**	56,21

Fonte: elaborada pelos autores com base em dados da Economatica. Acesso em: jul. 2023.

Modelo do fluxo de caixa descontado (FCD)

Fundamentos

Segundo esse método, o valor de uma empresa é determinado pela riqueza econômica expressa a valor presente, dimensionada pelos benefícios de caixa esperados no futuro e descontados por uma taxa de atratividade que reflita o custo de oportunidade dos vários provedores de capital. Trata-se do valor de funcionamento, que depende basicamente dos futuros benefícios econômicos que a empresa é capaz de produzir.

O modelo do fluxo de caixa descontado (FCD) – em inglês, *discounted cash flow* (DCF) – é derivado do modelo de dividendos descontados, como sendo o valor presente de fluxos de caixa livres para capital próprio. Parte da premissa de que os dividendos podem ser refeitos de acordo com os fluxos de caixa – fluxos esses descontados pelo custo de capital da empresa, para obtenção do valor estimado.

Essa metodologia de avaliação de empresas tem origem no trabalho de Modigliani e Miller, de 1961, intitulado *Dividend policy, growth and a valuation of shares*, a partir do qual foram surgindo variantes da metodologia proposta, porém mantendo as características essenciais do modelo original. Atualmente, a metodologia do FCD é a mais notória e consagrada para avaliação das empresas.

Segundo Palepu e Healy (2016:228), o método do fluxo de caixa descontado envolve os seguintes passos:

- prever os fluxos de caixa disponíveis para os acionistas em um horizonte finito de previsão;
- prever os fluxos de caixa livres além do ano terminal, com base em alguma suposição simplificada;
- descontar os fluxos de caixa livres para os detentores de capital próprio no custo desta. A quantia descontada representa o valor estimado de fluxos de caixa livres disponíveis para capital próprio.

O método de cálculo dos fluxos de caixa livres é descrito a seguir.

Descrição geral do modelo FCD

Existem diversos modelos de FCD, porém esses variam apenas em um par de dimensões a composição dos fluxos de caixa e as taxas. Segundo Damodaran (2009a:13), o primeiro modelo é avaliar apenas a participação acionária do negócio, e o segundo é avaliar a empresa considerando os fluxos de após a realização de todas as despesas operacionais, necessidades de reinvestimentos e impostos antes do pagamento das dívidas. As duas abordagens descontam os fluxos de caixa projetados, entretanto os fluxos de caixa relevantes e taxas de desconto são distintos em cada modelo.

O valor da empresa é dado pela equação entre os fluxos esperados descontados ao custo de capital na proporção das fontes de recursos:

$$Valor\ da\ empresa = \sum_{t=1}^{t=n} \frac{FC\ da\ empresa_t}{(1 + WACC)^t}$$

Onde:
FC da empresa $_t$ = fluxo de caixa da empresa esperado no período t – em inglês, *free cash flow for the firm* (FCFF)
WACC = custo médio ponderado de capital
n = vida útil do ativo

O fluxo de caixa livre da empresa (*free cash flow for the firm* – FCFF) é calculado da seguinte forma:

(+) Receita operacional líquida
(-) Custo de bens e /ou serviços vendidos
(-) Despesas operacionais
(=) Lucro antes de juros e tributos (Ebit – *earnings before interest and tax*)
(-) Imposto de renda e contribuição social
(=) Lucro operacional após imposto (Nopat – *net operation profit after tax*)
(+) Despesas operacionais não caixa (depreciação)
(=) Geração de caixa operacional
(-) Investimentos ou desinvestimentos: ativos fixos + capital de giro
(=) Fluxo de caixa livre da empresa (FCFF – *Free cash flow for the firm*)

O valor do patrimônio líquido é calculado descontando-se os fluxos de caixa do acionista (*cash flow to equity*), que consideram os fluxos de caixa residuais após todas as despesas, necessidades de reinvestimentos, obrigações fiscais e pagamentos dos juros e principal, ao custo de capital do patrimônio líquido.

Para o cálculo do valor do patrimônio do acionista, é adotado o custo de capital próprio, dado que os registros do endividamento estão considerados no *free cash flow to equity* (FCFE), representado a seguir:

$$Valor\ do\ patrimônio\ líquido = \sum_{t=1}^{t=n} \frac{FC\ do\ acionista_t}{(1 + k_e)^t}$$

Onde:

FC do acionista$_t$ = fluxo de caixa do acionista esperado no período t

Ke = custo do patrimônio líquido

n = vida útil do ativo

Levantamento das variáveis para projeção do fluxo de caixa

A tabela 3.3 apresenta os dados para o cálculo do fluxo de caixa livre da empresa (FCLE) para a empresa de capital aberto WEGE3, segundo a ferramenta de *valuation* através do FC da plataforma Economatica.

Tabela 3.3 | Projeção do fluxo de caixa livre – WEGE3

	Data	Receita operacional líquida	Cust e desp op	EBIT	Imp. de renda	NOPAT	Depr	Capex	Inv cap giro	Flx cxa liv emp
		+	-	=	-	=	+	-	-	=
Histórico	31/12/2018	15.629	13.662	1.968	669	1.299	414	546	766	401
	31/12/2019	16.708	14.395	2.313	786	1.527	497	602	618	804
	31/12/2020	20.923	17.550	3.373	1.147	2.226	541	641	1.159	967
	31/12/2021	25.642	21.117	4.525	1.539	2.987	566	867	2.388	297
	31/12/2022	30.763	25.567	5.197	1.767	3.430	582	1.187	2.084	741
Projetado	31/12/2023	36.200	29.998	6.202	2109	4.093	606	1.171	1.515	2.023
	31/12/2024	42.598	35.236	7.362	2.503	4.859	649	1.254	2.308	1.947
	31/12/2025	50.127	42.394	8.733	2.969	5.764	695	1.342	2.715	2.400
	31/12/2026	58.986	48.637	10.350	3.529	6.831	743	1.437	3.295	2.942
	31/12/2027	69.411	57.153	12.258	4.168	8.090	796	1.538	3.760	3.588
	31/12/2028	81.679	67.170	14.509	4.933	9.576	852	1.646	4.425	4.357
	31/12/2029	96.115	78.951	17.164	5.836	11.328	912	1.762	5.207	5.272
	31/12/2030	113.102	92.807	20.295	6.900	13.394	976	1.886	6.127	6.358
	31/12/2031	133.092	109106	23.985	8.155	15.830	1.045	2.018	7.210	7.647
	31/12/2032	156.614	128.278	28.335	9.634	18701	1.118	2160	8.484	9.275
[illegible]										
[illegible]										
Valores em moeda de hoje										

Fonte: *Valuation* – Economatica. Acesso em: jul. 2023.

Conforme aponta Damodaran (2009a:369-370), o cálculo do fluxo de caixa descontado requer três cuidados especiais:

- primeiro – para um investimento com vida infinita, a depreciação é, geralmente, feita sobre uma série de investimentos em ativos realizados ao longo do tempo e, portanto, não deve decrescer ao longo de período de estimativa;
- segundo – o desembolso de capital é investimento necessário, não apenas para a manutenção de ativos existentes, mas também para a criação de novos ativos e crescimento futuro – quanto maior o crescimento futuro projetado, maior a provisão para desembolso de capital;
- terceiro – com relação à necessidade de capital de giro, este será empregado em longo prazo, e jamais será totalmente liquidado, embora possa ser reduzido à medida que a taxa de crescimento decline ao longo do tempo.

Na projeção do fluxo de caixa, são necessárias as premissas para os investimentos (Capex) em ativos e as respectivas depreciações, que foram projetadas com base nos últimos cinco anos para WEGE3, conforme tabela da ferramenta de *valuation* da Economatica apresentada a seguir.

Tabela 3.4 | Premissas para os investimentos em ativos e suas projeções – WEGE3

	Data	Depr/Imob %		Capex/Depr %		Depr	Capex	Imob
		Empresa	Setor	Empresa	Setor	$	$	$
Histórico	31/12/2018	7,4	-	131,9	123,2	414	546	6.218
	31/12/2019	8,0	8,0	121,1	121,1	497	602	6.636
	31/12/2020	8,1	8,1	118,6	116,5	541	641	7.752
	31/12/2021	7,3	7,3	153,2	153,2	566	867	7.678
	31/12/2022	7,6	7,6	204,0	163,2	582	1.107	0.031
	30/06/2023	8,0	-	251,7	-	303	778	8.146
Projetado	31/12/2023	7,8		160,6		625	1.003	8.409
	31/12/2024	7,8		160,6		654	1.051	8.806
	31/12/2025	7,8		160,6		685	1.100	9.221
	31/12/2026	7,8		160,6		717	1.152	9.656
	31/12/2027	7,8		160,6		751	1.207	10.111
	31/12/2028	7,8		160,6		787	1.263	10.588
	31/12/2029	7,8		160,6		824	1.323	11.088
	31/12/2030	7,8		160,6		863	1.385	11.610
	31/12/2031	7,8		160,6		903	1.451	12.158
	31/12/2032	7,8		160,6		946	1.519	12.731

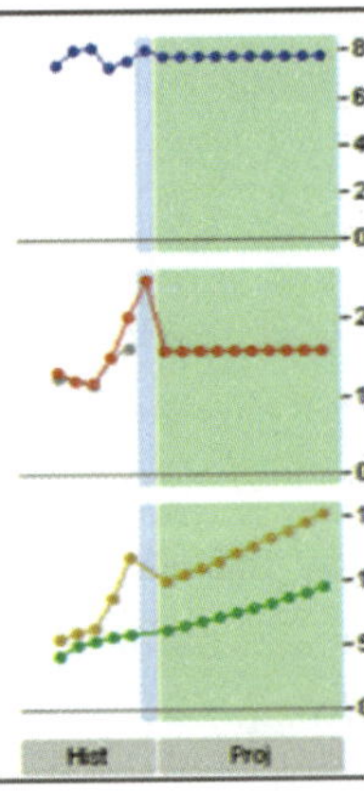

Legenda:
1. Depr/Imob = 100 * depreciação/imobilizado líquido no início do período. O denominador deste indicador é o imobilizado líquido e não o imobilizado bruto; portanto seus valores não representam a taxa de depreciação média da empresa. Este indicador não tem interpretação física, mas, independentemente disso, a projeção de seus valores (combinada com a projeção de Capex) permite que se obtenham os valores projetados de depreciação.
2. Capex/Depr = 100 * capex/depreciação.
3. Depr = depreciação + amortização.
4. Capex = compra de ativos fixos + aumento do diferido (quando disponível).
5. Imob = ativo fixo + diferido líquidos da depreciação e amortização acumuladas.
Fonte: *Valuation* – Economatica. Acesso em: jul. 2023.

Adicionalmente, na projeção do fluxo de caixa são necessárias as premissas para os investimentos em capital de giro, que foram projetados com base nos últimos cinco anos das contas estoques, clientes e fornecedores para WEGE3, conforme tabela da ferramenta de *valuation* da Economatica apresentada a seguir.

Tabela 3.5 | Projeção das contas estoques, clientes e fornecedores – WEGE3

	Data	Estoques (dias)*		Clientes (dias)		Forneced (dias)		Inv cap* giro $
		Empresa	Setor	Empresa	Setor	Empresa	Setor	
Histórico	31/12/2018	74,9	71,4	74,4	62,3	25,7	55,0	766
	31/12/2019	77,0	75,1	75,1	70,0	23,0	62,5	618
	31/12/2020	78,1	91,3	71,4	65,8	26,1	39,3	1.159
	31/12/2021	100,6	109,1	66,9	71,2	32,8	73,9	2.388
	31/12/2022	93,3	120,1	68,5	75,7	24,8	50,5	2.084
Projetado	31/12/2023	84,8		71,3		26,5		1.447
	31/12/2024	84,8		71,3		26,5		2.463
	31/12/2025	84,8		71,3		26,5		2.930
	31/12/2026	84,8		71,3		26,5		3.486
	31/12/2027	84,8		71,3		26,5		4.146
	31/12/2028	84,8		71,3		26,5		4.933
	31/12/2029	84,8		71,3		26,5		5.868
	31/12/2030	84,8		71,3		26,5		6.980
	31/12/2031	84,8		71,3		26,5		8.304
	31/12/2032	84,8		71,3		26,5		9.879

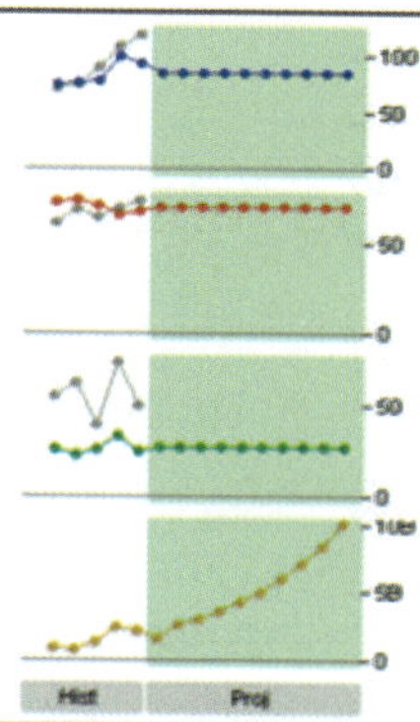

Legenda:
1. Investimento em capital de giro é o valor financeiro do acréscimo do capital de giro operacional, sendo investimento capital de giro (ano2) = cap giro (final ano 2) – cap giro (final ano 1).
2. Capital de Giro= (Estoques+ Clientes- Fornecedores) *Vendas/365.
3. Estoques, clientes e fornecedores são apresentados em "*dias de vendas*".
Fonte: *Valuation* – Economatica. Acesso em: jul. 2023.

Limitações

O modelo do fluxo de caixa descontado (FCD) considera a avaliação da empresa com base na projeção de seus os fluxos de caixa, descontados pelo correspondente custo médio ponderado de capital. Obtém-se assim o valor potencial do negócio, de forma que este valor intrínseco ou imediato possa ser considerado o valor justo do ativo em análise.

Processada a avaliação da empresa por esse método, os investidores visam identificar se o preço de mercado está abaixo do valor potencial do negócio, buscando uma valorização. Ou vice-versa, no caso de o preço das ações que possam estar acima do valor intrínseco, os investidores vendem esses ativos.

O modelo FCD está diretamente vinculado às premissas adotadas para a projeção do fluxo de caixa da empresa e determinação da taxa de desconto a ser utilizada na vida útil do projeto, partindo do pressuposto de que: o mercado está em equilíbrio, os investidores são racionais e estão bem informados, as expectativas em retorno e risco são homogêneas para todos os participantes, e a oportunidade de compra ou venda de um ativo transitoriamente sub ou superavaliado será a seguir recompensada pelo retorno do ativo ao seu "justo valor". Residem aí as limitações do modelo FCD: o mercado não se comporta sempre dessa forma.

Custo médio ponderado do capital (CMPC)

Considerando uma empresa um conjunto de ativos, financiados parcialmente com dívida e parcialmente com ações; o custo composto de financiamento, que vem tanto da dívida quanto das ações, é uma média ponderada dos custos de dívida e ações, com os pesos dependendo de quanto é usado de cada financiamento. Esse custo é denominado *custo médio ponderado de capital* (CMPC).

A taxa CMPC, que deve ser considerada para o desconto dos fluxos de caixa de qualquer investimento, é aquela que reflete o custo médio ponderado das fontes de recursos.

Young e O'Byrne (2003) destacam dois elementos da taxa de desconto do fluxo de caixa:

- o valor do dinheiro no tempo – o investidor preferiria ter os fluxos de caixa hoje a tê-los amanhã e, por isso, deve ser remunerado pela espera;
- o prêmio de risco – retorno incremental que o investidor espera receber, para compensar o risco de que o fluxo de caixa esperado possa não ocorrer.

Segundo afirma Damodaran (2009a:405), o valor para o acionista pode ser obtido pela diferença entre o valor da empresa menos o total de dívidas atualizado. Para Martins (2001), essa subtração deve ser aplicada porque o valor para os acionistas se restringe aos fluxos de caixa dos sócios.

O valor econômico da empresa representa o potencial de geração de riqueza que os ativos da mesma proporcionam (ou que se espera venham a proporcionar), independentemente do modo como esses ativos sejam financiados. Já o valor para o acionista representa o fluxo líquido depois de computados os efeitos das dívidas tomadas para completar o financiamento da empresa – fluxos de caixa vinculados a juros, amortizações, novos endividamentos. O fluxo de caixa para o acionista é uma medida daquilo que a empresa lhe pode pagar como dividendos, como retorno do valor pago pela ação.

Se os fluxos de caixa que estamos descontando são fluxos de caixa para investidores em ações, destacamos duas diferenças fundamentais quando avaliamos o patrimônio líquido:

1) os fluxos de caixa consideram os pagamentos dos encargos e principal das dívidas;
2) o custo de capital para determinar o valor da empresa deve considerar o custo de patrimônio líquido como a taxa de desconto ao avaliar patrimônio líquido.

Dessa forma, segundo Martins (2001), o custo médio ponderado do capital (CMPC) – em inglês, *weighted average cost of capital* (WACC) – representa a taxa mínima de retorno exigida para as operações da empresa, em razão da capacidade implícita de esta incorporar os riscos associados ao negócio: corresponde ao custo médio ponderado do capital utilizado pela empresa. Um retorno do investimento menor que o CMPC leva à destruição do valor de mercado da empresa, reduzindo a riqueza de seus acionistas.

No cálculo, conforme mencionado, é ponderada a participação de cada fonte de capital, multiplicando-se respectivamente essa fração pelo custo efetivo de cada fonte de capital, com base em Martins (2001). O cálculo do CMPC é expresso pela seguinte fórmula:

$$CMPC = \sum_{j=1}^{N} (W_j \times K_j)$$

Onde:

K_J = custo específico de cada fonte de financiamento

W_J = participação relativa de cada fonte de capital no financiamento total.

Exemplo de cálculo da taxa CMPC

A estrutura de capital da WEGE3 e seus respectivos custos, conforme as projeções com base nos últimos cinco anos de seus demonstrativos contábeis, são apresentados na tabela 3.6, disponível na ferramenta de *valuation* através do fluxo de caixa descontado da Economatica.

Destacamos que o custo do financiamento (capital de terceiros) após o imposto de renda (IR) deve ser calculado da seguinte forma:

$$K_I\,(após\ IR) = K_I\,(antes\ do\ IR) \times (1 - IR)$$

Onde:
IR é a alíquota estimada para o imposto de renda.

Tabela 3.6 | Projeção da estrutura de capital e custos – WEGE3

	Data	D / (D+E) %		Kd %			
				Nominal		Real	
		Empresa	Setor	Empresa	Setor	Empresa	Setor
Histórico	31/12/2018	9,3	-	21,9	-	17,5	-
	31/12/2019	3,0	53,9	25,5	18,0	20,3	13,1
	31/12/2020	1,1	39,7	47,7	17,1	41,3	12,1
	31/12/2021	1,3	30,5	48,7	18,9	35,1	8,1
	31/12/2022	2,1	46,3	58,2	28,3	49,6	21,3
	30/06/2023 *	1,6	58,6	44,9	-	40,4	-
Projetado	31/12/2023	1,8				37,0	
	31/12/2024	1,8				37,0	
	31/12/2025	1,8				37,0	
	31/12/2026	1,8				37,0	
	31/12/2027	1,8				37,0	
	31/12/2028	1,8				37,0	
	31/12/2029	1,8				37,0	
	31/12/2030	1,8				37,0	
	31/12/2031	1,8				37,0	
	31/12/2032	1,8				37,0	

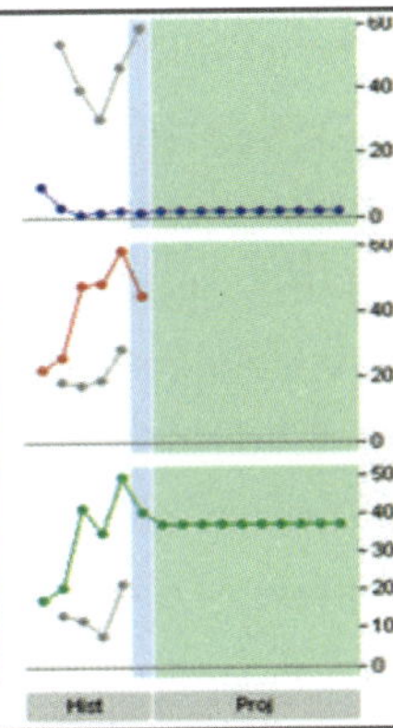

Legenda:
1. Estrutura de capital:
= D / (D+ E) = 100*dívida bruta/ (dívida bruta + valor de mercado das ações).
Kd = custo de capital de terceiros:
Kd (histórico) = 100*despesa financeira/dívida bruta no início.
Para empresas que divulgam apenas a despesa financeira o cálculo é:
Kd (histórico) = 100*despesa financeira líquida/dívida líquida no início.
Fonte: *Valuation* – Economatica. Acesso em: jul. 2023.

Modelo de avaliação de ativos financeiros (CAPM)

Fundamentos

Esse modelo, mais conhecido pela sigla CAPM, derivada do inglês *capital asset pricing model*, tem como primeira referência um artigo publicado em 1952 por Harry Markowitz. Posteriormente, em 1990 recebeu o prêmio Nobel em

Ciências Econômicas, compartilhado com William Sharpe e Merton H. Miller que aprimoraram o modelo.

O modelo CAPM é orientado à análise do risco e do ganho, visando alcançar o maior retorno do investimento, associado a um risco definido como aceitável pelo investidor. A diversificação dos investimentos através de um dado portfólio, de forma mais flexível que a aplicação em um único ativo, permite ajustar os riscos e os ganhos.

O modelo CAPM considera que o risco de aplicar em qualquer ativo pode ser decomposto em dois riscos: o risco diversificável e o não diversificável.

O risco diversificável ou não sistemático – ou específico – é o do impacto de eventos específicos da empresa, positivos ou negativos, no preço de suas ações. Um exemplo é o sucesso no lançamento de um novo produto ou um lucro acima do esperado, trazendo impacto positivo no valor da ação. Uma greve de trabalhadores ou um acidente que interrompa temporariamente uma unidade de produção da empresa trarão impacto negativo no valor da ação.

O risco não diversificável ou sistemático – ou risco de mercado – está associado a eventos que afetam a economia como um todo e não apenas uma ação, como a taxa de crescimento da economia, a taxa de inflação, conflitos e guerras, bem como mudanças políticas e sociais. Como esses fatores impactam todas as empresas, não podem ser eliminados ou reduzidos pela diversificação da carteira, o que torna esse risco o mais relevante na avaliação do retorno exigido de um ativo financeiro.

O risco sistemático de uma ação individual é medido em relação a uma carteira de referência no mercado local de ações, que reflete os fatos que afetam a economia como um todo. A sensibilidade do retorno da ação à variação dos retornos de um índice amplo de mercado é determinada pelo *coeficiente beta*.

Coeficiente beta

O coeficiente beta (*ß*), em que se baseia o modelo CAPM, mensura a exposição de um dado ativo aos eventos econômicos, tomando como referência uma carteira de ações que representa o mercado – no caso do Brasil, a carteira de ações em que se baseia o índice Bovespa. Esse coeficiente serve como indicador da volatilidade do ativo, ou seja, de seu nível de risco.

O valor beta de um ativo é dado por índice estatístico, que corresponde a covariância entre o retorno do ativo e o da carteira de mercado, dividido pela variância do retorno da carteira de mercado, para um período mínimo de um ano ou de certo número de anos, calculado da seguinte forma:

$$\beta = \frac{cov\ (R_a, R_m)}{var\ (R_m)}$$

Onde:
R_a representa as taxas de retorno diárias do ativo e R_m as taxas de retorno diárias do mercado.

Uma ação com beta positivo representa um ativo que se movimenta na mesma direção do mercado. Uma ação com beta igual a 1 apresenta volatilidade na mesma proporção que a do mercado. Um valor maior que 1 indica que a ação é mais sensível a eventos econômicos gerais que o índice de mercado. Uma ação com beta positivo e inferior a 1 apresenta menor sensibilidade a eventos econômicos gerais que o índice de mercado. Uma ação com beta negativo representa um ativo que se movimenta na direção oposta ao mercado.

Por exemplo, consideremos uma ação com índice beta igual a 1,2 em relação ao índice Bovespa. No caso de o Ibovespa aumentar 10%, é esperado que a ação suba 12%, aproximadamente; por outro lado, quando ocorrer uma queda de 5% do Ibovespa, espera-se que o valor da ação caia 6%.

Grande parte das empresas financiam as operações com uma combinação de capital de terceiros e capital próprio. O uso do beta dos ativos, ou *beta não alavancado*, é indicado quando a empresa é financiada integralmente com capital próprio, situação em que apenas os proprietários sofrem com o risco do negócio.

O *beta não alavancado* representa o risco do negócio da empresa. Quando a empresa utiliza capital de terceiros, deve-se utilizar o *beta alavancado*, que considera o risco de ambas as fontes de recursos. Na utilização do índice, é necessário considerar a proporção entre capital próprio e o de terceiros, e o respectivo impacto tributário devido à utilização de capital de terceiros nas operações da empresa.

Na tabela da ferramenta da Economatica para o cálculo do *valuation* foram considerados os valores médios dos últimos 60 meses da empresa e utilizada a equação para o cálculo do beta não *alavancado ou desalavancado.*

Segundo Damodaran (2007), o beta alavancado pode ser calculado com base no beta não alavancado pela seguinte fórmula:

$$\beta_{alavancado} = \beta_{não\ alavancado}\ [1 + (1 - t)Dívida/patrimônio\ líquido]$$

Onde:
t = alíquota do imposto de renda

Tabela 3.7 | Valores médios da empresa e cálculo do beta – WEGE3

	Data	Beta alavancado		Correlação		D / (D+E) %		Beta desalavancado	
		Empresa	Setor	Empresa	Setor	Empresa	Setor	Empresa	Setor
Histórico	60 meses	0,50	-	0,35	-	3,1	-	0,49	-
	48 meses	0,54	-	0,38	-	1,8	-	0,54	-
	36 meses	0,10	-	0,06	-	1,5	42,8	0,10	-
	24 meses	0,30	0,30	0,19	0,19	1,7	42,3	0,30	0,30
	12 meses	0,22	0,72	0,14	0,18	1,9	48,1	0,22	0,22
Projetado	31/12/2023	0,50				1,8		0,49	
	31/12/2024	0,50				1,8		0,49	
	31/12/2025	0,50				1,8		0,49	
	31/12/2026	0,50				1,8		0,49	
	31/12/2027	0,50				1,8		0,49	
	31/12/2028	0,50				1,8		0,49	
	31/12/2029	0,50				1,8		0,49	
	31/12/2030	0,50				1,8		0,49	
	31/12/2031	0,50				1,8		0,49	
	31/12/2032	0,50				1,8		0,49	

Fonte: *Valuation* – Economatica. Acesso em: jul. 2023.

Fórmula para a taxa de retorno esperada de um dado ativo

Sendo $E(R_I)$ a taxa de retorno esperada pelo acionista de uma dada empresa, considerados os riscos da ação dessa empresa e os do mercado em geral, o valor de $E(R_I)$ é dado pela fórmula:

$$E(R_I) = R_F + \beta_I \times [E(R_M) - R_F]$$

Onde:
R_F = taxa livre de risco
β_I = fator de risco sistemático do ativo em relação ao mercado
$E(R_M)$ = taxa de retorno correspondente à expectativa de mercado
$E(R_M) - R_F$ = prêmio por risco da carteira de mercado.

Damodaran

Os parâmetros para o cálculo do custo de capital próprio, conforme o modelo CAPM, podem ser consultados no *site* de Aswath Damodaran (s.d.), professor de finanças corporativas e avaliação na Stern School of Business da Universidade de Nova York, que disponibiliza estimativas de prêmios de risco de capital próprio e custos de capital, com ferramentas e planilhas desenvolvidas para avaliar e analisar empresas e exemplos práticos sobre como analisar empresas.

Para estimar o prêmio de risco de ações para um país, foi considerado um prêmio de mercado maduro (S&P500) de 5% a.a., e adicionado um prêmio de risco adicional com base no risco do país em questão. Para dimensionar o *spread* de inadimplência para refletir o maior risco de patrimônio líquido no mercado, em relação ao *spread* de inadimplência, foram adotadas a relação entre o desvio-padrão do S&P Índice de Ações de Mercados Emergentes e o desvio-padrão do Índice de Títulos de Mercados Emergentes, segundo o *site* Damodaran (acesso em: jul. 2023).

Os valores apresentados para o Brasil foram adotados na simulação da taxa de retorno esperada pelo acionista, de acordo com o modelo CAPM, para WEGE3 referente à empresa adotada como exemplo para determinar o custo de capital próprio.

Tabela 3.8 | Simulação da taxa de retorno esperada pelo acionista – WEGE3

	Data	Risk free real % (USA)	Prêmio mercado % (USA)	Beta alavancado	Risco país %	Ke real %	Kd real %	D / (D+E) %	WACC real % (calculado)
Projetado	31/12/2023	1,6	5,0	0,50	4,8	8,8	24,4	1,8	9,1
	31/12/2024	1,6	5,0	0,50	4,8	8,8	24,4	1,8	9,1
	31/12/2025	1,6	5,0	0,50	4,8	8,8	24,4	1,8	9,1
	31/12/2026	1,6	5,0	0,50	4,8	8,8	24,4	1,8	9,1
	31/12/2027	1,6	5,0	0,50	4,0	8,1	24,4	1,8	8,4
	31/12/2028	1,6	4,0	0,50	4,0	7,6	24,4	1,8	7,9
	31/12/2029	1,6	4,0	0,50	4,0	7,6	24,4	1,8	7,9
	31/12/2030	1,6	4,0	0,50	4,0	7,6	24,4	1,8	7,9
	31/12/2031	1,6	4,0	0,50	4,0	7,6	24,4	1,8	7,9
	31/12/2032	1,6	4,0	0,50	4,0	7,6	24,4	1,8	7,9

Legenda:
1. Ke= Custo de capital próprio.
2. Ke= Rf (USA) + P (USA)*Beta+Rp.
Onde: Rf (USA) = taxa *risk free* dos USA.
P (USA) =prêmio do mercado dos USA.
Beta = Beta alavancado.
Rp = risco país.
O "ajuste empresa" e o "ajuste ação" eventualmente introduzidos serão acrescentados ao Ke.
Fonte: *Valuation* – Economatica. Acesso em: jul. 2023.

É fundamental realizar a análise de sensibilidade ao final, com todas as premissas estabelecidas, conforme realizada na ferramenta de *valuation* por fluxo de caixa descontado na plataforma Economatica e apresentado na figura 3.10.

Figura 3.10 | Análise de sensibilidade – WEGE3

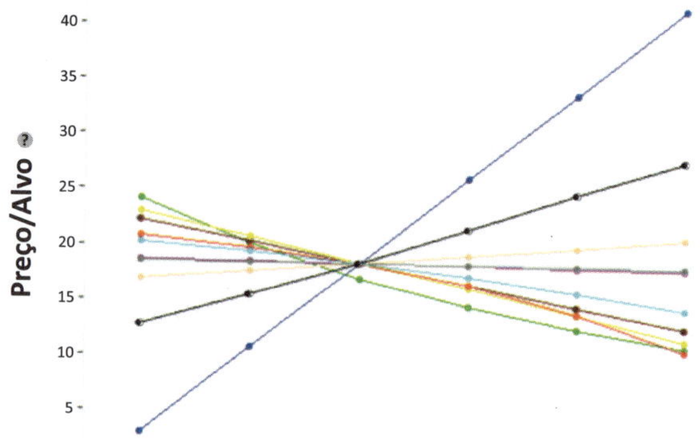

							Passo (%)
Crescimento de vendas (%)	11,4	15,2	19,0	22,8	26,5	30,3	20
Margem Ebitda (%)	11,8	15,7	19,6	23,6	27,5	31,4	20
Depreciação / Imobilizado (%)	4,7	6,2	7,8	9,3	10,9	12,4	20
Capex / Depreciação (%)	115,9	154,6	193,2	231,9	270,5	309,2	20
Estoques (dias de vendas)	50,9	67,8	84,8	101,7	118,7	135,7	20
Clientes (dias de vendas)	42,8	57,0	71,3	85,5	99,8	114,0	20
Fornecedores (dias de vendas)	15,9	21,2	26,5	31,8	37,1	42,4	20
Crescimento na perpetuidade (%)	–	–	–	–	–	–	20
D / (D+E) (%)	1,1	1,5	1,8	2,2	2,6	2,9	20
Kd real (%)	22,2	29,6	37,0	44,4	51,8	59,2	20
Ke real (%)	5,3	7,1	8,8	10,6	12,4	14,1	20

Fonte: *Valuation* – Economatica. Acesso em: jul. 2023.

Beta de empresas do Ibovespa

Uma importante vantagem em se recorrer ao CAPM na avaliação do investimento em uma empresa é o fato de essa metodologia considerar o risco de mercado. Como desvantagem, deve-se destacar que nem sempre o passado é garantia de desempenho futuro, e que há dificuldades em se estabelecer a taxa livre de mercado, o retorno esperado do mercado e o beta futuro da empresa.

Segmentos de mercado diferentes apresentam diferentes valores para o coeficiente beta. Portanto, para a avaliação do beta de uma empresa é útil levar em conta a posição do segmento em que se situa. Segue uma tabela de betas para os vários segmentos da economia global.

Tabela 3.9 | Alguns betas de diferentes setores da economia norte-americana

Segmento	Número de empresas	Beta médio não alavancado	Beta médio alavancado
Automotivo	31	1,23	1,54
Bancos	557	0,41	0,50
Bebidas (não alcoólicas)	31	1,20	1,30
Cigarros	15	1,74	2,00
Eletrônicos	138	1,12	1,20
Energia verde e reciclável	19	0,88	1,60
Entretenimento	110	1,25	1,45
Ferrovias	4	0,93	1,11
Serviço de informação	73	1,33	1,40
Materiais de construção	49	1,08	1,26
Papel e celulose	7	1,13	1,38
Petróleo (produção)	174	1,14	1,26
Propaganda	58	1,35	1,63
Restaurante	70	1,17	1,41
Seguros de vida	27	0,67	0,94
Serviços de telecomunicação	49	0,47	0,88
Serviços educacionais	33	0,99	1,10
Siderurgia	28	1,21	1,34
Software (sistemas e aplicativos)	390	1,41	1,47
Transporte aéreo	21	0,69	1,42
TV a cabo	10	0,71	1,26
Vestuário	39	1,02	1,32

- Beta médio não alavancado – beta não alavancado das empresas do ramo. Rendimentos sujeitos a tributação, admitindo todas as deduções permitidas pela legislação fiscal, reportados na demonstração dos resultados.
- Beta médio alavancado – beta alavancado das empresas do ramo e utilizando a relação dívida/capital agregado das empresas do grupo. Acumulação estimada de impostos a pagar.

Fonte: Damodaran *online*. Disponível em: <https://pages.stern.nyu.edu/~adamodar/New_Home_Page/databreakdown.html#industry>. Acesso em: ago. 2023.

A valoração dos ativos financeiros engloba as regras contábeis, que estão em constante evolução, para capturar os valores efetivos das operações das companhias. Considerando também as características das operações específicas do mercado de capitais no país, torna necessária uma visão específica na aplicação da ferramenta.

Ao adotarmos o Ibovespa por *benchmark*, destacamos a concentração em poucas empresas e representatividade dos setores, adicionalmente às características históricas do mercado financeiro no país, com altas taxas de juros, representatividade dos créditos subsidiados, reduzida oferta de crédito privado de longo prazo e mercado secundário de títulos de renda fixa com reduzida liquidez e poder informativo, que impactam no custo dos recursos, dificultando a determinação de uma estrutura ótima de capital pela relação incorreta entre retorno e risco. Adicionalmente, a forte concentração de capital verificada em nossas empresas impossibilita uma formação mais justa do preço de negociação das ações, entre outras limitações.

A apresentação das métricas de valor e *valuation*, englobando seus aspectos essenciais e mais relevantes, não tem a pretensão de esgotar o tema, visa motivar e direcionar o investidor para avançar nas pesquisas, considerando as transformações do mercado financeiro e de capitais no país. A avaliação através da métrica do fluxo de caixa descontado é uma ferramenta essencial para determinar o valor de uma empresa ou ativo, mas também apresenta desvantagens, conforme destacamos a seguir:

- incerteza e subjetividade – ao adotar premissas e projeções futuras, pode indicar resultados imprecisos dependendo dos parâmetros utilizados;
- volatilidade do mercado – pode não capturar completamente essas mudanças, especialmente em mercados voláteis ou em períodos de incerteza;
- dependência de dados e informações – restrição no acesso de informações relevantes ou a qualidade duvidosa pode comprometer a precisão e confiabilidade da avaliação.

A determinação do valor de uma companhia através de múltiplos ou do fluxo de caixa descontado não deve ser considerada um valor definitivo, e sim uma estimativa do valor. Nas decisões de investimentos, existem riscos e incertezas, e é recomendado realizar análises adicionais com diversas metodologias para obter uma visão mais completa e fundamentada.

As decisões de investimentos com base em técnicas tradicionais não mensuravam ou consideravam adequadamente os impactos das inovações tecnológicas nos modelos de negócio, bem como as questões ambientais, sociais e de governança.

A visão de longo prazo demanda maior rigor nas escolhas dos investimentos, que englobem políticas transparentes de remuneração de investidores, respeito ao acionista minoritário, políticas de respeito aos direitos humanos, políticas de preservação do meio ambiente e mecanismos de gerenciamento de risco.

O impacto de valores qualitativos ou intangíveis na capacidade de geração de valor das companhias vem sendo incorporado às análises desde as últimas décadas do século XX, visando mensurar como os fatores de sustentabilidade afetam as perspectivas das empresas.

Para integrar as questões ambientas, sociais e econômicas à estratégia e gestão das empresas, John Elkington (1998) propõe o modelo *triple bottom line* (TBL), que associa a gestão à abordagem dos 3 Ps – do inglês *people*, *planet* e *profi*. A gestão das três dimensões no formato de um tripé dá suporte às atividades corporativas. O autor associa a implementação do modelo a uma atitude cooperativa entre os agentes econômicos, e à valorização da transparência e engajamento com *stakeholders* na elaboração da estratégia corporativa.

O International Sustainability Standards Board (ISSB) da Fundação International Financial Reporting Standards (IFRS) anunciou recentemente as novas normas a serem aplicadas para os relatórios anuais a partir de janeiro de 2024, com os novos padrões globais de sustentabilidade e divulgação climática, marcando um grande passo para a integração do relatório de sustentabilidade no processo mais amplo de relatório financeiro.

As "IFRS S1 General Requirements for Disclosure of Sustainability-related Financial Information" e "IFRS S2 Climate-related Disclosures" foram projetadas para garantir que as empresas forneçam informações relacionadas à sustentabilidade juntamente com as demonstrações financeiras, no mesmo pacote de relatórios, com padrões adequados para aplicação em todo o mundo, criando uma base verdadeiramente global.

Emmanuel Faber, presidente do ISSB, disse:

> Nosso objetivo é trazer informações que sejam úteis para os principais usuários de relatórios financeiros de propósito geral quando eles estão considerando fornecer recursos para entidades [...] Sabemos que uma melhor informação leva a melhores decisões econômicas. A publicação de hoje é apenas o ponto de partida enquanto consultamos sobre nossas prioridades futuras, além do clima. [...] Não é um conjunto de métricas ou divulgações Environmental, Social and Governance (ESG), em português Ambiente, Social e de Governança (ASG) – é uma linguagem abrangente que é considerada consistente, verificável e, portanto, útil para a decisão [Faber, 26 jun. 2023, trad. livre].

Reguladores nas principais jurisdições ao redor do mundo, incluindo Europa, Reino Unido e Estados Unidos da América, entre outros, introduziram ou estão preparando requisitos obrigatórios de relatórios de sustentabilidade para as empresas, e a maioria será fortemente influenciada pelas normas ISSB.

A IFRS S1 exige que as empresas divulguem informações sobre riscos e oportunidades relacionados à sustentabilidade que seriam úteis para usuários primários de relatórios financeiros de propósito geral, incluindo aqueles que "poderiam razoavelmente ser esperados para afetar os fluxos de caixa da entidade, seu acesso a financiamento ou custo de capital no curto, médio ou longo prazo".

Os riscos e oportunidades previstos na norma podem ser aqueles decorrentes "das interações entre a entidade e seus *stakeholders*, a sociedade, a economia e o meio ambiente ao longo da cadeia de valor da entidade" (IFRS Foundation, 2023), incluindo interações diretas e indiretas resultantes das operações do negócio. A norma observa que, além dos impactos diretos e dependências, os riscos relacionados à sustentabilidade "também se relacionam com recursos e relacionamentos em toda a cadeia de valor da entidade" (IFRS Foundation, 2023), como canais de fornecimento e distribuição, consumo e descarte de produtos, bem como seus investimentos.

A IFRS S2, projetada para ser usada com a S1, estabelece divulgações específicas relacionadas ao clima. As métricas relacionadas ao clima exigidas pelo S2 incluem o relato das emissões de gases de efeito estufa (GEE) dos escopos 1, 2 e 3 – embora o ISSB tenha anunciado recentemente que permitirá às empresas um ano extra para relatar as emissões do escopo 3, ou cadeia de valor indireta – bem como a quantidade e a porcentagem de ativos e atividades de negócios vulneráveis a riscos físicos e de transição relacionados ao clima e aqueles alinhados com oportunidades relacionadas ao clima, e o montante das despesas de capital, financiamento e investimento aplicados aos riscos e oportunidades relacionados com o clima. A norma também exige relatórios sobre como as considerações relacionadas ao clima são levadas em conta na remuneração dos executivos e a porcentagem da remuneração dos executivos vinculada às considerações climáticas.

Após o lançamento das novas normas, o ISSB disse que trabalhará com jurisdições e empresas para apoiar a adoção das normas, começando com a criação de um grupo de implementação de transição para apoiar as empresas que aplicam as normas. O presidente do ISSB, Emmanuel Faber, também afirmou recentemente que o conselho pode, em breve, adicionar requisitos ao padrão de relatórios climáticos que abrangem áreas como conexão com ecossistemas naturais, desmatamento, biodiversidade e conexão com a transição justa.

A determinação do valor justo de determinada ação deve considerar os impactos dessas questões – ambiente, social e de governança (ASG) – os resultados financeiros, identificando os riscos e oportunidades relacionados à estrutura e ao modelo de negócio das empresas, para uma melhor projeção e tomada de decisão financeira mais consciente.

4. Análise técnica e tecnologias financeiras

O que aconteceu ontem pode determinar o que acontecerá hoje, a configuração gráfica dos preços tende a se relacionar com a direção que eles tomarão no futuro.
Charles Dow (Cavalcante, Misumi e Rudge, 2009:283).

Princípios básicos da análise técnica

Tendências de mercado

Na análise do mercado de capitais, as tendências são muito importantes porque projetam o futuro próximo do ativo, uma vez que a tendência estabelecida tende a manter-se até que algum fato relevante a modifique. Para compor a análise, pode-se associar a tendência ao volume negociado que indica ao investidor o prolongamento ou o esgotamento de determinado período.

No final do século XIX, Charles Dow, editor do *Wall Street Journal*, observando o processo de divulgação das informações sobre o mercado e o comportamento da massa, fundamentou a teoria de que, por meio de gráficos de preços e de volumes negociados, seria possível prever as tendências dos preços. Ele próprio calculava e divulgava o movimento dos preços nas médias Dow Jones (industrial e de transporte), para identificar as forças de oferta e procura no mercado de ações e orientar a decisão de compra e venda para o investidor. A teoria de Dow deu início ao conjunto de estudos de gráficos de preços e de volumes, que evoluiu enormemente desde então.

Dow identificou quatro etapas que se repetem na formação dos preços das ações, conforme representação na figura 4.1.

Figura 4.1 | Etapas da formação do preço das ações

Acumulação	Subida sensível	Distribuição	Liquidação
• Investidores bem informados começam a acumular ações discretamente, com pequeno impacto no preço.	• Novos compradores informados aderem ao mercado, elevando o preço da ação.	• A ação desperta o interesse da massa, acarretando níveis recordes de negociação em um ciclo de realimentação de alta.	• Pânico: a massa descobre que pagou caro pela ação e procura vendê-la, causando um ciclo de realimentação de baixa.

Fonte: elaborada pelos autores, com base em Cavalcante, Misumi e Rudge (2009:284).

A teoria de Dow, segundo Abe (2009), pode ser representada em seis princípios, que são a base da escola técnica:

- *os preços descontam tudo* – exceto catástrofes como a pandemia de Covid-19 que não foram antecipadas;
- *o mercado tem três tendências* – o mercado apresenta três movimentos simultâneos, em três intervalos de tempo distintos;
- *a tendência primária tem três fases* – acumulação, alta sensível e euforia;
- *o volume deve confirmar a tendência* – em relação ao movimento de preços confirmando a posição dos investidores;
- *a tendência precisa ser confirmada por dois índices* – comparando com outro ativo de classe diferente da mesma companhia, ou do mesmo setor, e por último com um índice do mercado;
- *a tendência é válida até que o mercado indique um sinal definitivo de reversão* – o início da tendência de alta é indicado por um pivô de alta, e a tendência de baixa inicia em um pivô de baixa.

As informações relevantes de um ativo, como informações financeiras, fatores econômicos e políticos já estão incorporadas nos preços das ações. As expectativas positivas ou negativas serão descontadas nos preços das ações. Mesmo nas catástrofes que não podem ser antecipadas, os preços são reajustados rapidamente para se adequar aos fatos recentes.

Na análise técnica, denomina-se tendência o movimento principal apresentado pelo preço de uma ação em determinado período, uma vez que os preços se movimentam em trajetórias de alta e baixa constantemente, acompanhando a evolução das operações que são realizadas ao longo do tempo no mercado.

Figura 4.4 | Índice Dow Jones Industrial (DJI): 1896-2016

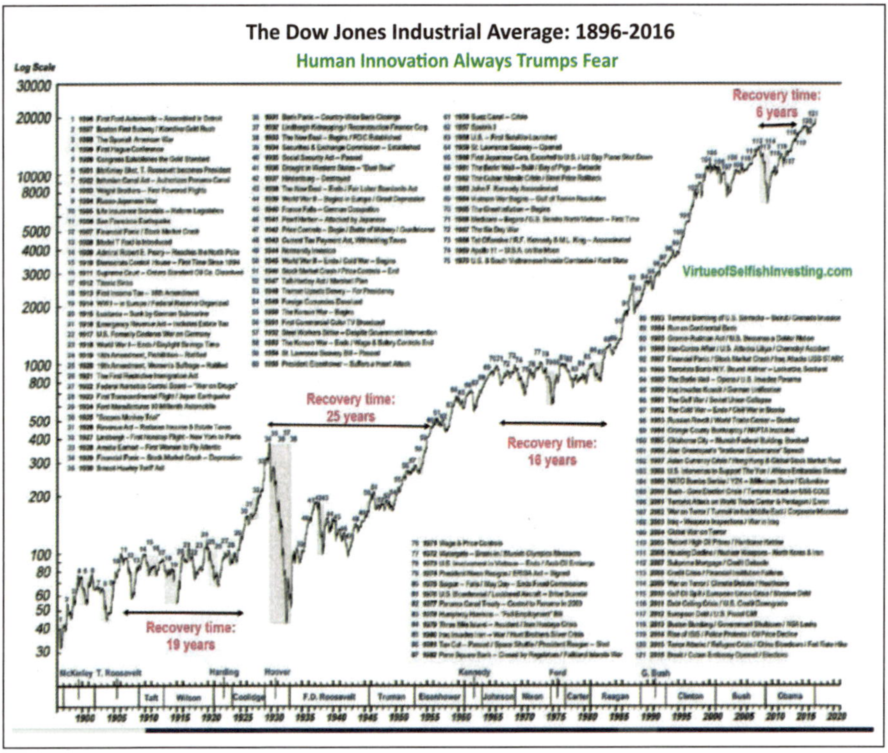

Fonte: <www.marketwatch.com/story/the-dows-tumultuous-120-year-history-in-one-chart-2017-03-23>. Acesso em: ago. 2023.

Entretanto, apesar desse comportamento instável, um olhar mais distante do gráfico, em um período mais longo, pode identificar a existência de uma tendência primária na direção principal que os preços da ação estão seguindo.

Os princípios básicos da análise gráfica, apresentados a seguir, foram definidos a partir das quatro etapas de formação de preços observadas por Dow, justificados pela velocidade de difusão das informações.

- *Primária.* A tendência primária é caracterizada pelo longo prazo na análise técnica. É aquela que melhor identifica a tendência principal da ação no mercado. Pode durar um ou mais anos.
- *Secundária.* A tendência secundária pode indicar uma correção da tendência primária e, eventualmente, uma reversão. Pode durar de três semanas a alguns meses.

- *Terciária*. A tendência terciária identifica as flutuações de curto prazo, que podem ser um sinal ou não no desdobramento das tendências anteriores. Pode durar cerca de alguns dias ou semanas.

Segundo Abe (2009:37), o mercado poderia ser representado pelo movimento das ondas do mar: "a tendência primária seria a maré, a secundária seriam as ondas e a terciária, as marolas, com todos os movimentos acontecendo simultaneamente".

Na análise dos gráficos, podemos observar a ocorrência de topos e fundos, que se caracterizam como pontos extremos dos movimentos de alta e de baixa. O topo é determinado pela cotação máxima em que foi realizada a operação em determinado período de análise. De forma inversa, um fundo é determinado pela cotação mínima, ou seja, um dia em que a cotação mínima ficou abaixo dos demais dias do período. Embora os preços de uma ação negociada apresentem oscilações, tendem a retornar a um centro de gravidade, ou seja, uma faixa de valor, que indica o consenso ponderado da maioria dos investidores sobre o que seria o preço justo da ação. O consenso vai-se alterando com o tempo, como o movimento das ondas, subindo e descendo, de acordo com o interesse dos investidores pelo ativo.

Gaps

O termo *gap* designa um intervalo de preços em que não ocorreram negociações de um ativo, podendo ser um intervalo de alta ou de baixa. Os *gaps* podem ser observados nos gráficos de barras ou de *candlestick,* representados por um intervalo em branco entre duas barras. Um *gap* de alta será observado entre a máxima no início do período e a mínima da retomada das negociações; e o *gap* de baixa, inversamente, entre a mínima no início do período e a máxima da retomada das negociações.

Os *gaps* estão associados a notícias extremamente boas ou ruins com relação a um dado ativo ou a setores da economia. Sucessivos *gaps* de alta podem indicar grande euforia; se forem de baixa, um grande pessimismo está dominando os negócios da companhia. Entretanto, se as barras forem mais alongadas nesses dias, a sucessão dos *gaps* pode representar uma exaustão da tendência, com probabilidade de reversão da pressão dominante.

Figura 4.3 | Representação dos gaps de alta e baixa

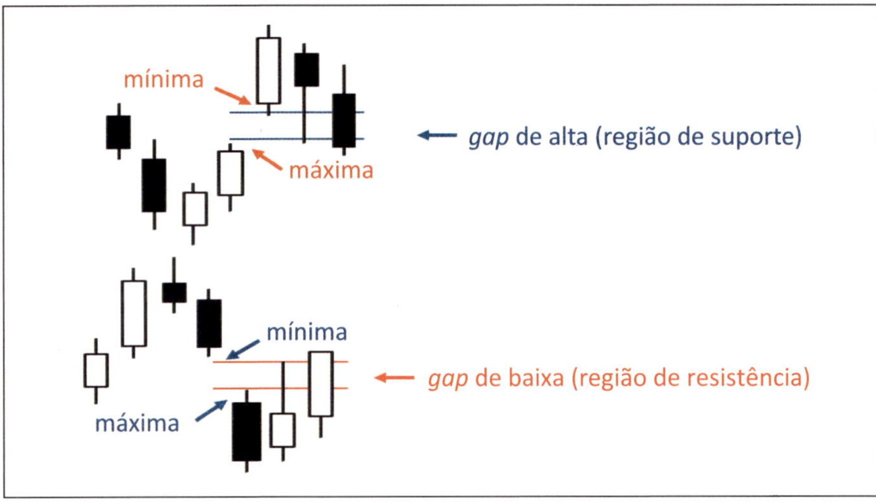

Fonte: elaborada pelos autores.

Figura 4.4 | Gráfico com os gaps das ações PETR4

Fonte: <www.tradingview.com/x/g72IAHSg/>. Acesso em: set. 20223.

Nas cotações das ações PETR4 ocorrem espaços vazios entre os pavios, que indicam um *gap* completo de alta, seguido de um *gap* de baixa entre os meses de setembro e novembro de 2022.

Suporte e resistência

Na análise técnica, os conceitos de suporte e resistência constituem aspectos fundamentais para tomada de decisão.

Os pontos de suporte são os fundos ou extremos inferiores dos preços nos gráficos, a partir dos quais os preços começam a subir como reflexo de maior força dos compradores em relação aos vendedores, o que pode reverter um movimento de baixa.

Os pontos de resistência são representados pelos extremos superiores de preços nos gráficos, a partir dos quais os preços começam a cair como reflexo do momento em que a pressão vendedora supera a compradora, revertendo o movimento de alta.

Visualmente, os suportes e as resistências são marcados por linhas horizontais traçadas sobre os gráficos, visando antecipar uma tendência. Os momentos de reversão são importantes para prever posições futuras e auferir ganhos.

Os analistas técnicos divergem no traçado das linhas de suporte e de resistência, uma vez que os pontos não são exatos e sim zonas de preços. O traçado pode partir de pontos extremos das barras de preços, ou dos preços de fechamento, ou das zonas de congestionamento. A aplicação desses conceitos e a experiência no traçado das linhas de suporte e resistência podem garantir excelente lucratividade nos mercados.

Destacamos que esses conceitos se restringem à negociação de curto prazo, e são usualmente adotados por *traders*. Para investidores de longo prazo, sua importância é bastante relativa.

Por exemplo, uma ação da WEGE3 negociada a R$ 36,00 e que apresenta suporte em R$ 35,18, dificilmente cairá abaixo desse valor, indicando um potencial de prejuízo bastante baixo. Dessa forma, é atrativo para compra, dependendo de seu potencial de alta.

Por outro lado, a mesma ação pode estar sendo negociada na bolsa de valores pelo valor de R$ 40, 00 e apresenta uma resistência em R$ 40,93, tornando-se, assim, pouco atrativa para compra, tendo em vista que o ativo apresenta um baixo potencial de alta.

Ambos indicam pontos de inflexão do mercado, e são muito importantes porque os pontos de inflexão indicam o ponto onde é bastante provável que o mercado altere a direção do movimento. O investidor pode determinar os melhores momentos para comprar a um preço baixo (quando o preço se aproximar do suporte) ou vender por um preço mais alto (quando o preço se aproximar da resistência).

Ferramentas da análise técnica

A análise técnica estuda as variações ocorridas nos preços e nos volumes negociados de um ativo financeiro, com o objetivo de prever o comportamento futuro dos preços. Os gráficos são os principais instrumentos na análise técnica, estabelecem probabilidades através de imagens, tendências e padrões que refletem o comportamento do mercado e auxiliam a determinar o melhor momento de comprar ou vender os ativos financeiros. O principal insumo, para prever tendências de preços das ações, é o comportamento histórico de preços das ações.

O início de 1700 marca os primórdios da análise técnica, quando os produtores começaram a acompanhar as cotações do arroz nas bolsas no Japão para determinar tendências de preços. Munehisa Homma, *trader* e comerciante de arroz, adota a forma gráfica dos *candles*/velas para ilustrar o histórico dos preços, acompanhando o valor do primeiro e último negócio do dia e o preço mínimo e máximo pago pelos cupons de arroz. Com essas informações, observou que os preços futuros se comportavam de maneiras previsíveis de acordo com o histórico de negociação.

No final do século XIX, a teoria Dow é apresentada em artigos publicados no *The Wall Street Journal*, demonstrando que as ações negociadas seguem uma tendência de alta ou baixa, e estabelece a construção de uma média da evolução dos preços, por meio de uma amostra representativa das ações da New York Stock Exchange (NYSE). Charles Dow, precursor em apresentar um índice médio das cotações como mecanismo de avaliação, estabeleceu nos Estados Unidos três índices: Dow Jones Industrial, o Dow Jones Transportes e o Dow Jones Serviço, que continuam referência no mercado.

Com os valores do índice Dow Jones, Ralph Nelson Elliott desenvolve a "teoria das ondas", considerada uma das principais ferramentas para localizar ou até antecipar determinadas fases dos ciclos da bolsa. Desenvolveu um sistema racional de análises após observar por vários anos que os movimentos dos integrantes do mercado, suas tendências e suas mudanças seguem determinado tipo de comportamento identificável em forma de padrões ou figuras que podem ser encontradas na natureza.

O comportamento do mercado apresenta padrões determinados que se repetem ao longo do tempo, porque a história sempre se repete, com pequenas diferenças, mas com padrões gráficos recorrentes. A análise de padrões gráficos deve ser feita com muito cuidado – observar padrões gráficos válidos é mais uma arte do que uma ciência – e exige muito estudo e prática.

A análise técnica é uma forma de perceber o mercado. Embora deva ser precedida da análise fundamentalista, ela pode ser útil para investidores de curto prazo que buscam oportunidades no dia ou que querem ser capazes de se desfazer de posições rapidamente.

Os métodos de análise técnica incluem análises empírica e estatística. A *análise empírica* observa fatos que refletem um grau de confiabilidade, devido a seu comportamento repetitivo no mercado, e utiliza gráficos de preços, com linhas e barras ou *candlesticks*. A *análise estatística* utiliza modelos matemáticos e estatísticos sobre a evolução dos preços e o volume de negócios de determinado ativo financeiro, representados em gráficos.

Em qualquer dos métodos de análise técnica, é importante obter o histórico de preços praticados no mercado para o ativo em análise. Os dados podem ser obtidos nos *sites* das bolsas de valores, com as cotações diárias das ações negociadas.

O preço da ação, em determinado intervalo de tempo, pode ser mensurado em cinco momentos de valor no mercado: abertura, fechamento, máximo, mínimo e médio. O preço médio é determinado pelo valor financeiro das negociações dividido pela quantidade de negócios no período em análise, não sendo necessariamente o preço em alguma das negociações. O preço de fechamento é o valor no qual foi realizado o último negócio no intervalo de tempo sob consideração, sendo esse o mais utilizado nos métodos da análise técnica.

Os resultados para períodos muito curtos podem ficar distorcidos, pois os cálculos usados para a obtenção dos indicadores pressupõem extensas sequências de dados. Para uma carteira de médio ou longo prazo, como seis meses ou um ano, são adotados gráficos dos últimos seis meses, pelo menos. Complementarmente, qualquer intervalo de tempo pode ser analisado, sendo que, para operações no *intraday*, recomenda-se a análise do gráfico *intraday* do dia anterior.

O investidor pode fazer uso da análise técnica tanto na negociação de ações no mercado à vista quanto nas negociações de mercados futuros ou no mercado de opções. No caso de mercados futuros, entretanto, os padrões gráficos observados para o mercado e para as ações são mais complexos que no mercado à vista.

O volume negociado é obtido a partir da soma do valor financeiro, apresentado em milhares ou milhões, ou na forma de quantidade de negócios das operações no pregão para um determinado ativo. Pode ser utilizado diretamente na fórmula dos indicadores técnicos ou como complemento na determinação de força ou relevância do indicador.

Em resumo, os principais objetivos da escola técnica, segundo Cavalcante, Misumi e Rudge (2009:282), são: conhecer e mensurar a lei de oferta e procura; identificar oportunidades de operações atraentes; otimizar ingressos e saídas do mercado; determinar limites de oscilação nos preços e estabelecer a estratégia de risco.

Representação gráfica dos preços

Os gráficos da análise técnica são formados com base em dois elementos principais – preço e volume negociado –, mapeados ao longo de determinado período. A regra geral de formatação é que a linha do tempo seja apresentada sempre no eixo horizontal, identificando-se em uma escala abaixo do gráfico os pregões, na ordem cronológica, ou seja, o pregão mais antigo à esquerda e o mais recente à direita. O eixo vertical representa a escala de preço, na ordem crescente, ou seja, o menor preço na ordenada inferior e o maior na superior.

Os principais tipos de gráficos adotados na análise técnica, para avaliar as oscilações, a natureza cíclica e as tendências em uma série de preços ou retornos de ações, são: linhas, barras, *candlestick* e colunas.

Representação dos preços em gráfico de linha

Nesse gráfico marca-se um ponto para cada pregão, normalmente representando o valor de fechamento da ação, e os pontos são unidos por uma linha ao longo do eixo horizontal, subindo ou descendo conforme as oscilações dos valores negociados. Pode ser representado, alternativamente, o valor de abertura, o valor máximo ou o valor mínimo.

O valor de fechamento da ação da empresa WEG negociada entre 2021 e 2023 na B3 está demonstrado na figura 4.5.

Figura 4.5 I Gráfico de linha com o valor de fechamento das ações da empresa WEG S.A.

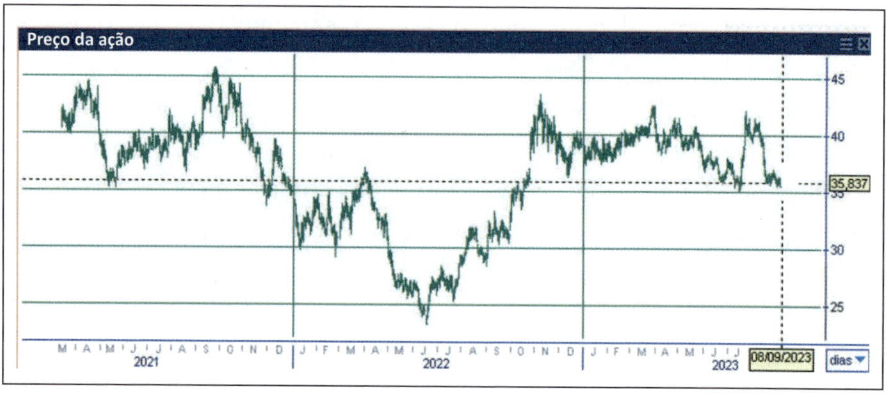

Fonte: Economatica. Acesso em: set. 2023.

O período reflete a volatilidade do mercado frente à pandemia de Covid-19, quando os preços oscilaram entre mais R$ 45,00 até abaixo de R$ 25,00 em 2022, retomando o patamar de R$ 35,00 em 2023. Os resultados econômicos da empresa demonstraram estabilidade da companhia, inclusive elevação do retorno patrimonial como demonstrado na análise dos demonstrativos financeiros no mesmo período.

Representação dos preços em barras

Os preços praticados no mercado em determinado período são representados na forma de barras, cada barra correspondendo a um dia de pregão. O preço de abertura é indicado por um traço no lado esquerdo da barra e o de fechamento, por um traço no lado direito da barra. A barra pode ser representada em preto ou em cores; nesse caso, em verde ou vermelho. A cor será verde se o valor de fechamento for maior ou igual ao de abertura; será vermelha na hipótese contrária.

A amplitude vertical da barra representa a volatilidade do preço no pregão, a máxima no ponto mais alto, enquanto a mínima é indicada no ponto mais baixo. O preço de abertura é indicado por um traço horizontal à esquerda da barra, em contrapartida o preço de fechamento por um traço horizontal à direita, conforme indicado na figura 4.6.

Figura 4.6 | Representação do gráfico de barras

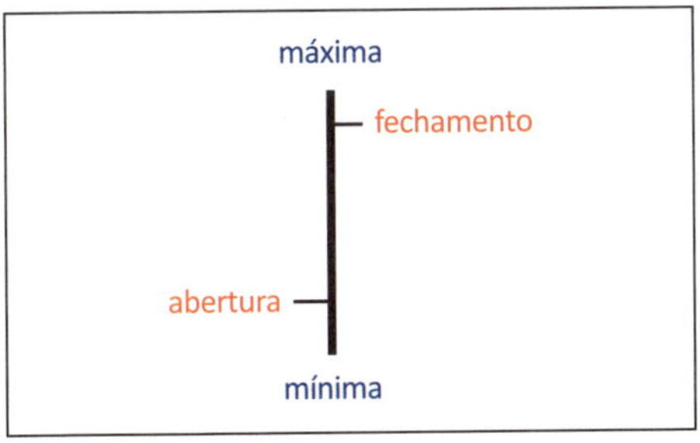

Fonte: elaborada pelos autores.

Segue exemplo de representação em barras da cotação diária da Petrobras PN na B3, de março de 2022 a setembro de 2023; a figura 4.7 mostra, para cada dia, o valor máximo, o mínimo, o de abertura e o de fechamento. Apresenta uma quantidade muito maior de informações para o investidor sobre o comportamento da cotação da ação, se comparado ao gráfico de linha.

Figura 4.7 | Gráfico com a cotação diária das ações da Petrobras na B3

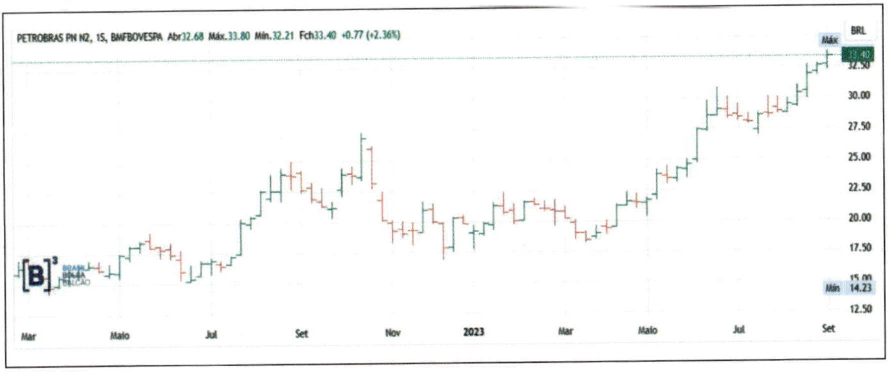

Fonte: <www.tradingview.com/x/QCZqHc8W/>. Acesso em: set. 2023.

Representação dos preços em candlesticks

Essa técnica de análise foi criada no Japão do século XVIII, originalmente nas antigas bolsas de arroz de Osaka, mas somente no início dos anos 1980 se popularizou nos Estados Unidos, tornando comuns os termos em inglês relacionados à ferramenta. Essa representação é muito difundida no mercado de ações de Nova York, mas ainda pouco adotada no Brasil.

Os gráficos de *candlesticks* correspondem a uma vela no sentido vertical dos preços. No corpo de barra mais largo indica o preço de abertura e o de fechamento e nos traços finos ou sombras, representam os preços máximos e mínimos no período, se forem diferentes dos preços de abertura e fechamento. Portanto, essa técnica permite representar, para cada dia de pregão, os quatro valores relevantes para o ativo. Os padrões são determinados por uma combinação de vários *candles* que visam indicar a reversão na direção dos preços ou uma mudança na tendência do mercado.

Originalmente, as cores dos *candles* eram pretas e brancas em referência à tradição oriental chinesa que descreve como as coisas são compostas por duas forças opostas e complementares, o Yin e o Yang. Na análise técnica, quando o corpo do *candle* está preenchido em preto, significa que o mercado fechou em baixa, contaminado pela energia do Yin; o preço de fechamento está abaixo do preço de abertura. Por outro lado, quando o mercado está em alta, o corpo é vazado na cor branca, representando a energia do Yang; o preço de fechamento está acima do preço de abertura.

Atualmente, está consolidado o uso do verde ou azul para a alta, o vermelho (o oposto), movimento de queda. São utilizadas cores na parte mais larga da barra, em um pregão em que o preço de fechamento foi mais alto que o de abertura, o corpo é representado na cor verde (ou azul), indicando um dia de alta. Já em um pregão em que o preço de fechamento foi mais baixo que o de abertura, o corpo é representado na cor vermelha, indicando um dia de baixa.

A figura 4.8 detalha a convenção adotada para a representação em *candlestick*, em um exemplo para um dia de alta e outro para um dia de baixa no pregão.

Figura 4.8 | Exemplo da convenção adotada para a representação em candlestick

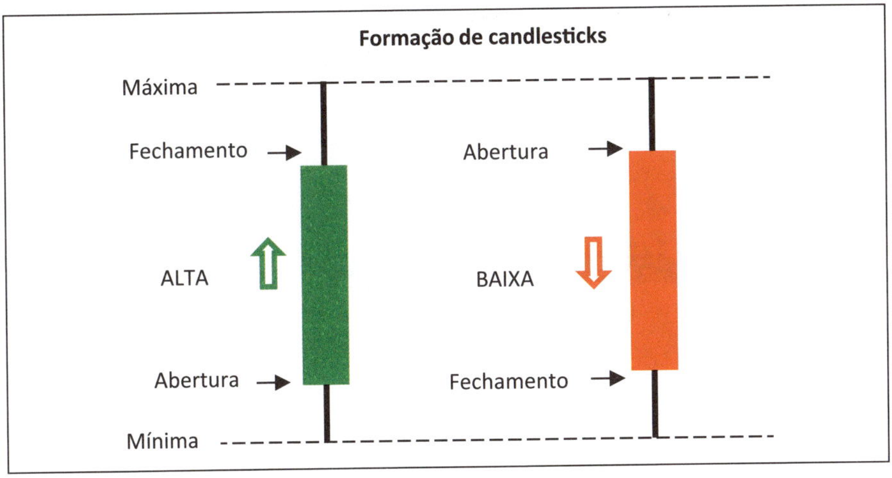

Fonte: adaptada de Debastiani (2007).

Os intervalos de tempo para o estudo podem ser de um dia, de uma semana, ou períodos dentro de um dia. A escolha eficiente do intervalo dependerá do mercado ou do grau de volatilidade do ativo. Para completar as informações associadas a um determinado período, é aconselhável observar também os volumes negociados por pregão.

O gráfico de *candlestick* apresenta metodologia própria de análise, possibilitando a identificação de padrões que determinam pontos de reversão ou de manutenção de tendência. O investidor pode, assim, antecipar o melhor momento de entrada ou saída, com maior lucratividade na operação.

Segue, na figura 4.9, um exemplo de gráfico de *candlestick* representativo da variação do valor das ações da AMBEV ON– ABEV3 negociadas na B3, de março a setembro de 2023.

Nos gráficos de *candlestick*, o investidor pode observar o quanto os preços evoluíram a cada dia de negociação – as figuras são mais alongadas quando ocorre maior euforia e mais curtas na menor volatilidade no preço das ações. Da mesma forma os pavios acima e abaixo do corpo da vela – quando forem distintos dos preços de abertura e fechamento, correspondem aos valores máximos e mínimos registrados no pregão.

Figura 4.9 | Gráfico de candlestick, representativo da variação do valor das ações da AMBEV ON– ABEV3

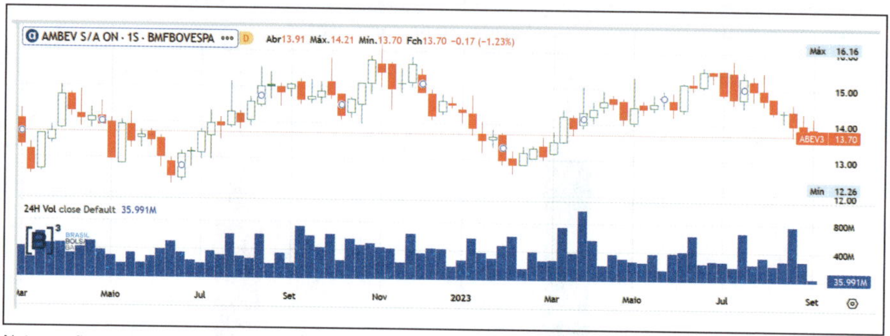

Nota: na figura 4.5, encontra-se, junto ao eixo horizontal, uma sequência de valores representados em colunas, indicando o volume negociado das respectivas ações.
Fonte: <www.tradingview.com/x/rCkNDHxf/>. Acesso em: set. 2023.

Para a análise dos *candles* são apresentadas centenas de figuras que representam padrões de comportamento, que podem ser *altista*, indicando uma reversão de baixa para alta, ou no sentido inverso baixista, com a reversão da tendência de alta para baixa.

Figura 4.10 | Algumas representações usadas nos gráficos de candlesticks

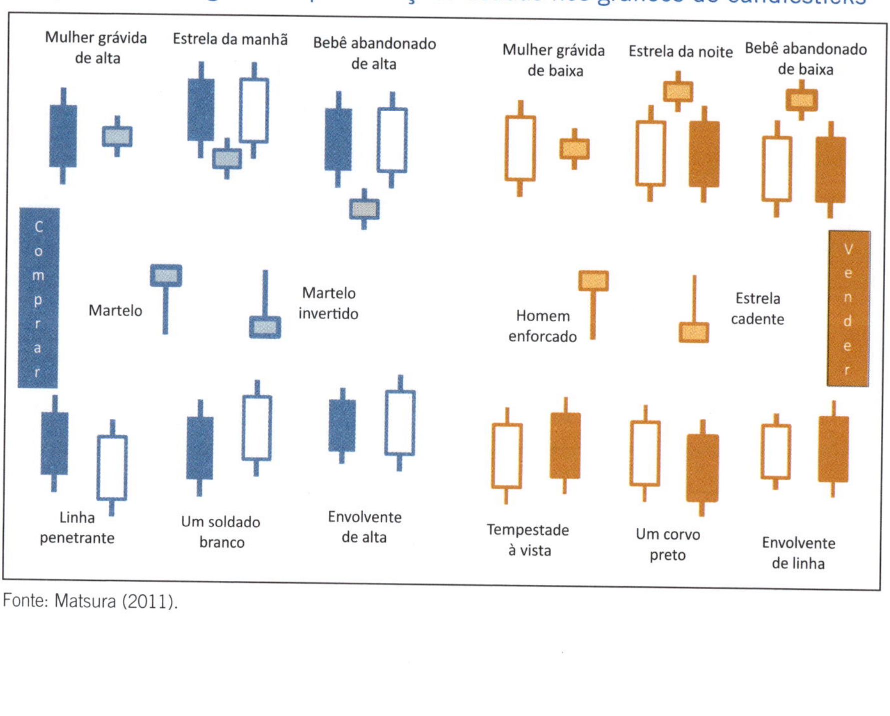

Fonte: Matsura (2011).

Representação em colunas dos volumes negociados

Utiliza-se normalmente um gráfico em colunas para representar o volume financeiro das negociações no pregão. As colunas, uma por pregão, têm as bases alinhadas em zero, no eixo horizontal. Como visto no gráfico anterior, essa representação pode ser incorporada nos gráficos de barras, de *candlesticks* e de linha, permitindo perceber ao mesmo tempo a flutuação do valor de um ativo e o volume negociado desse ativo em um dado período.

Segue exemplo ilustrativo, para o volume financeiro negociado em ações da WEG ON – WEGE3, e a cotação no período de março de 2022 a setembro de 2023.

Figura 4.11 | Volume financeiro negociado em ações da WEG ON – WEGE3

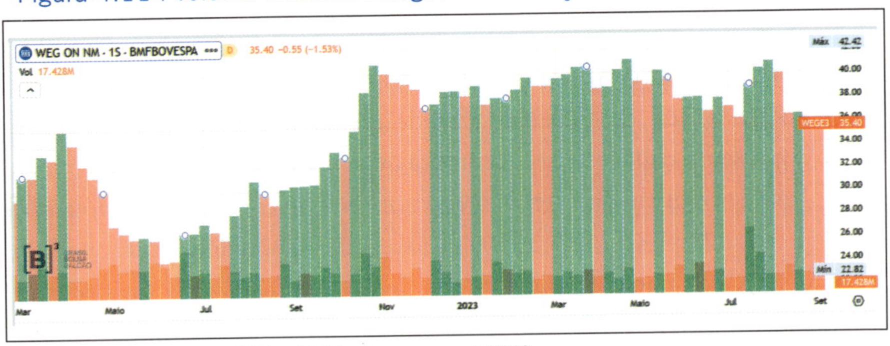

Fonte: <www.tradingview.com/x/J9nraWM9/>. Acesso em: set. 2023.

É um dos indicadores mais antigos e conhecidos, e geralmente as colunas são coloridas com verde para volume de alta e vermelho para volume de baixa, com uma média móvel. É um dos poucos indicadores que não se baseiam no preço e pode ser visto como uma medida de força.

A análise do volume indica a intensidade de movimentos relacionados ao preço, e pode confirmar a força de uma tendência. Volumes altos ocorrem com frequência no início de uma nova tendência de alta no preço de um ativo; por outro lado, os volumes baixos em geral ocorrem quando um ativo está se encaminhando para uma tendência de queda. As análises básicas realizadas em relação ao volume das negociações, quando associadas aos preços, podem apresentar as seguintes situações:

- preços e volumes em alta => preços tendem a aumentar mais;
- preços em alta e volume em queda => alta de preços poderá ser revertida;

- preços em queda e volume em alta => tendência de diminuição de preços;
- preços e volumes em queda => tendência de queda deve reverter.

Ferramentas auxiliares: Bollinger bands, RSI, MACD

Existem diversas ferramentas disponíveis para a análise técnica. Destacamos as mais adotadas nas operações no mercado e indicamos experimentar e testar diferentes ferramentas para encontrar as que melhor se adaptam ao seu perfil de investidor:

- *Bollinger bands* – indica a volatilidade do preço de uma ação com base em sua média móvel, estima o valor máximo de valorização e mínimo de desvalorização do ativo;
- *RSI* (índice de força relativa) – mede a força de uma tendência de preço e apresenta regiões de sobrecompra ou sobrevenda de um ativo;
- *MACD* (*moving average convergence divergence*) – médias móveis de preços (simples, ponderadas e exponenciais) para identificar mudanças de tendência no mercado.

Bollinger bands

Na década de 1980, o matemático Anthony Warren criou um indicador baseado na média móvel dos preços de fechamento do ativo, levando em conta os últimos 21 dias de pregão. Anthony Warren desenhou um canal composto de duas bandas que corriam acima e abaixo dessa média móvel, sendo o intervalo entre a média móvel e as bandas determinado pelo desvio-padrão da diferença entre o preço de fechamento e o valor da média móvel. O indicador foi sendo aprimorado, recebendo inclusive contribuições de outros estudiosos, e popularizou-se após John Bollinger, analista de mercado, adotar a técnica em suas análises, inclusive tendo o nome associado ao indicador.

Para realizar suas estimativas, esse indicador utiliza um desvio-padrão esperado do valor da ação tanto para mais quanto para menos. Esses dois desvios nos gráficos são as chamadas bandas de Bollinger.

A banda de Bollinger (*Bollinger band*) é um dos mais populares indicadores entre os diversos utilizados pelos analistas para a análise técnica. É formada por três curvas desenhadas com base no preço dos ativos, sobrepostas a um gráfico de barras ou de *candlestick*. Para calcular tanto a média móvel quanto as bandas máxima e mínima, primeiro é preciso determinar uma faixa de tempo, podendo ser utilizado o período dos últimos 5, 10, 20, 30 dias ou mais para determinar as bandas e a média.

A curva representativa da média móvel comum de 26 dias, que expressa a normalidade momentânea do mercado, serve de referência para duas bandas, uma superior e outra inferior. Essas bandas são delimitadas por duas curvas, traçadas segundo a soma ou a diferença da média móvel e o dobro da média do desvio-padrão dos preços de fechamento do mercado no período de dias considerado:

$$\textit{Curva superior} = \textit{média móvel } n \textit{ dias} + (2 \times \textit{desvio-padrão})$$
$$\textit{Curva inferior} = \textit{média móvel } n \textit{ dias} - (2 \times \textit{desvio-padrão})$$

Os preços do ativo oscilam ao longo do tempo, normalmente no espaço delimitado pelas bandas, às vezes ultrapassando uma ou outra banda, mas normalmente retornando para a faixa formada por elas, uma vez que o valor do ativo tende ao que seria a normalidade. John Bollinger, por meio de análises, constatou que, em média, 87% dos preços se mantinham entre as bandas superior e inferior.

As indicações da banda de Bollinger podem ser adotadas como referência de precificação para as ações. Quando as cotações se aproximam da banda superior, ou a ultrapassam, indicam que o ativo está caro, sendo um bom momento para a venda. Em contrapartida, quando os preços ficam muito próximos da banda inferior, ou abaixo dela, a ação está barata, sendo um bom momento para a compra.

A banda de Bollinger é um dos poucos indicadores que representa o grau de volatilidade a que o ativo está exposto. É possível identificar quando uma variação de preço está dentro do desvio-padrão e já era esperada, não tomando decisões precipitadas na compra ou venda de ativos. Realizar uma análise simplista, principalmente em tendências de oscilação mais forte, quando os preços ultrapassam as bandas superior e inferior por um período maior, pode implicar perda de desempenho nas negociações de compra e venda. O recomendado é complementar a análise com mais de um método, como *candlestick* e índice de força relativa (IFR).

Figura 4.12 I Exemplos de gráficos com Bollinger bands

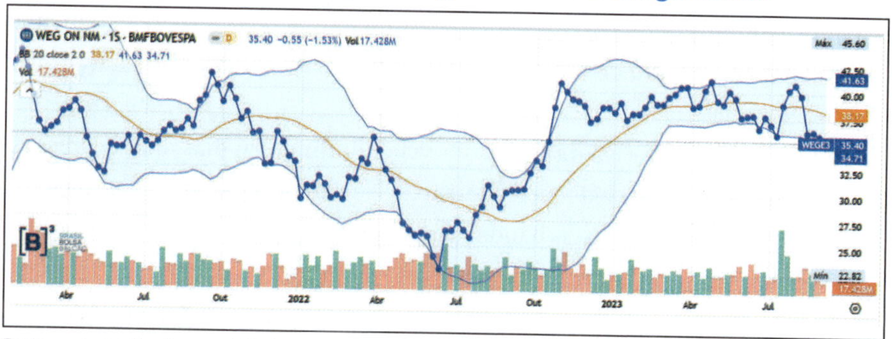

Fonte: <www.tradingview.com/x/IPcHaEOB/>. Acesso em: set. 2023.

Índice de força relativa (IFR)

O índice de força relativa – em inglês, *relative strength index* (RSI) – foi criado por J. Wells Wilder, na década de 1970. Indica a composição das forças de compra e venda no mercado, por meio de uma escala percentual que vai de 0% a 100%. É representado em um gráfico de linhas, em um determinado intervalo de tempo, sendo fixadas duas linhas horizontais de referência, posicionadas normalmente sobre as escalas de 80% e 20% do eixo.

As linhas representam a trajetória entre as zonas de sobrecompra ou sobrevenda, subindo ou descendo conforme o comportamento dos preços. Quando a linha caminha para o limite superior de 100%, nota-se que as forças compradoras são maiores. As oscilações acima dos 80 pontos indicam que o mercado está sobrecomprado, e as oscilações abaixo dos 20 pontos indicam que o mercado está sobrevendido, ficando suscetível a uma reversão na respectiva tendência. Entretanto, como as linhas do IFR representam uma média, e normalmente descrevem trajetórias mais lentas e compassadas, sem movimentos bruscos, muitas vezes a reversão ocorre antes mesmo de atingir as regiões limites. Portanto, é indicado que se utilizem outros indicadores, como *candlestick*, para confirmar que o ativo atingiu uma posição de sobrecompra (recomendada para a venda) ou de sobrevenda (recomendada para a compra).

No mercado, analistas também fixam os limites nas marcas de 70 e 30 pontos. Tais níveis variam significativamente de um ativo para outro ou mesmo de um período para outro, no mesmo ativo. O mais adequado é estabelecer limites específicos para cada ativo, traçando as linhas dos topos e dos fundos, com base no comportamento observado nos últimos seis meses, com contínuos ajustes trimestrais.

Quando o ativo atingir a região de sobrecompra ou sobrevenda, deve-se confirmar a reversão da tendência por meio do volume negociado. Quando o volume for crescente e não houver uma queda significativa dos preços, pode estar sinalizado que estes ainda manterão a trajetória por mais algum tempo. A redução significativa do volume das operações pode sinalizar sobrecompra ou sobrevenda. Um ativo sobrecomprado, reflexo de um volume de compras excessivo, eleva os preços e passa a ser considerado um ativo muito caro, o que pode causar uma redução na demanda de compra, refletindo-se no volume financeiro negociado. De forma inversa, quando o ativo estiver sobrevendido, haverá uma contração do número de investidores interessados em vendê-lo, reduzindo-se o volume dos negócios.

Figura 4.13 | Exemplo de gráfico com linhas do índice de força relativa (IFR)

Fonte: <https://rdpviaweb-4-eco-web.economatica.com/bv/ecoCloud.html?lang=pt>. Acesso em: set. 2023.

Moving average convergence and divergence (MACD)

Entre os diversos indicadores estatísticos utilizados, o de *moving average convergence and divergence* (MACD) – em português, convergência e divergência de médias móveis (CDMM) – é um dos indicadores mais eficazes para a análise da reversão de tendência, facilitando a tomada de decisão para o momento certo de entrar ou sair do mercado, pois possibilita a identificação visual do ativo "comprado" ou "vendido".

Segundo essa metodologia, o investidor se orienta por meio de um gráfico de linhas, composto por uma linha principal e uma linha secundária.

A linha principal é a MACD, representada pela diferença de duas médias móveis exponenciais (MMEs), uma mais curta e a outra mais longa, determinadas pelo investidor de acordo com seus objetivos. Tipicamente, a média móvel exponencial mais curta baseia-se em um intervalo de 12 dias, e a mais longa, em um intervalo de 26 dias. O padrão adotado para a média mais curta é de aproximadamente metade do período utilizado para a média mais longa.

Em uma descrição sintética:

$$\textit{Linha MACD} = \textit{MME}(12) - \textit{MME}(26)$$

A linha secundária, denominada *sinal*, representa a média móvel exponencial tomada com base em um período aproximadamente igual a um terço do adotado para a MME mais longa. A linha de sinal é normalmente representada de forma pontilhada ou tracejada na cor vermelha.

$$\textit{Linha de sinal} = \textit{MME}(9)$$

Tanto para a linha MACD quanto para a linha de sinal são utilizados os valores de fechamento do ativo no período. A figura 4.14 ilustra a aplicação do modelo MACD.

Figura 4.14 | Exemplo de gráfico com a aplicação de convergência e divergência de médias móveis (MACD)

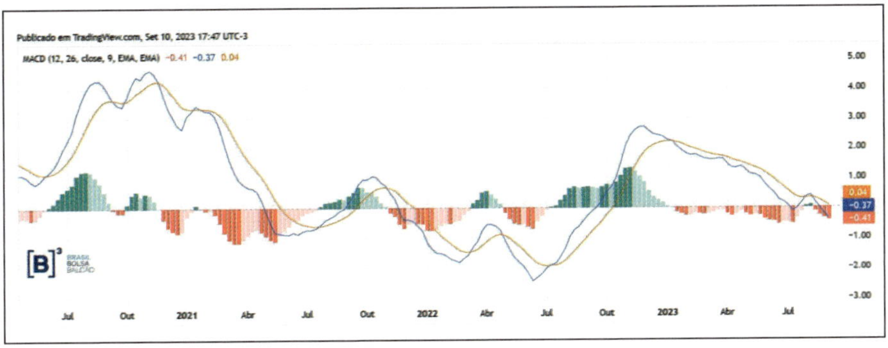

Fonte: <www.tradingview.com/x/KcpPsxlf/>. Acesso em: ago. 2023.

O gráfico mostrado como exemplo compreende duas partes. Na parte superior, está representada a cotação diária do ativo considerado (no caso, em *candlesticks*), com os volumes negociados representados em barras, junto ao eixo horizontal.

Na parte inferior, temos a linha MACD em azul e a linha de sinal em laranja, desenhadas em torno de um eixo de ordenada zero. É representado também, em colunas, o histograma da diferença entre as ordenadas das linhas MACD e sinal:

Histograma MACD = linha MACD – linha de sinal

Ao longo do tempo, a linha MACD percorre uma trajetória sinuosa entre as áreas negativa e positiva do gráfico. Na ocorrência de uma média mais curta maior do que o valor da média mais longa, a diferença entre ambas será positiva, e o ponto da MACD fica posicionado no gráfico acima da linha zero. Inversamente, se a média mais curta for menor que a média mais longa, o ponto da MACD correspondente fica abaixo da linha zero.

Recomendam-se os seguintes critérios para a interpretação do gráfico:

- Cruzamento da linha MACD com a linha de sinal – uma sinalização de alta ocorre quando a linha MACD corta de baixo para cima a linha de sinal. Inversamente, uma sinalização de baixa ocorre quando a linha MACD corta de cima para baixo a linha de sinal.

- Cruzamento com o eixo zero – uma sinalização de alta ocorre quando a linha MACD cruza de baixo para cima o eixo central, assumindo valores positivos. Uma sinalização de baixa ocorre quando a linha MACD corta de cima para baixo o eixo central, assumindo valores negativos.
- Os bons momentos de compra ocorrem quando a linha MACD está abaixo do eixo zero. Inversamente, os bons momentos de venda ocorrem quando a linha MACD está acima do eixo zero.
- Os melhores sinais de compra são encontrados quando os preços do ativo estão bem abaixo da área vendida.

O histograma representado na segunda parte do gráfico de exemplo é útil para facilitar a interpretação dos movimentos relativos das linhas MACD e de sinal. Conforme já mencionado, o histograma é determinado pela diferença entre os valores da linha MACD e os da linha de Sinal. A reversão do histograma, formado por topos ou fundos, antecipa o sinal das mudanças que estão ocorrendo no mercado.

Destacamos que a utilização das ferramentas de análise técnica, por representarem sempre o passado, deve considerar as intempéries na situação econômica e política do país, e até no mercado global. Existem fatores importantes, que podem desencadear movimentos bruscos e imprevistos nos preços das ações a serem considerados nas decisões do investidor.

Revoluções tecnológicas no mercado financeiro

A evolução das tecnologias no mercado financeiro tem sido notável e impactante, transformando a maneira como as instituições financeiras operam, como os investidores interagem com os mercados, inclusive na gestão das finanças pessoais.

A especialista em inovação Carlota Pérez (2004), em seu trabalho, combina as teorias de Joseph Schumpeter sobre destruição criativa e de Nikolai Kondratiev sobre os ciclos econômicos, para analisar as interações complexas entre inovação tecnológica, ciclos econômicos e mercado financeiro. Schumpeter foi um dos primeiros economistas a demonstrar a relação das mudanças com objetivo de explicar tanto o papel da inovação no crescimento econômico quanto a condição cíclica do sistema.

A combinação desses dois conceitos permite visualizar a evolução de uma tecnologia desde a introdução até a maturidade. No período inicial, há muita experimentação no produto e em seu processo de produção, no mercado e entre os usuários iniciais. Aos poucos, consolida posição no mercado e são identificadas as principais tendências de sua trajetória. A partir daí, há uma espécie de decolagem para um período de sucessivas melhorias incrementais em qualidade, eficiência, custo/efetividade e outras variáveis, que acabam por confrontar limites. Nesse ponto, a tecnologia atinge a maturidade e perde o dinamismo e a rentabilidade.

Durante 250 anos, o progresso tecnológico baseou-se na repetição do mesmo modelo. Ao longo de cinco estágios, a interação entre inovações tecnológicas, especulação financeira, crise e adaptação econômica cria um ciclo completo, como sendo parte da evolução econômica. Cada nova onda de inovação tecnológica inicia um novo ciclo, e esse padrão se repete ao longo do tempo, como apresentado a seguir:

1) *Fase inicial.* Novas tecnologias disruptivas começam a emergir e ganhar aceitação, e com a antecipação do potencial transformador aumentam os investimentos e adicionalmente a especulação no mercado financeiro.
2) *Ponto de ruptura.* À medida que as inovações tecnológicas se expandem e se tornam mais difundidas, a especulação financeira atinge seu auge. Eventualmente, as limitações e desafios das novas tecnologias começam a se tornar evidentes, o que gera uma crise econômica e financeira, marcando o ponto de mudança no ciclo.
3) *Fase de crise e reestruturação.* Muitas empresas enfrentam dificuldades financeiras e falências, enquanto os mercados financeiros passam por volatilidade e declínio, com a instabilidade econômica e o desemprego. A crise resultante do ponto de ruptura leva a uma reavaliação das práticas e modelos de negócios existentes.
4) *Fase intermediária.* Após a crise, as inovações tecnológicas continuam a evoluir, mas com uma compreensão maior das limitações e desafios. As empresas que sobreviveram à crise começam a se adaptar e adotar as inovações de forma mais sustentável. Neste ponto, o investimento retorna gradualmente ao mercado financeiro, preparando-se para a próxima fase.

5) *Era de ouro*. A economia se recupera da crise e entra em uma fase de crescimento sustentado e expansão. As inovações tecnológicas agora são adotadas em larga escala, levando a um aumento na produtividade e a novos modelos de negócios. O mercado financeiro se beneficia com o aumento dos investimentos e retornos positivos.

Inclusive, a autora (Perez, 2004) expressa sua expectativa de uma futura crise financeira devido à acumulação excessiva de dívidas globais em relação ao PIB, com a desconexão entre os mercados de ações e o crescimento econômico real, destacando os riscos desse cenário. Ressalta a importância da tecnologia para impulsionar essa transição, mas defende a necessidade de uma mudança no crescimento econômico e na distribuição de riqueza, através da desmaterialização da economia, promovendo produtos e serviços sustentáveis, aliado ao potencial do *blockchain* com foco nas moedas digitais emitidas por bancos centrais.

A indústria financeira é um dos setores que mais investe em tecnologia de informação (TI) no país. Muitas vezes, é a primeira a testar as tecnologias disruptivas do mercado, principalmente para buscar formas de diferenciação competitiva, e de melhorar a experiência dos clientes e a eficiência de suas operações.

Há algumas inovações radicais que dão origem a toda uma nova indústria. As inovações radicais são, geralmente, introduzidas em uma versão relativamente primitiva e, uma vez aceitas pelo mercado, estão sujeitas a uma série de inovações incrementais que seguem o ritmo de mudança. A televisão, por exemplo, não só introduziu uma indústria transformadora, mas também serviços de programação e radiodifusão, expandindo a indústria publicitária.

Os avanços têm impulsionado a inovação, aumentado a eficiência e a acessibilidade aos mercados financeiros. Movimentos emergentes, tais como *environmental, social and governance* (ESG), em português, ambiente social e de governança; real digital, tokenização de ativos, metaverso e 5G têm alterado a dinâmica das estratégias de investimento e tomada de decisões.

A tecnologia continua a evoluir rapidamente, e tendências emergentes, como inteligência artificial avançada, computação quântica e regulamentações como o *open finance*, continuarão a moldar o futuro do setor financeiro.

Evolução das inovações financeiras

Uma visão geral das principais fases da evolução tecnológica no mercado financeiro é apresentada no quadro 4.1.

Quadro 4.1 | Principais fases da evolução tecnológica no mercado financeiro

Período	Tecnologia	Função
Décadas de 1970-1980	Automação de processos	Sistemas computacionais nas instituições financeiras para gerenciar transações, contas e contabilidade.
Década de 1990	Sistema bancário *online* e ATMs – *automated teller machine*	Serviços bancários *online* e caixas eletrônicos (ATMs), em substituição às transações em agência física.
Anos 2000	Negociação eletrônica	As bolsas de valores migraram para sistemas eletrônicos de negociação, substituindo os pregões físicos, gerando maior eficiência e acesso global aos mercados.
Anos 2010	*Fintechs* e pagamentos digitais	Inovações como pagamentos digitais, transferências *peer-to-peer* e aplicativos móveis para gerenciamento de finanças pessoais.
Meados dos anos 2010	*Blockchain* e criptomoedas	Visando a transações seguras e transparentes, introduzida através das criptomoedas, como o *bitcoin*.
Meados dos anos 2010 – presente	Inteligência artificial e *big data*	Adotadas para análise de riscos, detecção de fraudes, personalização de serviços financeiros, prever tendências e auxiliar na tomada de decisões de investimento com ampla base de dados.
	Robo-advisors/Investimento algorítmico	Algoritmos para automatizar o aconselhamento e gestão de investimentos com base nas metas e no perfil de risco do investidor.
	Open banking e APIs	A integração de dados em plataformas abertas (*open finance*) permite que os investidores acessem informações financeiras de várias fontes, fornecendo uma visão mais abrangente de suas finanças.
	Finanças descentralizadas (DeFi)	As plataformas DeFi, com o uso do *blockchain* oferecem serviços financeiros como empréstimos, empréstimos colaterais e trocas descentralizadas, sem intermediários tradicionais.
	Cashless e biometria	Pagamentos digitais e móveis através da biometria como impressões digitais e reconhecimento facial para autenticação segura.

Fonte: elaborado pelos autores.

A adoção de novas tecnologias pode ocorrer em momentos distintos de acordo com estágio de desenvolvimento econômico de cada região. Por exemplo, os primeiros registros das ATMs (*automated teller machines*) são de 1930, no primeiro banco com funções eletrônicas em condições limitadas. Na década de

1960, o primeiro caixa eletrônico foi instalado em Londres (Inglaterra), e em seguida expandido pela Europa. No Brasil, os registros são de 1983, quando foi implementado pelo banco Itaú no interior de São Paulo.

O avanço tecnológico no mercado de capitais está nas transações financeiras, na negociação dos ativos e na tomada de decisão dos investidores. Novas tecnologias, como negociação eletrônica, *high-frequency trading* (HFT), robôs consultores (*robo-advisors*) e, recentemente, *blockchain* e tokenização de ativos com a representação digital de ações ou imóveis, facilitam a negociação e liquidação das operações.

Conferindo novos papéis para os participantes tradicionais, a tokenização com a digitalização de valores mobiliários (ações, títulos de renda fixa, cotas de fundos de investimento, moedas fiduciárias), *commodities* (ouro, cobre) e ativos não financeiros (imóveis, patentes, obras de arte, músicas) de maneira mais segura, eficiente, democrática e com menos intermediários transforma e pode democratizar as operações no mercado financeiro. Entre os setores privados, o financeiro é o que mais investe em tecnologia, tanto no Brasil quanto no resto do mundo. Segundo Meirelles (2023), baseado na pesquisa da Gartner, está atrás apenas dos governos, na composição dos dispêndios em tecnologia em 2022. No ano de 2022, o orçamento em tecnologia no mercado financeiro nacional somou R$ 34,9 bilhões, impulsionado pela implementação de recursos que atendem às necessidades de escalabilidade e de flexibilidade das organizações, tais como *cloud* e inteligência artificial (IA).

O mercado de capitais tem passado por diversas inovações ao longo dos anos, impulsionadas principalmente pelo avanço da tecnologia e pela busca por eficiência, transparência e acessibilidade. Algumas das principais inovações no mercado de capitais incluem: automação de processos, mineração de dados e a inteligência artificial, ferramentas capazes de impulsionar a forma de como os investimentos são realizados, influenciando não só os processos de tomada de decisões, mas também áreas de análise de dados e estratégias de investimentos:

- *Negociação eletrônica e algoritmos*. Mudaram os pregões nas bolsas de valores com transações mais velozes e eficientes. Adicionalmente, os algoritmos de negociação automatizada (*trading algorithms*) foram adotados por investidores para tomar decisões com base em regras predefinidas e análises técnicas.

- *Fintechs e plataformas de investimento.* Facilitam o acesso a produtos de investimento e reduzem barreiras para os investidores. Adicionalmente, os robôs de aconselhamento (*robo-advisors*) fornecem orientação de investimento personalizada com base em algoritmos.
- *Blockchain e tokenização de ativos.* Permitem a digitalização de ativos e, especialmente, a comercialização de valores mobiliários (ações, títulos de renda fixa, cotas de fundos de investimento, moedas fiduciárias), *commodities* (ouro, cobre) e ativos não financeiros (imóveis, patentes, obras de arte, músicas) de maneira mais segura, eficiente, democrática e com menos intermediários.
- *Crowdfunding e financiamento coletivo.* Novas formas de empresas e projetos arrecadarem capital diretamente de investidores individuais, eliminando intermediários tradicionais.
- *Marketplaces de investimento.* Plataformas de *marketplaces* de investimento que permitem que os investidores comprem e vendam ativos - como ações e títulos - diretamente entre si, aumentando a liquidez e reduzindo custos.
- *Inteligência artificial (IA) e big data.* IA e análise de *big data* são usadas para análise de riscos, detecção de padrões, previsões de mercado e personalização de serviços financeiros.
- *Financeiras descentralizadas (DeFis).* Plataformas baseadas em *blockchain* oferecem serviços financeiros, como empréstimos, trocas e *pooling* de liquidez, sem a necessidade de intermediários tradicionais.
- *Open banking e APIs.* As regulações como o *open banking* permitem o compartilhamento seguro de dados financeiros entre instituições, impulsionando a integração e a inovação de serviços financeiros com uso de plataformas.
- *Tokenização de valores mobiliários.* Permite transformar ativos tradicionais, como ações e títulos, em *tokens* digitais, tornando mais fácil a negociação e a transferência de propriedade.
- *Investimento social e sustentável.* Produtos de investimento socialmente responsáveis e sustentáveis estão ampliando a regulamentação, permitindo que os investidores considerem impactos ambientais e sociais em suas decisões.

Em *ranking* com as 200 principais *fintechs* (empresas de tecnologia financeira) globais, foram incluídas cinco instituições brasileiras: Agi, Inter, C6 Bank, Banco Original e PagBank (CNBC e Statista), todas na categoria *neobanking*. Na listagem, as empresas foram divididas em outras oito categorias: pagamentos digitais, ativos digitais, planejamento financeiro digital, gerenciamento de patrimônio digital, financiamento alternativo, empréstimo alternativo, soluções de banco digital e soluções de negócios digitais, que devem moldar o futuro dos serviços financeiros. Foram destacadas como as maiores empresas do setor: Ant Group, Tencent, Paypal, Stripe, Klarna e Revolut.

Com o avanço do 5G no país, há expectativas de maior conectividade e agilidade, incentivando novos modelos de negócios, especialmente para as *fintechs*, que recebem a maior parte dos investimentos. O porte da economia e o tamanho da população, em um dos países mais ativos em redes sociais e de relevância para apps globais como Uber e WhatsApp, proporcionam um ambiente próspero para as *fintechs*.

Com o avanço da digitalização, o aplicativo do banco superou a posição de liderança do presencial com o gerente ou assessor de investimentos. A pesquisa da Anbima (2023b) – Raio X do investidor – indica que os meios digitais são os mais utilizados na hora de fazer investimentos. Entretanto, na pesquisa de informações sobre as decisões de investimentos, a principal referência continua sendo a conversa presencial no banco.

O ecossistema brasileiro é composto por *startups* de diversas categorias de atuação. No segmento de investimentos, estão diversos subnichos, como criptomoedas, corretoras e gestoras de investimentos, educação financeira e canais de informações sobre ativos financeiros.

Os criptoativos são uma das revoluções mais disruptivas em termos econômicos e financeiros da atualidade. Ativos digitais protegidos por criptografia e negociados em rede própria surgem após a crise financeira global de 2008 visando substituir o dinheiro emitido por governos e minimizar a necessidade de intermediários nas operações financeiras. Um dos mais conhecidos, o *bitcoin* (BTC), superou a marca de US$ 1 trilhão em valor de capitalização de mercado em 2022. *Bitcoin* é um sistema de dinheiro eletrônico *peer-to-peer*, desenvolvido por Satoshi Nakamoto, que permitiu que os pagamentos *on-line* fossem enviados diretamente de uma parte para outra sem passar por uma instituição financeira. As assinaturas digitais fornecem parte da solução, mas os principais benefícios são perdidos se um terceiro confiável ainda for necessário para evitar gastos duplos.

Figura 4.15 | Capitalização do mercado do bitcoin

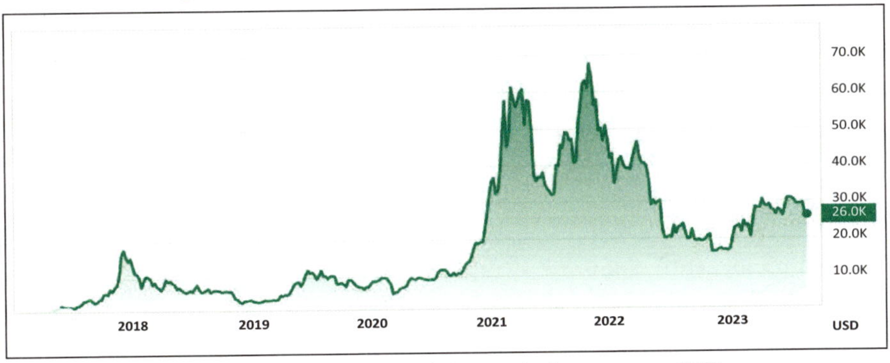

Fonte: Coinmarketcap. Disponível em: <https://coinmarketcap.com/>. Acesso em: ago. 2023.

Plataformas digitais: robôs

Segundo Bernstein (1997:1):

> A ideia revolucionária que define a fronteira entre tempos modernos e o passado é o domínio do risco: a noção de que o futuro é mais que um capricho dos deuses e de que homens e mulheres não são passivos perante a natureza. Até os seres humanos descobrirem como transpor essa fronteira, o futuro era um espelho do passado ou do domínio obscuro de oráculos e adivinhos que detinham o monopólio sobre o conhecimento dos eventos previstos.

Os algoritmos são equivalentes às *receitas de bolo*, servem simplesmente para resolver um problema, fazer um trabalho ou indicar um caminho finito. Correspondem a uma sequência finita de ações possíveis visando à resolução de um problema complexo. São ações precisas e eficientes – os caminhos para realizar uma tarefa.

Eles estão por todos os lugares; basta clicar num produto que logo aparecem propostas e preços, e, quando utilizados no mercado de ações, operam dentro de parâmetros predefinidos de riscos e são quase autônomos, capazes de gerenciar os investimentos. Para o investidor, é determinado um portfólio com produtos financeiros adequados ao seu perfil de risco, o que permite mais diversificação e redução dos custos de gerenciamento de carteira.

A finalização da operação pode ser feita por humanos, mas também por algoritmos, que agem de acordo com orientações predefinidas, que acompanham e monitoram as operações, sendo que alguns aplicativos permitem que o cliente interaja com o sistema, confirmando ou negando as decisões propostas.

Finalmente nos encaminhamos para algoritmos de inteligência artificial, que apreendem com o comportamento dos investidores e do mercado, capazes de executar operações sofisticadas de proteção e/ou risco, mudando de acordo com cada perfil de investidor e, ao mesmo tempo, adequando-se em tempo real.

Atualmente, com o enorme avanço da tecnologia, diversas empresas têm o modelo baseado completamente (ou quase) em algoritmos, inclusive no mercado financeiro. Alguns fundos *hedge* americanos se especializaram em *trading* sistemático, usando modelos quantitativos derivados de análises matemáticas e estatísticas. As novas equipes são compostas por matemáticos, físicos, estatísticos, entre outros, alguns sem experiência no mercado financeiro. Hoje existe uma grande procura por fundos quantitativos, e os grandes bancos desenvolvem os próprios algoritmos.

Jim Simons é um investidor conhecido por revolucionar os fundos quantitativos. Formado em matemática, utiliza seus conhecimentos no mercado de ações. O foco do seu negócio são os modelos quantitativos, *data science* e *machine learning*, sempre aplicados no mercado financeiro. Em 1988, criou o Renaissance Technologies, ou RenTec, que está entre os fundos de *hedge* mais rentáveis da história. Inclusive, o mais conhecido, o Medallion Fund, teve grande parte de seu patrimônio constituído pelos lucros obtidos com ele.

Tem como premissas para montar sua equipe contratar as pessoas mais inteligentes que puder; e trabalhar em colaboração, para que todos saibam o que todo mundo está pesquisando e que não desperdicem seu tempo.

O uso de algoritmos e robôs não fica restrito aos grandes bancos. Expande-se crescentemente o número de *fintechs* que disponibilizam *software* avançado para o público em geral. Algumas até mesmo disponibilizam diariamente previsões para o desempenho de ações para diversas bolsas de valores ao redor do mundo, por meio de algoritmos de inteligência artificial.

Assim, cada vez mais os algoritmos estão presentes no mercado de capitais e podem sinalizar direções/tendências de movimentos previstos e, pela intensidade do sinal, indicam quando o preço atual se distancia do que é considerado o preço justo ou de equilíbrio. Tal qual uma mola esticada, quanto maior a tensão, mais rápido ela se move no retorno. Intervalos de tempo mais longos permitem maior previsibilidade, então os robôs utilizam grandes bancos de dados.

Os fundos quantitativos são um exemplo de como a tecnologia está transformando a maneira como os investidores abordam o mercado, combinando análise quantitativa avançada, modelagem estatística e algoritmos complexos para identificar padrões, tendências e oportunidades para tomar decisões de investimento.

As decisões financeiras são impactadas positivamente: maior eficiência e velocidade, redução de viés emocional, estratégias e técnicas de modelagem complexas. As estratégias quantitativas utilizadas permitem identificar e negociar tendências através de análises estatísticas (*trend following*), aproveitar discrepâncias de preços entre ativos relacionados (arbitragem estatística) e fornecer liquidez ao mercado comprando e vendendo ativos em curtos períodos (*market making*).

Destacamos as inovações para análise quântica das operações financeiras:

- *análise de big data* – coletar e processar uma grande quantidade de dados em tempo real, incluindo informações de mercado, notícias, dados econômicos e demais variáveis relevantes;
- *modelagem estatística avançada* – identificar correlações e relações entre diferentes ativos e fatores econômicos;
- *aprendizado de máquina e inteligência artificial* – analisar dados históricos e prever movimentos futuros do mercado;
- *negociação algorítmica* – negociações automatizadas com base nos sinais gerados por seus modelos, permitindo uma execução rápida e precisa;
- *diversificação e gerenciamento de risco* – abordagem quantitativa que possibilita diversificação eficiente e um monitoramento constante do risco para mitigar eventos imprevistos.

No entanto, é importante observar que os fundos quantitativos também enfrentam desafios, como a complexidade dos modelos, a sensibilidade às condições de mercado em constante mudança e a possibilidade de eventos inesperados que podem afetar os resultados. Ainda assim, a inovação dos fundos quantitativos destaca a crescente interseção entre finanças e tecnologia, influenciando significativamente a forma como os investidores abordam os mercados.

O segmento de gestão quantitativa no Brasil ainda é extremamente restrito. Atualmente, a maioria das gestoras no país segue o processo de investimento tradicional, cujas decisões de investimentos são tomadas por um economista-chefe e o time dele, após análise fundamentalista dos ativos.

No país, os sistemas automáticos de investimento estão ganhando mais espaço e estão separados em dois principais tipos:

- Tipo 1 – robô *trader*: compra e vende ações em milésimos de segundo, operando na bolsa de valores como um corretor virtual, e é um tipo de robô ideal para especuladores e especialistas em análise técnica.
- Tipo 2 – robô *advisor*: alinha sua carteira no longo prazo, ajudando você a administrar uma estratégia de investimentos sólida e com gestão automática dos ativos, com base em regras matemáticas; trabalha com os objetivos, com o perfil investidor, traçando estratégias de longo prazo. É voltado para pessoas com pouco tempo e conhecimento sobre o mercado de ações e realiza a alocação de ativos que faz mais sentido para o investidor.

Risco dos avanços tecnológicos

A rápida difusão da tecnologia móvel é um dos principais fatores para explicar o crescimento do acesso à internet entre a população brasileira. O aperfeiçoamento das competências digitais entre a população é fundamental, e entre as atividades realizadas *online* prevalecem a interação em redes sociais, sendo a mais frequente (58%), seguida de chamadas/envio de mensagens (55%), e busca de informações sobre bens e serviços (46%). O país está abaixo da média dos países da Organização para a Cooperação e Desenvolvimento Econômico (OCDE) e da América Latina em todas as atividades realizadas na internet, principalmente *internet banking*.

Os avanços da inteligência artificial (IA) prometem enormes benefícios para a humanidade, mas é preciso gerir proativamente os riscos que a acompanham. Essas inovações estão moldando o mercado de capitais, tornando-o mais acessível, transparente e eficiente, além de abrirem novas oportunidades de investimento e negociação para uma gama mais ampla de investidores. Entretanto, é importante reconhecer que essas tecnologias também apresentam desafios regulatórios e de segurança que precisam ser abordados para garantir um mercado de capitais saudável e seguro. A autorregulação da indústria é um primeiro passo importante. Discussões sociais mais amplas e intervenção governamental serão necessárias para criar e garantir seu cumprimento. A utilização dessas tecnologias em atividades de intermediação e gestão de recursos foi objeto de consulta da International Organization of Securities Commissions (Iosco, 2021) em 2020 (ver anexos I e II do relatório), com o objetivo de averiguar riscos e eventuais respostas dos reguladores no monitoramento e supervisão desses avanços.

A proposta de regulação de IA é ampla, alterando a regulação de diversos setores e referindo-se a tipos de uso, mas antecipa a responsabilidade de reguladores financeiros sobre a parcela das atividades do segmento que faz jus à supervisão.

- riscos inaceitáveis – tipos de uso e práticas que ficam proibidos com a proposta (como algumas situações de uso de sistemas de identificação biométrica remota em tempo real ou que permitem manipulação ou tratamento depreciativo de pessoas);
- alto risco – sistemas e modelos listados no anexo à regulação que ficarão sujeitos a uma série de requisitos dispostos na proposta;
- risco moderado – sujeitos a requerimentos informacionais para assegurar transparência;
- baixo risco – sem exigências regulatórios (recomenda-se a elaboração de código de conduta.

A exemplo das questões levantadas na consulta prévia da Iosco, a proposta do Parlamento Europeu traz conceitos e uma lista de práticas para enquadramento dos modelos de IA. A maior parte do documento é dedicada à definição e classificação dos modelos de risco elevado, que ficam sujeitos a registro prévio e são divididos em dois tipos: aqueles que constituem componentes de segurança de atividades setoriais e estão sujeitos a avaliação de conformidade dessa legislação específica e aqueles que não se enquadram nessa condição – *stand alone artificial intelligence* (AI) *systems*.

Os modelos de alto risco de IA ficam, ademais, sujeitos a requerimentos de gerenciamento de riscos, quanto aos dados utilizados e à respectiva governança, à documentação técnica e manutenção de registros, à transparência e fornecimento de informações a usuários, à supervisão humana, além de requisitos de resiliência a erros, inconsistência e vulnerabilidades, robustez e segurança cibernética. A proposta também detalha as condições para a criação de um conselho voltado para inteligência artificial e uma base de dados para o acompanhamento dos modelos tipo *stand alone*.

Os avanços tecnológicos trazem grandes facilidades e agilidade na atuação das instituições e na disponibilização de novos serviços. Mas tais avanços também potencializam o risco de ataques cibernéticos, fraudes e comprometimento de dados. Ataques do tipo *malware* (*softwares* que corrompem computadores e redes), vírus (*softwares* que danificam máquina, rede, *softwares* e banco de dados), *spyware* (*softwares* que coletam e monitoram o uso de informações) e *ransomware* (*softwares* que bloqueiam o acesso a sistemas e bases de dados, normalmente seguido de solicitação de resgate para liberação do acesso) são comuns no dia a dia das pessoas, empresas e instituições financeiras. As consequências vão desde risco de imagem até danos financeiros, sendo a rápida detecção e reposta essenciais, o que pressupõe preparo, planejamento e investimento por parte de empresas e instituições financeiras.

Finalmente, cabe destacar as palavras de João Pedro Nascimento, presidente da CVM, no Encontro Anual do Centro OECD-CVM de Educação e Letramento Financeiro para a América Latina e o Caribe (ALC):

> O Open Capital Markets tem o objetivo de empoderar os investidores do varejo e está alinhado, de forma coordenada, com diversas políticas do Banco Central, trazendo um pouco da experiência das finanças descentralizadas para dentro do mercado de capitais. Alguns exemplos são o *PIX* e as inciativas do *Open Banking*. Nossa proposta é iniciar os trabalhos em 2023 por meio de regra a ser editada e que tratará da portabilidade de fundos e transferência de custódia [Nascimento, 2022].

5. Fundos de investimento – tradicionais e alternativos

A indústria de fundos de investimento

A indústria de fundos de investimento tem papel fundamental no desenvolvimento do mercado de capitais, na intermediação da poupança doméstica e externa através de instrumentos de capital e dívida (pública e privada) e viabiliza o financiamento de longo prazo.

Os fundos de investimento são condomínios de investidores, que alocam recursos como cotistas, unidos com o objetivo de investir em ativos financeiros, para obter ganhos a partir da aquisição de carteira de títulos e valores mobiliários, tais como títulos da dívida pública, contratos de derivativos, ações, debêntures, bônus, cupons, direitos, ouro, certificados ou recibos emitidos no exterior e outros ativos financeiros.

Os investidores, quando aplicam os recursos de forma coletiva, obtêm ganhos de escala, maior diversificação de riscos, gestão profissional e maior segurança para suas aplicações. Os recursos canalizados pelos fundos de investimento permitem maior liquidez para o financiamento da dívida pública, e para a capitalização de empresas através do mercado de capitais. Como intermediária desse processo, é de responsabilidade da indústria de fundos zelar pelos recursos dos investidores, alocando-os de acordo com o mandato recebido, e administrar os riscos dos recursos sob sua administração.

Os fundos de investimento no país apresentam características complexas, com a exigência de ampla documentação, termo de adesão, *suitability*, entre outras salvaguardas. As inovações introduzidas no ordenamento jurídico dos fundos de investimento destacam a relevância de um ambiente regulatório sólido e funcional para esta indústria tão importante do mercado de capitais do Brasil.

Resolução CVM 175

A Comissão de Valores Mobiliário (CVM) editou novas regras para a indústria de fundos de investimentos, através da Resolução nº 175, de 23 de dezembro de 2022, que substitui a Instrução CVM nº 555, visando maior eficiência no funcionamento do mercado de fundos, redução de custos de observância e proteção dos investidores.

A nova regulamentação, que dispõe sobre a constituição, o funcionamento e a divulgação de informações dos fundos de investimento, bem como sobre a prestação de serviços para os fundos, pretende ser um arcabouço único que visa à transparência e redução de custos com mais oportunidades aos participantes. É composta por normas gerais aplicáveis a todos os fundos de investimento e por regras específicas que regulam as diferentes categorias. Inicialmente, a regra está sendo complementada pelos anexos do fundo de investimento financeiro (FIF) e do fundo de investimento em direitos creditórios (FIDC), com a conveniência e flexibilidade de posterior complementação por outras categorias de fundos.

Alguns dos destaques dos pilares da modernização são: limitação da responsabilidade de cada cotista ao valor das cotas subscritas; possibilidade de os fundos contarem com classes de cotas com patrimônios segregados para cada classe; e aplicação do instituto da insolvência civil aos fundos.

Novas possibilidades surgiram para o investidor nos FIFs (ações, cambiais, multimercado e renda fixa), tais como: possibilidades de investimento nos denominados "ativos ambientais" e em criptoativos; ampliação de limites de concentração por tipo de ativo financeiro; estabelecimento de limites de exposição ao risco de capital.

Em relação aos FIDCs, as novidades são: a atribuição de responsabilidade ao gestor pela estruturação do fundo, bem como pela verificação do lastro dos direitos creditórios; e a necessidade de os direitos creditórios serem submetidos a registro.

O funcionamento dos fundos de investimento depende de prévio registro na CVM, a quem compete a regulamentação e fiscalização das operações, e são obrigatoriamente constituídos por administrador – pessoa jurídica a quem coube aprovar por deliberação, no ato da constituição, o regulamento do fundo, dispondo ainda sobre taxa de administração, performance, ingresso e saída, nos termos da regulamentação vigente.

A Associação Brasileira das Entidades dos Mercados Financeiro e de Capitais (Anbima), organização sem fins lucrativos, agrega instituições como bancos, gestoras, corretoras, distribuidoras e administradoras, atuando no mercado há quatro décadas, e tem como premissas quatro compromissos: representar, autorregular, informar e educar, visando proteger os investidores.

A Anbima possui, no momento, dois códigos de regulação:

- *Código Anbima de Administração de Recursos de Terceiros.* Estabelece princípios e regras para as atividades relacionadas à administração de recursos, como administração fiduciária e gestão de recursos de terceiros em veículos de investimento. Seu objetivo é manter elevados padrões éticos no mercado e consolidar as melhores práticas para a atividade.
- *Código Anbima de Distribuição de Produtos de Investimentos.* Estabelece princípios e regras para as atividades relacionadas à distribuição de produtos de investimento. Entre seus objetivos, estão: elevar a transparência no relacionamento com os investidores, a padronização dos procedimentos e garantir a qualificação das instituições e de seus profissionais.

Os fundos de investimento, como já mencionado, são como condomínios que alocam recursos de cotistas unidos com o objetivo de investir em ativos financeiros. Para funcionar, necessitam de um administrador fiduciário, responsável legal pelo fundo; um gestor, responsável por gerir os recursos; um banco custodiante para guardar os ativos; um distribuidor, responsável pelo relacionamento com os investidores; e ainda um auditor independente para dar credibilidade às informações financeiras.

Vale ressaltar que todas as atuações descritas acima podem ser executadas por uma mesma instituição, com exceção do auditor independente, entretanto o mais comum no mercado de capitais é que os fundos façam a divisão dessas atribuições para diversos atores.

Seguem as atribuições de cada um.

- *Administrador.* O administrador fiduciário é o responsável legal pelo fundo de investimentos, ou seja, é ele que responde pelas informações aos cotistas, órgãos reguladores (a exemplo da CVM) e autorreguladores (Anbima), pela custódia, controladoria de ativos e passivos; mantém serviço de atendimento aos cotistas, cumpre o regulamento do fundo. Resumidamente, é ele que irá fazer a supervisão geral de todos outros colaboradores. Além disso, legalmente ainda é responsável pela marcação a mercado dos ativos, recolhimento dos impostos devidos pelos cotistas, tais como: imposto de renda, come-cotas e imposto sobre operações financeiras (IOF).

- *Gestor*. É o integrante do fundo responsável por investir os recursos dos cotistas a partir das estratégias estabelecidas previamente em regulamento, seguindo religiosamente a política de investimentos. Tem significância direta no retorno ou prejuízo do fundo, sempre buscando maximizar o patrimônio. Quase sempre os gestores do Brasil possuem a Certificação de Gestores Anbima (CGA) ou Chartered Financial Analyst (CFA) para exercer o cargo, o que os qualifica tecnicamente para a função. Todavia, somente isso não basta para efetivamente ser um bom gestor. Ele deve adotar boas práticas de investimentos, sem prometer rentabilidade aos investidores, acompanhar o mercado nacional e internacional, além, é claro, de escutar e respeitar as opiniões divergentes de cotistas em assembleias.
- *Custodiante*. Banco responsável por guardar os ativos do fundo, por exemplo, ações, títulos públicos e privados, sendo que deve enviar diariamente o inventário ao gestor e administrador. Além disso, também é encarregado da liquidação física e financeira dos ativos, ou seja, trata dos recebimentos e pagamentos dos ativos e recursos.
- *Distribuidor*. Entidade responsável pelo relacionamento com os investidores do fundo, ou seja, disponibiliza as cotas para negociação, atuando como uma espécie de vendedor. Na prática, são instituições financeiras autorizadas pela CVM a oferecer ou "vender" esses produtos. Podemos citar alguns exemplos, como:
  - bancos de investimento ou varejo;
  - corretoras e distribuidoras de títulos e valores mobiliários;
  - gestores.

Sua principal área de atuação se dá através dos assessores e/ou consultores de investimentos, que devem verificar o perfil de risco e objetivos dos clientes e, de posse dessas informações, sugerir investimentos aderentes a cada um. Devem, ainda, checar os possíveis casos de tentativa de lavagem de dinheiro, pendências judiciais com entidades de crédito ou qualquer outro impeditivo para aportes de potenciais clientes.

- *Auditor independente.* Entidade responsável por assegurar credibilidade às informações financeiras, checando a veracidade das contas, demonstrações contábeis e documentos preparados pela administração dos fundos de investimento. Por isso, a auditoria independente exerce um papel fundamental na transparência e proteção a todos os cotistas. Em linhas gerais, é um contador (perito) que presta esse serviço e, obrigatoriamente, deve ser cadastrado na CVM, sendo que o administrador é o responsável por arcar com os custos dos seus serviços, visto que estes *não* estão inclusos na taxa de administração.

Classificação de fundos

Ao longo dos últimos anos, a indústria de fundos de investimento se tornou mais sofisticada e produziu uma variedade de produtos. Como resultado, tornou-se necessário classificar os fundos da forma que melhor se adequasse à nova realidade.

De acordo com seus fatores de risco e estratégias, a classificação agrupa fundos de investimento que têm características semelhantes e são identificados de acordo com essas características. O objetivo da classificação é facilitar a comparação do desempenho de vários fundos, ajudar na tomada de decisões de investimento e aumentar a transparência do mercado.

Na classificação de fundos Anbima, os investimentos estão divididos em três níveis, sendo:

- 1º nível – classes de ativos;
- 2º nível – riscos;
- 3º nível – estratégias de investimento.

Podemos entender melhor qual fundo é mais adequado para cada tipo de investidor separando os três níveis com perguntas simples e básicas, como:

- 1º nível – o que pretende fazer com esse dinheiro?
- 2º nível – qual é o seu apetite a risco?
- 3º nível – quando precisa do dinheiro disponível?

Figura 5.1 | Nova classificação de fundos

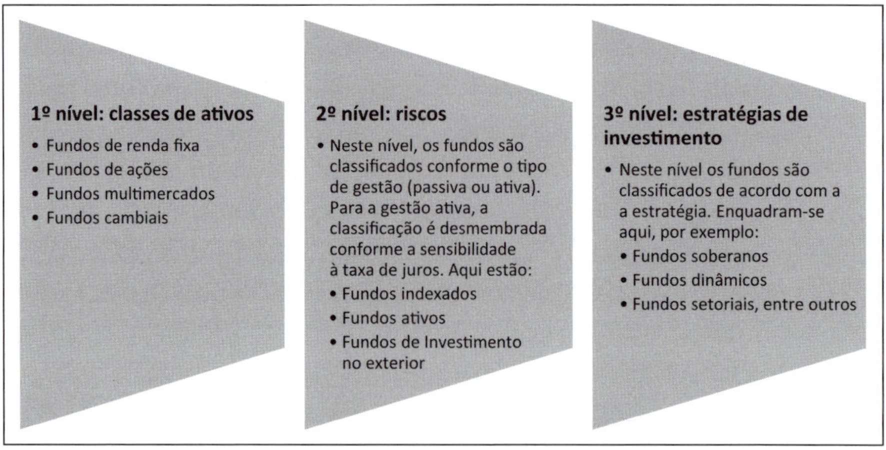

Fonte: elaborada pelos autores com base nas informações da Cartilha da Nova Classificação de Fundos (Anbima, 2023c).

A seguir, veja um exemplo de como funciona essa dinâmica para cada uma das quatro classes de ativos existentes: fundos de renda fixa, fundos de ações, fundos multimercados e fundos cambiais.

Classe: fundos de renda fixa

Figura 5.2 | Categorização dos fundos de renda fixa

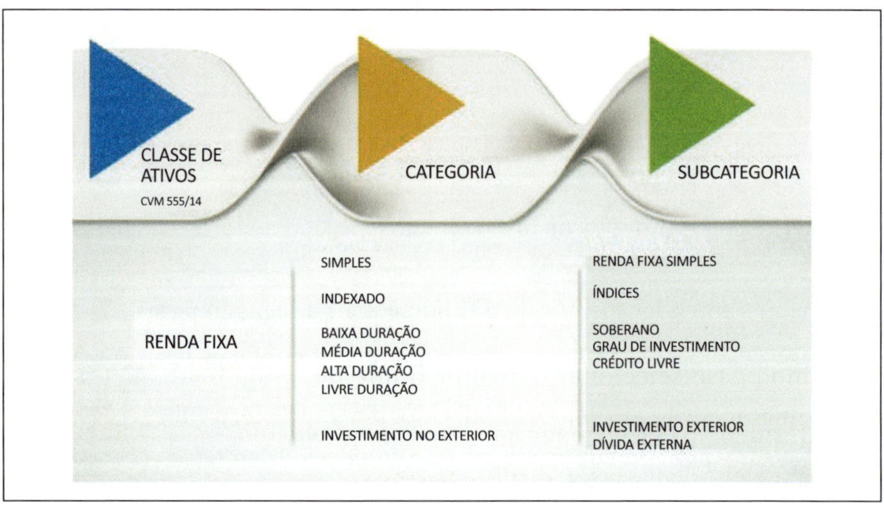

Fonte: Cartilha da Nova Classificação de Fundos (Anbima, 2023c).

Principais características

Fundos de renda fixa devem possuir no mínimo 80% da carteira em ativos relacionados diretamente ao fator de risco que dá nome à classe, como títulos privados (certificado de depósito bancário – CDB; letra de crédito imobiliário – LCI; letra de crédito do agronegócio – LCA; debêntures) e títulos públicos (letra financeira do Tesouro – LFT; notas do Tesouro nacional série B – NTN-B; letra do Tesouro nacional – LTN).

Existem quatro subclassificações que chamamos de sufixos nos fundos de classe renda fixa, como segue.

Figura 5.3 | Sufixos dos fundos de renda fixa

Simples

- Mínimo 95% do patrimônio líquido aplicado em títulos públicos federais ou privados com classificação equivalente aos da dívida pública.
- Limite de concentração de 50% nos títulos privados.
- Uso de derivativos somente permitido para fazer *hedge*.
- Dispensa investidores da assinatura de termo de adesão e adequação ao API.
- Proibição de cobrança de taxa de performance.

Curto prazo

- Aplicam 100% dos recursos exclusivamente em títulos públicos federais ou privados com baixo risco de crédito.
- Prazo máximo dos títulos de 375 dias, com prazo médio da carteira do fundo inferior a 60 dias.
- Uso de derivativos somente permitido para fazer *hedge*.
- Proibição de cobrança de taxa de performance (exceto para investidores qualificados).

Referenciado

- Aplicam 80% do patrimônio líquido em títulos públicos federais ou privados com baixo risco de crédito.
- Mínimo de 95% da carteira deve ser composta por ativos financeiros que replicam seu *benchmark* (referência).
- Uso de derivativos somente permitido para fazer *hedge*.
- Proibição de cobrança de taxa de performance (exceto para investidores qualificados), ou quando o fundo for classificado como longo prazo.

Dívida externa

- Mínimo de 80% do seu patrimônio líquido em títulos representativos da dívida externa de responsabilidade da União.
- Uso de derivativos somente permitido para fazer *hedge*.
- Permitida a cobrança de taxa de performance.

Fonte: elaborada pelos autores.

Mais Retorno

Como posso selecionar o melhor fundo de renda fixa? Para começar, visite um *site* especializado, por exemplo, o *site* Mais Retorno, para descobrir o que está acontecendo no setor financeiro.

Quadro 5.1 | Lista de fundos de investimento segundo o site Mais Retorno

Pesquise por Nome

46910 fundos encontrados Exportar

Fundo	Posição	CNPJ	Status	Benchmark	Classe	Subclasse
FI ESPECIALMENTE CONSTITUIDO CANADA LIFE BANIF PRIMUS PREV	1°	06.001.904/0001-18	CANCELADO	-	-	-
FIC FI CAIXA FÁCIL RF SIMPLES	2°	05.114.716/0001-33	OPERACIONAL	NÃO SE APLICA	Renda Fixa	Simples
NU RESERVA IMEDIATA FIC FI RF REFERENCIADO DI	3°	42.699.466/0001-77	OPERACIONAL	CDI	Renda Fixa	Duração Baixa Grau de Investimento
BRADESCO FIC FIA	4°	47.178.058/0001-93	OPERACIONAL	IBOVESPA FECHAMENTO	Ações	Ativos Índice Ativo
ITAÚ AÇÕES BLUE FIC FI	5°	29.546.256/0001-80	OPERACIONAL	IBOVESPA FECHAMENTO	Ações	Ativos Índice Ativo
SUPER BANESPA APLICACAO COTAS FI FINANCEIRO DI TOP	6°	02.543.873/0001-76	CANCELADO	-	-	-
ITAÚ AÇÕES IBRX ATIVO FIC FI	7°	54.486.055/0001-82	OPERACIONAL	IBRX-100	Ações	Ativos Índice Ativo
NU SELEÇÃO CAUTELA FIC FIM	8°	40.386.403/0001-35	OPERACIONAL	CDI	Multimercado	Alocação Dinâmicos
BRADESCO BA FIC FIA	9°	47.177.894/0001-53	OPERACIONAL	IBOVESPA FECHAMENTO	Ações	Ativos Índice Ativo
BB RF REFERENCIADO DI PLUS ÁGIL FIC FI	10°	05.943.661/0001-74	OPERACIONAL	CDI	Renda Fixa	Duração Baixa Grau de Investimento
FI CAIXA SIMPLES RF LP	11°	22.791.329/0001-50	OPERACIONAL	NÃO SE APLICA	Renda Fixa	Simples
TREND INB FIC FI RF SIMPLES	12°	37.910.132/0001-60	OPERACIONAL	NÃO SE APLICA	Renda Fixa	Simples
SUPER BANESPA APLICACAO COTAS FI FINANCEIRO DI VIP	13°	02.543.845/0001-59	CANCELADO	-	-	-
BRADESCO APOSENTADORIA PROGRAMADA INDIVIDUAL FAPI FIX	14°	02.185.027/0001-21	OPERACIONAL	NÃO SE APLICA	Previdência	Renda Fixa Duração Baixa Soberano
BB RF SIMPLES ÁGIL FIC FI	15°	43.617.343/0001-02	OPERACIONAL	TAXA SELIC	Renda Fixa	Simples

Fonte: <https://maisretorno.com/app/rastreador-fundos>. Acesso em: jul. 2023.

Existem hoje em torno de 46.910 fundos de investimento no mercado de capitais brasileiro, conforme o *site* Mais Retorno. Selecionaremos apenas aqueles que estão com *status* operacional, excluindo os que estão cancelados ou pré--operacionais.

Quadro 5.2 | Lista de fundos de investimento operacionais segundo o site Mais Retorno

Limpar filtros | Status - É - Operacional

Pesquise por Nome

25143 fundos encontrados Exportar

Fundo	Status	Benchmark	Classe	Subclasse	PL	PL últimos 12 meses
FIC FI CAIXA FÁCIL RF SIMPLES	OPERACIONAL	NÃO SE APLICA	Renda Fixa	Simples	R$ 16,70 bi	R$ 15,65 bi
NU RESERVA IMEDIATA FIC FI RF REFERENCIADO DI	OPERACIONAL	CDI	Renda Fixa	Duração Baixa Grau de Investimento	R$ 1,36 bi	R$ 1,11 bi
BRADESCO FIC FIA	OPERACIONAL	IBOVESPA FECHAMENTO	Ações	Ativos Índice Ativo	R$ 509,43 mi	R$ 495,15 mi
ITAÚ AÇÕES BLUE FIC FI	OPERACIONAL	IBOVESPA FECHAMENTO	Ações	Ativos Índice Ativo	R$ 125,75 mi	R$ 123,17 mi
ITAÚ AÇÕES IBRX ATIVO FIC F	OPERACIONAL	IBRX-100	Ações	Ativos Índice Ativo	R$ 565,66 mi	R$ 566,17 mi
NU SELEÇÃO CAUTELA FIC FIM	OPERACIONAL	CDI	Multimercado	Alocação Dinâmicos	R$ 135,90 mi	R$ 129,49 mi
BRADESCO BA FIC FIA	OPERACIONAL	IBOVESPA FECHAMENTO	Ações	Ativos Índice Ativo	R$ 14,80 mi	R$ 14,39 mi
BB RF REFERENCIADO DI PLUS ÁGIL FIC FI	OPERACIONAL	CDI	Renda Fixa	Duração Baixa Grau de Investimento	R$ 28,56 bi	R$ 25,81 bi
FI CAIXA SIMPLES RF LP	OPERACIONAL	NÃO SE APLICA	Renda Fixa	Simples	R$ 692,88 mi	R$ 886,06 mi
TREND INB FIC FI RF SIMPLES	OPERACIONAL	NÃO SE APLICA	Renda Fixa	Simples	R$ 277,09 mi	R$ 195,37 mi
BRADESCO APOSENTADORIA PROGRAMADA INDIVIDUAL FAPI FIX	OPERACIONAL	NÃO SE APLICA	Previdência	Renda Fixa Duração Baixa Soberano	R$ 523,04 mi	R$ 497,37 mi
BB RF SIMPLES ÁGIL FIC FI	OPERACIONAL	TAXA SELIC	Renda Fixa	Simples	R$ 16,09 bi	R$ 12,40 bi
BB RF LP HIGH FIC FI	OPERACIONAL	CDI	Renda Fixa	Duração Livre Grau de Investimento	R$ 28,11 bi	R$ 24,96 bi
FIC FI CAIXA GIRO IMEDIATO RF REF DI LP	OPERACIONAL	CDI	Renda Fixa	Duração Baixa Grau de Investimento	R$ 6,19 bi	R$ 7,72 bi
BRADESCO FIC FI RF SIMPLES AUTOMÁTICO	OPERACIONAL	CDI	Renda Fixa	Simples	R$ 12,02 bi	R$ 9,45 bi

Fonte: <https://maisretorno.com/app/rastreador-fundos>. Acesso em: jul. 2023.

Ainda temos 25.143 fundos, então vamos buscar aqueles da classe de renda fixa, que é o que nos interessa no momento.

Quadro 5.3 | Lista de fundos de investimento operacionais da classe renda fixa segundo o site Mais Retorno

Limpar filtros | Status - É - Operacional | Classe - Incluir - Renda Fixa

Pesquise por Nome

3327 fundos encontrados

Fundo	Posição	CNPJ	Status	Benchmark	Classe	Subclasse
FIC FI CAIXA FÁCIL RF SIMPLES	1º	05.114.716/0001-33	OPERACIONAL	NÃO SE APLICA	Renda Fixa	Simples
NU RESERVA IMEDIATA FIC FI RF REFERENCIADO DI	2º	42.699.466/0001-77	OPERACIONAL	CDI	Renda Fixa	Duração Baixa Grau de Investimento
BB RF REFERENCIADO DI PLUS ÁGIL FIC FI	3º	05.943.661/0001-74	OPERACIONAL	CDI	Renda Fixa	Duração Baixa Grau de Investimento
FI CAIXA SIMPLES RF LP	4º	22.791.329/0001-50	OPERACIONAL	NÃO SE APLICA	Renda Fixa	Simples
TREND INB FIC FI RF SIMPLES	5º	37.910.132/0001-60	OPERACIONAL	NÃO SE APLICA	Renda Fixa	Simples
BB RF SIMPLES ÁGIL FIC FI	6º	43.617.343/0001-02	OPERACIONAL	TAXA SELIC	Renda Fixa	Simples
BB RF LP HIGH FIC FI	7º	29.224.634/0001-00	OPERACIONAL	CDI	Renda Fixa	Duração Livre Grau de Investimento
FIC FI CAIXA GIRO IMEDIATO RF REF DI LP	8º	17.502.869/0001-37	OPERACIONAL	CDI	Renda Fixa	Duração Baixa Grau de Investimento
BRADESCO FIC FI RF SIMPLES AUTOMÁTICO	9º	07.667.259/0001-30	OPERACIONAL	CDI	Renda Fixa	Simples
BB RF SIMPLES FI	10º	22.051.699/0001-51	OPERACIONAL	NÃO SE APLICA	Renda Fixa	Simples
ITAÚ PRIVILÈGE RF REFERENCIADO DI FIC FI	11º	26.199.519/0001-34	OPERACIONAL	CDI	Renda Fixa	Duração Baixa Grau de Investimento
BB RF MAIS AUTOMÁTICO SIMPLES FIC FI	12º	05.102.500/0001-58	OPERACIONAL	TAXA SELIC	Renda Fixa	Simples
INTER CONSERVADOR PLUS FI RF LP	13º	09.720.710/0001-60	OPERACIONAL	CDI	Renda Fixa	Duração Livre Crédito Livre
BRADESCO FIC FI RF REFERENCIADO DI HIPERFUNDO	14º	03.766.575/0001-08	OPERACIONAL	CDI	Renda Fixa	Duração Baixa Grau de Investimento
BB RF REFERENCIADO DI ÁGIL FIC FI	15º	00.756.851/0001-69	OPERACIONAL	CDI	Renda Fixa	Duração Baixa Grau de Investimento

Fonte: <https://maisretorno.com/app/rastreador-fundos>. Acesso em: jul. 2023.

Segundo o *site* Mais Retorno, existiam 3.327 fundos de investimento em renda fixa em 6 de junho de 2023.

Assim, já tendo escolhido pelo *status* operacional, ainda excluindo os fundos de renda fixa pré-operacionais e/ou cancelados, também pela classe de renda fixa, vamos agora continuar com outro critério, pelo número maior de cotistas, com no mínimo 100 mil cotistas.

Pelo perfil atual do Ibovespa, as 20 ações mais negociadas representam mais de 2/3 do volume total, sendo que os cinco papéis mais negociados – VALE3, ITUB4, PETR4, PETR3 e BBDC4 representam mais de 1/3 na média do volume diário negociado. No que se refere a investimentos em ações, podemos admitir que, quanto mais acionistas e negociações, melhores as possibilidades de replicar a performance do Ibovespa. Já que o maior número de acionistas é critério para investir em ações que tenham liquidez, então o número de cotistas deveria também ajudar a indicar alguns dos melhores fundos.

Quadro 5.4 | Lista de fundos de investimento operacionais da classe renda fixa com mais de 100 mil cotistas segundo o site Mais Retorno

Limper filtros | Status - É - Operacional | Classe - Incluir - Renda Fixa | Quantidade de cotistas - É - maior que 100000

Pesquise por Nome

22 fundos encontrados | Exportar

Fundo	sição	CNPJ	Status	Benchmark	Classe	Subclasse	Quantidade de Cotis
FIC FI CAIXA FÁCIL RF SIMPLES	1°	05.114.716/0001-33	OPERACIONAL	NÃO SE APLICA	Renda Fixa	Simples	1,10 mi
NU RESERVA IMEDIATA FIC FI RF REFERENCIADO DI	2°	42.699.466/0001-77	OPERACIONAL	CDI	Renda Fixa	Duração Baixa Grau de Investimento	892,33 mil
BB RF REFERENCIADO DI PLUS ÁGIL FIC FI	3°	05.943.661/0001-74	OPERACIONAL	CDI	Renda Fixa	Duração Baixa Grau de Investimento	500,73 mil
FI CAIXA SIMPLES RF LP	4°	22.791.329/0001-50	OPERACIONAL	NÃO SE APLICA	Renda Fixa	Simples	499,17 mil
TREND INB FIC FI RF SIMPLES	5°	37.910.132/0001-60	OPERACIONAL	NÃO SE APLICA	Renda Fixa	Simples	498,95 mil
BB RF SIMPLES ÁGIL FIC FI	6°	43.617.343/0001-02	OPERACIONAL	TAXA SELIC	Renda Fixa	Simples	466,82 mil
BB RF LP HIGH FIC FI	7°	29.224.634/0001-00	OPERACIONAL	CDI	Renda Fixa	Duração Livre Grau de Investimento	321,61 mil
FIC FI CAIXA GIRO IMEDIATO RF REF DI LP	8°	17.502.869/0001-37	OPERACIONAL	CDI	Renda Fixa	Duração Baixa Grau de Investimento	286,08 mil
BRADESCO FIC FI RF SIMPLES AUTOMÁTICO	9°	07.667.259/0001-30	OPERACIONAL	CDI	Renda Fixa	Simples	281,55 mil
BB RF SIMPLES FI	10°	22.051.699/0001-51	OPERACIONAL	NÃO SE APLICA	Renda Fixa	Simples	278,75 mil
ITAÚ PRIVILÈGE RF REFERENCIADO DI FIC FI	11°	26.199.519/0001-34	OPERACIONAL	CDI	Renda Fixa	Duração Baixa Grau de Investimento	263,17 mil
BB RF MAIS AUTOMÁTICO SIMPLES FIC FI	12°	05.102.500/0001-58	OPERACIONAL	TAXA SELIC	Renda Fixa	Simples	261,89 mil
INTER CONSERVADOR PLUS FI RF LP	13°	09.720.710/0001-60	OPERACIONAL	CDI	Renda Fixa	Duração Livre Crédito Livre	232,99 mil
BRADESCO FIC FI RF REFERENCIADO DI HIPERFUNDO	14°	03.766.575/0001-08	OPERACIONAL	CDI	Renda Fixa	Duração Baixa Grau de Investimento	185,83 mil
BB RF REFERENCIADO DI ÁGIL FIC FI	15°	00.756.851/0001-69	OPERACIONAL	CDI	Renda Fixa	Duração Baixa Grau de Investimento	184,17 mil

Fonte: <https://maisretorno.com/app/rastreador-fundos>. Acesso em: jul. 2023.

São 22 os fundos de investimento em renda fixa com mais de 100 mil cotistas, sendo o maior o FIC FI CAIXA FÁCIL RF SIMPLES, com cerca de 1,1 milhão de cotistas. Então, será nosso escolhido.

Figura 5.4 | Gráfico de rentabilidade do fundo FIC FI CAIXA FÁCIL RF SIMPLES

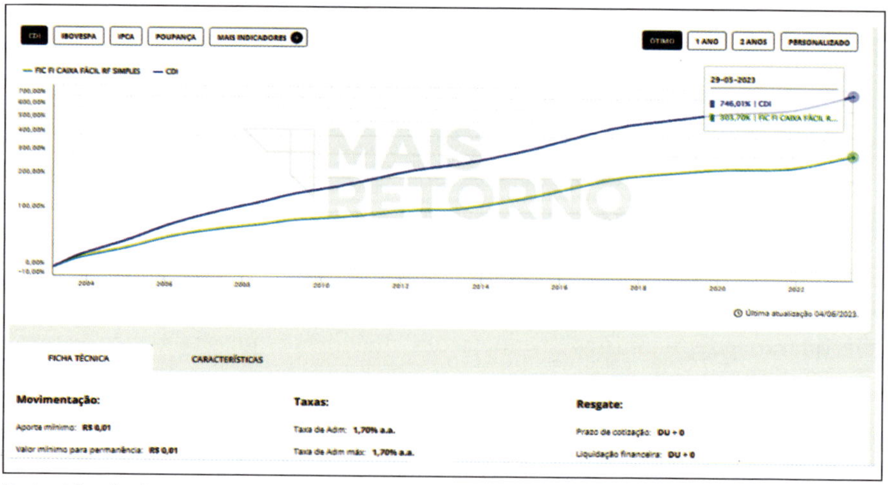

Fonte: <https://maisretorno.com/fundo/fic-fi-caixa-facil-rf-simples>. Acesso em: jul. 2023.

Certamente não foi uma boa escolha, enquanto o certificado de depósito interbancário (CDI) teve uma variação positiva de 745% no período de 20 anos, o FIC FI CAIXA RF SIMPLES somente valorizou 304%; então podemos concluir que selecionar por *status*, classe e maior número de cotistas não é suficiente para escolha do melhor fundo para investir.

Classe: fundos de ações

Figura 5.5 I Categorização dos fundos de ações

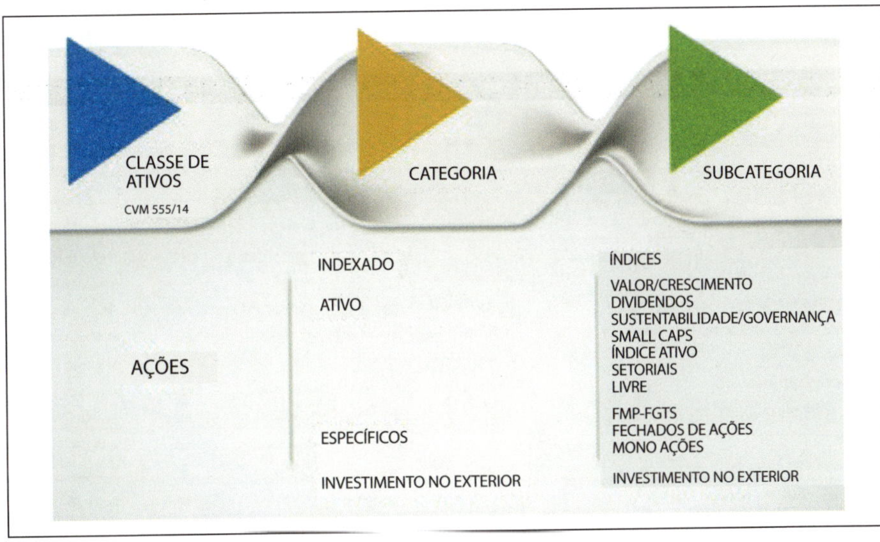

Fonte: Cartilha da Nova Classificação de Fundos (Anbima 2023c).

Principais características

- Mínimo de 67% do patrimônio líquido em ações, bônus ou recibos de subscrição, cotas de fundos de ações, *Brazilian depositary receipts* (BDRs) níveis II e III;
- os 33% remanescentes podem ser aplicados em qualquer outro ativo (incluindo propriamente ações, até chegar ao patamar de 100% do patrimônio líquido);
- permitida cobrança de taxa de performance;
- uso livre de derivativos.

Já vimos que existem hoje em torno de 46.910 fundos de investimento no mercado de capitais brasileiro, conforme *site* Mais Retorno; então, depois de selecionar aqueles que estão com *status* operacional, excluindo os que estão cancelados ou pré-operacionais, e ainda escolhidos somente os da classe de fundos de ações, restaram 4.018, conforme quadro 5.5.

Mais Retorno

Quadro 5.5 | Lista de fundos de investimento operacionais da classe fundos de ações segundo o site Mais Retorno

Limpar filtros | Status - É - Operacional | Classe - Incluir - Ações

Pesquise por Nome

4018 fundos encc

Fundo	Posição	CNPJ	Status	Benchmark	Classe	Subclasse
BRADESCO FIC FIA	1°	47.178.058/0001-93	OPERACIONAL	IBOVESPA FECHAMENTO	Ações	Ativos Índice Ativo
ITAÚ AÇÕES BLUE FIC FI	2°	29.546.256/0001-80	OPERACIONAL	IBOVESPA FECHAMENTO	Ações	Ativos Índice Ativo
ITAÚ AÇÕES IBRX ATIVO FIC FI	3°	54.486.055/0001-82	OPERACIONAL	IBRX-100	Ações	Ativos Índice Ativo
BRADESCO BA FIC FIA	4°	47.177.894/0001-53	OPERACIONAL	IBOVESPA FECHAMENTO	Ações	Ativos Índice Ativo
SANTANDER FIC FI ÔNIX AÇÕES	5°	88.002.696/0001-36	OPERACIONAL	IBOVESPA FECHAMENTO	Ações	Ativos Índice Ativo
ALFA FIC FIA	6°	47.177.431/0001-91	OPERACIONAL	IBOVESPA FECHAMENTO	Ações	Ativos Livre
FIC FIA ACUMULAÇÃO 157	7°	21.287.436/0001-83	OPERACIONAL	IBRX	Ações	Ativos Índice Ativo
BRADESCO FIC FIA MAXI	8°	47.178.405/0001-88	OPERACIONAL	IBOVESPA FECHAMENTO	Ações	Ativos Índice Ativo
CAIXA MÚTUO PRIVATIZAÇÃO FGTS ELETROBRAS	9°	45.160.183/0001-40	OPERACIONAL	NÃO SE APLICA	Ações	Específicos FMP-FGTS
BRADESCO FIC FIA IV	10°	47.176.334/0001-84	OPERACIONAL	IBOVESPA FECHAMENTO	Ações	Ativos Índice Ativo
WESTERN ASSET FIA BDR NÍVEL I	11°	19.831.126/0001-36	OPERACIONAL	NÃO SE APLICA	Ações	Ativos Livre
XP MÚTUO PRIVATIZAÇÃO FGTS ELETROBRÁS	12°	45.088.790/0001-47	OPERACIONAL	IBOVESPA	Ações	Específicos FMP-FGTS
MB FIA	13°	18.799.585/0001-17	OPERACIONAL	NÃO SE APLICA	Ações	Ativos Livre
ALASKA INSTITUCIONAL FIA	14°	26.673.556/0001-32	OPERACIONAL	NÃO SE APLICA	Ações	Ativos Livre
ITAÚ MÚTUO PRIVATIZAÇÃO FGTS ELETROBRAS	15°	42.520.416/0001-80	OPERACIONAL	OUTROS	Ações	Específicos FMP-FGTS

Fonte: <https://maisretorno.com/app/rastreador-fundos>. Acesso em: jul. 2023.

Assim, já tendo escolhido pelo *status* operacional, ainda excluindo os fundos de ações pré-operacionais e/ou cancelados, também pela classe de fundos de ações, vamos agora continuar com outro critério, pelo número maior de cotistas, com no mínimo 100 mil cotistas.

Conforme já destacado, pelo perfil atual do Ibovespa, as 20 ações mais negociadas representam mais de 2/3 do volume total, sendo que os cinco papéis mais negociados – VALE3, ITUB4, PETR4, PETR3 e BBDC4 representam mais de 1/3 na média do volume diário, de forma que no que, se refere a investimentos em ações, podemos admitir que, quanto mais acionistas e negociações, melhores as possibilidades de replicar a performance do Ibovespa.

Quadro 5.6 | Lista de fundos de investimento operacionais da classe fundos de ações com mais de 100 mil cotistas segundo o site Mais Retorno

Limpar filtros | Status - É - Operacional | Classe - Incluir - Ações | Quantidade de cotistas - É - maior que 100000

Pesquise por Nome

9 fundos encontrados | Exportar

Fundo	Posição	CNPJ	Status	Benchmark	Classe	Subclasse	Quantidade de Cotistas
BRADESCO FIC FIA	1º	47.178.058/0001-93	OPERACIONAL	IBOVESPA FECHAMENTO	Ações	Ativos Índice Ativo	818,51 mil
ITAÚ AÇÕES BLUE FIC FI	2º	29.546.256/0001-80	OPERACIONAL	IBOVESPA FECHAMENTO	Ações	Ativos Índice Ativo	685,53 mil
ITAÚ AÇÕES IBRX ATIVO FIC FI	3º	54.486.055/0001-82	OPERACIONAL	IBRX-100	Ações	Ativos Índice Ativo	589,31 mil
BRADESCO BA FIC FIA	4º	47.177.894/0001-53	OPERACIONAL	IBOVESPA FECHAMENTO	Ações	Ativos Índice Ativo	505,85 mil
SANTANDER FIC FI ÔNIX AÇÕES	5º	88.002.696/0001-36	OPERACIONAL	IBOVESPA FECHAMENTO	Ações	Ativos Índice Ativo	267,87 mil
ALFA FIC FIA	6º	47.177.431/0001-91	OPERACIONAL	IBOVESPA FECHAMENTO	Ações	Ativos Livre	235,37 mil
FIC FIA ACUMULAÇÃO 157	7º	21.287.436/0001-83	OPERACIONAL	IBRX	Ações	Ativos Índice Ativo	192,86 mil
BRADESCO FIC FIA MAXI	8º	47.178.405/0001-88	OPERACIONAL	IBOVESPA FECHAMENTO	Ações	Ativos Índice Ativo	175,63 mil
CAIXA MÚTUO PRIVATIZAÇÃO FGTS ELETROBRAS	9º	45.160.183/0001-40	OPERACIONAL	NÃO SE APLICA	Ações	Específicos FMP-FGTS	104,40 mil

Fonte: <https://maisretorno.com/app/rastreador-fundos>. Acesso em: jul. 2023.

São nove os fundos de investimento em ações com mais de 100 mil cotistas, sendo o maior o BRADESCO FIC FIA, com algo em torno de 820 mil; então será nosso escolhido.

Figura 5.6 | Gráfico de rentabilidade do fundo BRADESCO FIC FIA

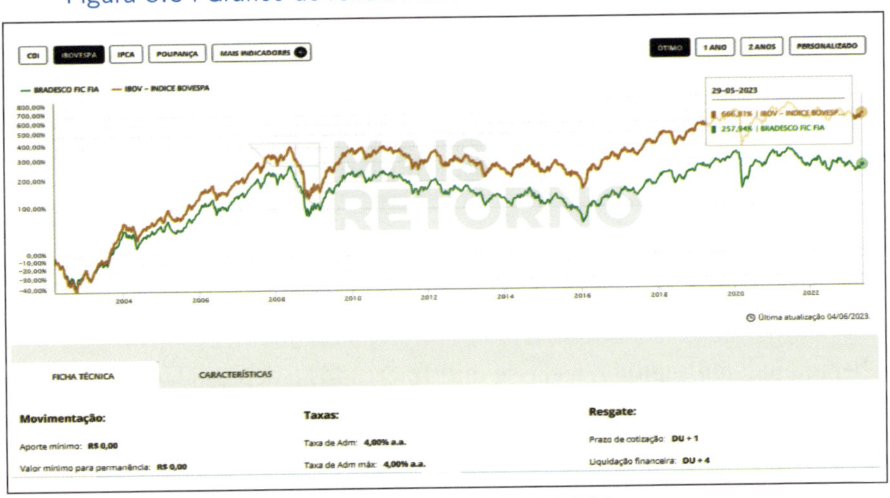

Fonte: <https://maisretorno.com/fundo/bradesco-fic-fia>. Acesso em: jul. 2023.

Outra vez, não foi uma boa escolha. Durante quase 20 anos, o Ibovespa valorizou cerca de 667%, enquanto o BRADESCO FIC FIA teve uma variação de 258% no mesmo período. Portanto, a escolha por *status*, classe e maior número de cotistas não é suficiente para selecionar o melhor fundo de ações para investir.

Classe: fundos multimercados

Figura 5.7 | Categorização dos fundos multimercados

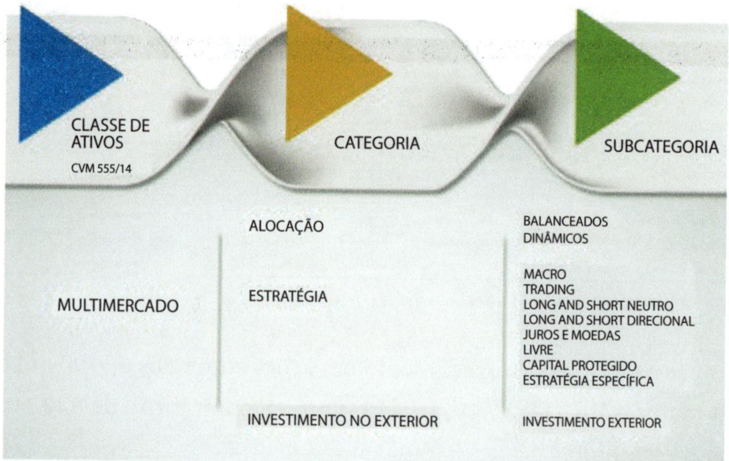

Fonte: Cartilha da Nova Classificação de Fundos (Anbima, 2023c).

Principais características

- Possuem liberdade na política de investimentos, sem compromisso de concentração em nenhuma classe predeterminada;
- uso livre de derivativos;
- permitida cobrança de taxa de performance.

Da mesma forma que fizemos anteriormente, primeiro escolhendo o *status* operacional; em seguida, a classe multimercados e depois classificando em ordem decrescente por número de cotistas. Eliminando aqueles fundos com menos de 100 mil cotistas, remanesceram somente quatro fundos multimercados, conforme o quadro 5.7.

Quadro 5.7 | Lista de fundos de investimento operacionais da classe multimercados com mais de 100 mil cotistas segundo o site Mais Retorno

Limpar filtros | Status · É · Operacional | Classe · Incluir · Multimercado | Quantidade de cotistas · É · maior que 100000

Pesquise por Nome — 4 fundos encontrados — Exportar

Fundo	ção	CNPJ	Status	Benchmark	Classe	Subclasse	Quantidade de Cotistas	PL
NU SELEÇÃO CAUTELA FIC FIM	1°	40.386.403/0001-35	OPERACIONAL	CDI	Multimercado	Alocação Dinâmicos	553,11 mil	R$ 136,90 mi
BB MULTIMERCADO LP JUROS MOEDAS FIC FI	2°	06.015.368/0001-00	OPERACIONAL	CDI	Multimercado	Estratégia Juros e Moedas	202,16 mil	R$ 17,30 bi
NU SELEÇÃO POTENCIAL FIC FIM	3°	40.156.155/0001-36	OPERACIONAL	CDI	Multimercado	Alocação Dinâmicos	175,04 mil	R$ 38,75 mi
NU SELEÇÃO EQUILIBRIO FIC FIM	4°	40.121.890/0001-04	OPERACIONAL	CDI	Multimercado	Alocação Dinâmicos	172,85 mil	R$ 62,86 mi

Fonte: <https://maisretorno.com/app/rastreador-fundos>. Acesso em: jul. 2023.

O primeiro colocado no *ranking*, com mais de 550 mil cotistas, foi o NU SELEÇÃO CAUTELA FIC FIM, de forma que foi o escolhido para nossa avaliação de performance, como mostra a figura 5.8.

Figura 5.8 | Gráfico de rentabilidade do fundo NU SELEÇÃO CAUTELA FIC FIM

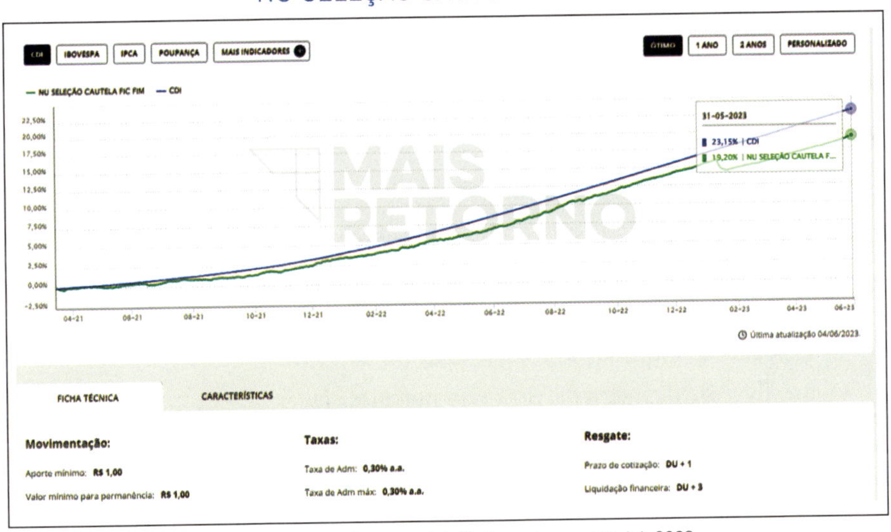

Fonte: <https://maisretorno.com/fundo/nu-selecao-cautela-fic-fim>. Acesso em: jul. 2023.

Novamente não foi uma boa escolha. Desde abril de 2021 o CDI valorizou cerca de 23%, enquanto o NU SELEÇÃO CAUTELA FIC FIM teve uma variação de 19% no mesmo período. Portanto, a escolha por *status*, classe e maior número de cotistas não é suficiente para adotar o melhor fundo de ações para investir.

Classe: fundos cambiais

Figura 5.9 | Categorização dos fundos cambiais

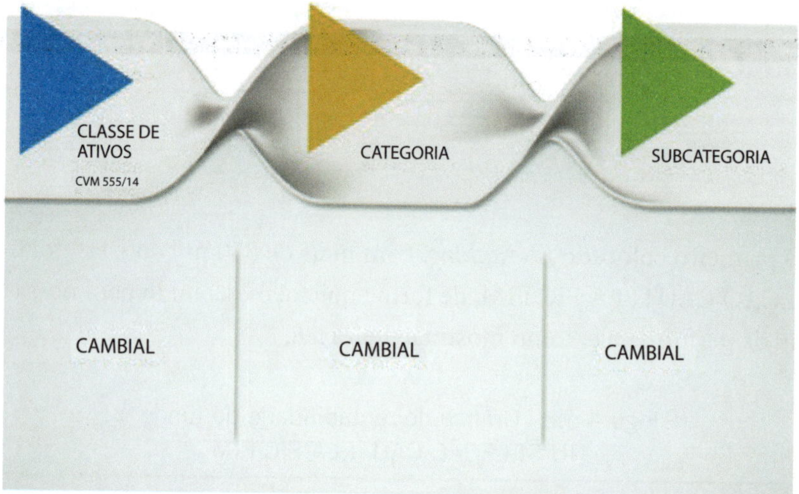

Fonte: Cartilha da Nova Classificação de Fundos (Anbima, 2023c).

Principais características

- Mínimo de 80% do patrimônio líquido (PL) em ativos ligados a variação cambial; os 20% remanescentes devem ser aplicados exclusivamente em títulos e operações de renda fixa prefixada, indexada à Selic (Sistema Especial de Liquidação e Custódia) ou ao CDI;
- uso livre de derivativos, mas não permite alavancagem;
- permite cobrança de taxa de performance;
- aplicação e resgates sempre em moeda local (reais).

Concentração por emissor

Fundos de investimento devem ainda observar o limite de concentração por emissor, sem que haja prejuízo das normas aplicáveis a sua classe:

- até 20% do patrimônio líquido do fundo quando o emissor for uma instituição financeira autorizada a funcionar pelo Banco Central;

- até 10% do patrimônio líquido do fundo quando o emissor for companhia aberta;
- até 10% do patrimônio líquido do fundo quando o emissor for fundo de investimento;
- até 5% do patrimônio líquido do fundo quando o emissor for pessoa física ou jurídica de direito privado que não seja companhia aberta ou instituição financeira autorizada a funcionar pelo Banco Central;
- não existe limite de concentração quando o emissor for a União federal.

Da mesma forma que fizemos anteriormente, primeiro escolhendo o *status* operacional, em seguida escolhendo a classe fundos cambiais e depois classificando em ordem decrescente por número de cotistas – eliminando aqueles fundos com menos de 5 mil cotistas –, remanesceram somente cinco fundos cambiais, conforme o quadro 5.8.

Quadro 5.8 | Lista de fundos de investimento operacionais da classe fundos cambiais com mais de 5 mil cotistas segundo o site Mais Retorno

Limpar filtros | Status - É - Operacional | Classe - Incluir - Cambial | Quantidade de cotistas - É - maior que 5000

Pesquise por Nome

5 fundos encontrados | Exportar

Fundo	Posição	CNPJ	Status	Benchmark	Classe	Subclasse	Quantidade de Cotistas	PL
TREND DOLAR FI CAMBIAL	1°	31.132.386/0001-19	OPERACIONAL	NÃO SE APLICA	Cambial	-	11,24 mil	R$ 308,38 mi
BV DÓLAR CAMBIAL FIC FI	2°	03.319.016/0001-50	OPERACIONAL	DÓLAR PTAX	Cambial	-	9,77 mil	R$ 214,92 mi
BB CAMBIAL DOLAR LP FIC FI	3°	04.128.893/0001-06	OPERACIONAL	DÓLAR PTAX	Cambial	-	7,67 mil	R$ 262,16 mi
BRADESCO H FI CAMBIAL LP DÓLAR	4°	02.294.024/0001-26	OPERACIONAL	DÓLAR PTAX	Cambial	-	7,60 mil	R$ 147,83 mi
BTG PACTUAL DIGITAL DOLAR FI CAMBIAL	5°	33.144.687/0001-90	OPERACIONAL	NÃO SE APLICA	Cambial	-	5,94 mil	R$ 258,23 mi

Fonte: <https://maisretorno.com/app/rastreador-fundos>. Acesso em: jul. 2023.

O primeiro colocado no *ranking* de fundos cambiais, por *status* operacional e com mais de 5 mil cotistas, foi o TREND DOLAR FI CAMBIAL, de forma que foi o escolhido para nossa avaliação de performance, como mostra a figura 5.10.

Figura 5.10 | Gráfico de rentabilidade do fundo TREND DOLAR FI CAMBIAL

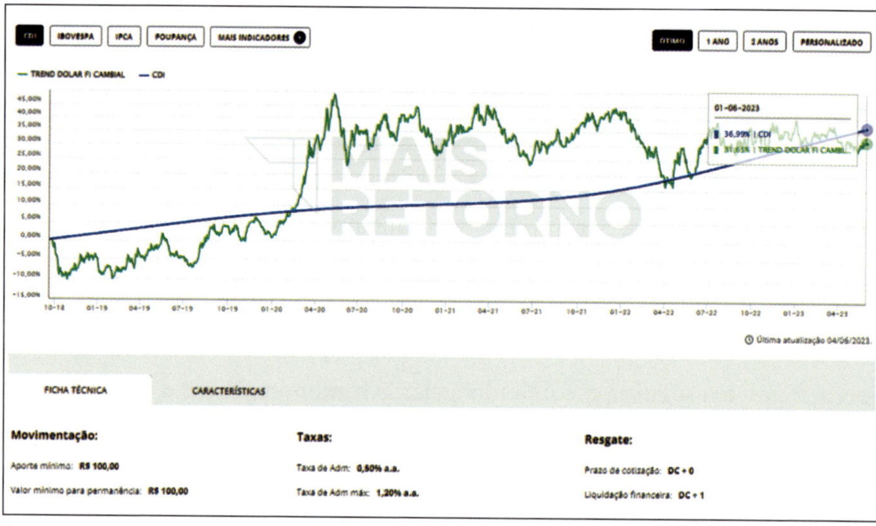

Fonte: <https://maisretorno.com/fundo/trend-dolar-fi-cambial>. Acesso em: jul. 2023.

Novamente não foi uma boa escolha. Desde outubro de 2018, o CDI valorizou cerca de 37%, enquanto o TREND DOLAR FI CAMBIAL teve uma variação em torno de 32% no mesmo período. Portanto, definitivamente, a escolha por *status*, classe e maior número de cotistas não é suficiente para escolher o melhor fundo cambial para investir.

Como então escolher o melhor fundo de investimento para investir? A resposta é bem complexa e demanda uma análise mais criteriosa, de forma que no final do capítulo vamos destacar os principais critérios para escolha de fundo de investimento.

Outras modalidades de fundos de investimento

Além das quatro principais classificações de fundos presentes na Instrução CVM nº 555, existem outras modalidades presentes no mercado.

São conhecidas como *fundos de investimento estruturados* e fazem parte de outras instruções normativas. Os principais no mercado de capitais são:

- fundo de investimento em direitos creditórios (FIDC);
- fundo em participações (FIP);

- fundo em índice de mercado (*exchange-traded fund*), mais conhecido como ETF;
- fundo de investimento imobiliário (FII).

Vamos examinar as características essenciais de cada um deles.

Fundo de investimento em direitos creditórios (FIDC)

Chamado de fundo de recebíveis, é uma comunhão de recursos que após 90 dias do início de suas atividades destina uma parcela mínima de 50% do patrimônio líquido em direitos creditórios.

Esses direitos devem ser provenientes dos créditos que uma empresa tem a receber, como duplicatas, cheques, entre outros. São considerados direitos creditórios:

- direitos e títulos representativos de crédito originários de operações realizadas nos segmentos financeiro, comercial, industrial, imobiliário, de hipotecas, de arrendamento mercantil e de prestação de serviços;
- aplicações do fundo em *warrants* e em contratos mercantis de compra e venda de produtos, mercadorias e/ou serviços para entrega ou prestação futura, bem como em títulos ou certificados representativos desses contratos, desde que com garantia de instituição financeira ou sociedade seguradora;
- direitos e títulos representativos de créditos de natureza diversa, desde que reconhecidos pela CVM.

Tomando como exemplo uma empresa que vende um produto a prazo para o consumidor através do cartão de crédito, esses recebíveis (parcelas a serem pagas pelo consumidor) podem ser vendidos a um FIDC na forma de direitos creditórios, permitindo à empresa antecipar o recebimento desses recursos em troca de uma taxa de desconto que, por outro lado, remunera os investidores do fundo.

O remanescente do patrimônio líquido pode ser aplicado em:

- títulos de emissão do Tesouro nacional;
- títulos de emissão do Banco Central do Brasil;
- créditos securitizados pelo Tesouro nacional;
- títulos de emissão de estados e municípios;
- certificados e recibos de depósito bancário;
- demais títulos, valores mobiliários e ativos financeiros de renda fixa, exceto cotas do fundo de desenvolvimento social (FDS).

É facultado ao fundo, ainda, realizar operações compromissadas e realizar operações em mercados de derivativos, desde que com o objetivo de proteger posições detidas à vista, até o limite dessas.

Diferente dos fundos de investimento tradicionais, o FIDC possui uma particularidade: suas cotas possuem três classificações diferentes.

Quadro 5.9 | Classificações das cotas do fundo FIDC

Cota Sênior	Cota Mezanino	Cota Subordinada
• Tem preferência para amortização e resgate em relação aos demais tipos de cotas, portanto é a cota mais segura dentre as disponíveis para os investidores, pois não se subordina às demais cotas para fins de amortizações e resgates. • Nos fundos fechados, podem ser subdivididas em séries diferentes, de acordo com prazos e valores para amortização, resgate e remuneração distintos.	• Cota intermediaria entre a sênior e a subordinada, ou seja, tem prioridade de pagamento sobre a subordinada, todavia, recebe após o cotista sênior.	• São remuneradas somente após as cotas sênior e mezanino terem sido totalmente pagas, portanto em função do maior risco, geralmente podem apresentar rentabilidade superior em relação as outras duas. • Subordinam-se às demais cotas para fins de amortizações e resgates, podendo ser subdivididas em subclasses. As cotas subordinadas não podem ser resgatadas ou amortizadas antes do resgate das demais cotas.

Fonte: elaborado pelos autores.

Figura 5.11 | FIDC – Estruturas criadas para suportar cenários de stress

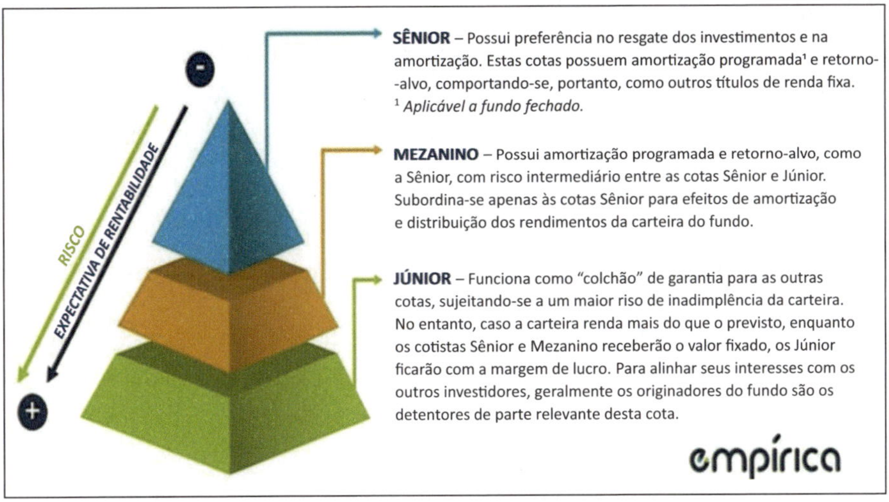

Fonte: Empírica. Disponível em: <https://empirica.com.br/>. Acesso em: jul. 2023.

Os FIDCs ainda possuem as seguintes características:

- serão constituídos na forma de condomínios abertos ou fechados;
- somente poderão receber aplicações, bem como ter cotas negociadas no mercado secundário, quando o subscritor ou o adquirente das cotas for investidor qualificado;
- serão classificados ou terão seus ativos classificados por agência classificadora de risco em funcionamento no país.

Fundo em participações (FIP)

Fundo de renda variável constituído na forma de condomínio fechado que investe no mínimo 90% do patrimônio líquido em companhias abertas, fechadas ou sociedades limitadas, *em fase de desenvolvimento*. Esses investimentos podem ser através de ações, bônus de subscrição, debêntures simples, outros títulos e valores mobiliários conversíveis ou permutáveis em ações de emissão de companhias, abertas ou fechadas, bem como títulos e valores mobiliários representativos de participação em sociedades limitadas.

O principal diferencial desse fundo é que possui influência e poder decisório na empresa investida, com possibilidade de definir sua política estratégica na gestão, através da indicação de membros do Conselho de Administração.

Sua estruturação é extremamente flexível, permitindo a composição de interesses dos participantes. O funcionamento dos FIPs depende de seu prévio registro na CVM.

Principais características

As cotas a serem emitidas pelo FIP devem ter a forma nominativa, sendo que os aportes de capital pelos cotistas poderão ser efetivados por meio de um instrumento particular entre cada cotista e o FIP, por meio do qual os investidores fiquem obrigados a integralizar determinado valor (capital comprometido) no fundo, na medida em que o administrador do FIP fizer chamadas.

Poderão ser emitidas uma ou mais classes de cotas, de acordo com o disposto nas regras do fundo.

O regulamento poderá também atribuir às diferentes classes de cotas existentes direitos políticos especiais para as matérias que especificar ou, ainda, distintos direitos econômico-financeiros, exclusivamente quanto à fixação das taxas de administração e de performance, e respectivas bases de cálculo.

A participação do fundo no processo decisório da sociedade investida pode ocorrer pela:

- detenção de ações que integrem o respectivo bloco de controle;
- celebração de acordo de acionistas;
- celebração de qualquer contrato, acordo, negócio jurídico ou adoção de outro procedimento que assegure ao fundo efetiva influência na definição de sua política estratégica e na sua gestão, inclusive por meio da indicação de membros do Conselho de Administração.

Fica dispensada a participação do fundo no processo decisório da sociedade investida quando:

- o investimento do fundo na sociedade for reduzido a menos da metade do percentual originalmente investido e passar a representar parcela inferior a 15% do capital social da sociedade investida;

- o valor contábil do investimento tiver sido reduzido a zero e houver deliberação dos cotistas reunidos em assembleia geral mediante aprovação da maioria das cotas subscritas presentes, caso o regulamento não estipule um quórum mais elevado.

O requisito de efetiva influência na definição da política estratégica e na gestão das sociedades investidas não se aplica ao investimento em companhias investidas listadas em segmento especial de negociação de valores mobiliários, instituído por bolsa de valores ou por entidade do mercado de balcão organizado, voltado ao mercado de acesso, que assegure, por meio de vínculo contratual, padrões de governança corporativa mais estritos que os exigidos por lei, desde que corresponda a até 35% do capital subscrito do fundo.

Caso o fundo ultrapasse o limite estabelecido acima por motivos alheios à vontade do gestor no encerramento do respectivo mês e tal desenquadramento perdure quando do encerramento do mês seguinte, o administrador deve:

- comunicar à CVM imediatamente a ocorrência de desenquadramento passivo, com as devidas justificativas, bem como previsão para reenquadramento;
- comunicar à CVM o reenquadramento da carteira, no momento em que ocorrer.

O fundo pode realizar adiantamentos para futuro aumento de capital nas companhias abertas ou fechadas que compõem sua carteira, desde que possua investimento em ações da companhia na data da realização do referido adiantamento; essa possibilidade esteja expressamente prevista no seu regulamento, incluindo o limite do capital subscrito que poderá ser utilizado para a realização de adiantamentos; seja vedada qualquer forma de arrependimento do adiantamento por parte do fundo; e o adiantamento seja convertido em aumento de capital da companhia investida em, no máximo, 12 meses.

É vedada ao fundo a realização de operações com derivativos, exceto quando tais operações:

- forem realizadas exclusivamente para fins de proteção patrimonial;
- envolverem opções de compra ou venda de ações das companhias que integram a carteira do fundo com o propósito de:

- ajustar o preço de aquisição da companhia com o consequente aumento ou a diminuição futura na quantidade de ações investidas;
- alienar essas ações no futuro como parte da estratégia de desinvestimento.

Este limite será de 100% durante o prazo de aplicação dos recursos, estabelecido em até seis meses contados de cada um dos eventos de integralização de cotas previstos no compromisso de investimento.

O FIP que obtém apoio financeiro direto de organismos de fomento está autorizado a contrair empréstimos, diretamente, dos organismos de fomento, limitados ao montante correspondente a 30% dos ativos do fundo.

Os FIPs se constituem como fundos fechados e geralmente o prazo de carência para que se possa resgatar a aplicação é de, no mínimo, cinco anos.

Classificação de FIPs

Os FIPs devem ser classificados nas seguintes categorias quanto à composição de suas carteiras:

1) *Capital semente.* Devem ter receita bruta anual de até R$ 16 milhões apurada no exercício social encerrado em ano anterior ao primeiro aporte do fundo, sem que tenha apresentado receita superior a esse limite nos últimos três exercícios sociais.
2) *Empresas emergentes.* Devem ter receita bruta anual de até R$ 300 milhões apurada no exercício social encerrado em ano anterior ao primeiro aporte do fundo, sem que tenha apresentado receita superior a esse limite nos últimos três exercícios sociais.
3) *Infraestrutura (FIP-IE) e produção econômica intensiva em pesquisa, desenvolvimento e inovação (FIP-PD&I).* Devem manter seu patrimônio líquido investido em ações, bônus de subscrição, debêntures, conversíveis ou não em ações, ou outros títulos de emissão de sociedades anônimas, de capital aberto ou fechado, que desenvolvam, respectivamente, novos projetos de infraestrutura ou de produção econômica intensiva em pesquisa, desenvolvimento e inovação no território nacional, nos setores de: energia, transporte, água e saneamento básico e outras áreas tidas como prioritárias pelo Poder Executivo federal.

Os FIPs podem ser um bom instrumento de planejamento sucessório, uma vez que é possível fazer transações de maiores valores, tais como negociar participações em empresas, e pagar imposto de renda somente quando os cotistas solicitarem o resgate, caso haja ganho de capital.

O investimento por meio dos FIPs vem se mostrando atrativo aos estrangeiros que buscam aplicações de longo prazo devido ao seu tratamento fiscal diferenciado, entre outras razões.

Destinados aos investidores qualificados, que buscam retorno no longo prazo, os FIPs apresentam riscos de mercado, de liquidez, operacional e crédito quando contraírem empréstimos.

Os rendimentos e ganhos líquidos auferidos pelo FIP nos casos de alienação, liquidação, resgate, cessão ou repactuação dos títulos, aplicações financeiras e valores mobiliários integrantes da sua carteira estão isentos do imposto de renda pessoa jurídica (IRPJ) e da contribuição social sobre o lucro líquido (CSLL).

Como regra geral, os rendimentos auferidos a partir do FIP sujeitam-se ao imposto de renda retido na fonte (IRRF) à alíquota de 15%.

Fundo em índice de mercado (exchange-traded fund), mais conhecido como ETF

São fundos abertos e sempre passivos, que buscam obter retorno semelhante a determinado índice de referência. Suas cotas são negociadas em mercado de bolsa ou balcão, a exemplo do que ocorre em ações ou fundos fechados. Um dos mais conhecidos no mercado de capitais brasileiro é o BOVA11 que procura replicar o Ibovespa.

Principais características

- Esse tipo de fundo deve manter no mínimo 95% de patrimônio líquido aplicado em valores mobiliários de renda fixa ou variável autorizados pela CVM, na proporção em que estes integram o índice de referência, ou em posições compradas no mercado futuro do índice de referência, de forma a refletir a variação e a rentabilidade de tal índice;
- em seu nome sempre deverá constar o índice que serve como referência;

- os dividendos recebidos das ações ou valores mobiliários presentes na carteira do fundo deverão ser reaplicados automaticamente no próprio ETF.

O fundo de investimento em índice de mercado (fundos de índice ou ETF) tem a seguinte classificação, segundo a Anbima:

- *Fomento mercantil.* Fundos que buscam retorno por meio de investimento em carteiras de recebíveis pulverizada (direitos ou títulos), originadas e vendidas por diversos cedentes que antecipam recursos através da venda de duplicatas, notas promissórias, cheques e quaisquer outros títulos passíveis de cessão e transferência de titularidade. Enquadram-se nessa categoria os fundos utilizados como veículo no fornecimento de recursos ou antecipação de receitas para pessoas físicas e jurídicas através de firmas de assessoria financeira, cooperativas de crédito, fomento mercantil e *factoring.*
- *Financeiro.* Congrega os FIDCs que tenham nas carteiras recebíveis dos seguintes setores de atuação: crédito imobiliário, crédito consignado, crédito pessoal, financiamento de veículos e multicarteira financeiro; agro, indústria e comércio.
- Congrega os FIDCs que tenham nas carteiras recebíveis dos seguintes setores de atuação: infraestrutura, recebíveis comerciais, crédito corporativo, agronegócio e multicarteira agro, indústria e comércio.
- *Outros.* Congrega os FIDCs que tenham nas carteiras recebíveis dos seguintes setores de atuação: recuperação (*non performing loans*), poder público e multicarteira e outros.

A tributação de FIDCs é a mesma que se aplica aos fundos de renda fixa. Se aberto, há come-cotas (tipo de tributação que será explicada mais adiante) e pode ser de longo ou de curto prazo em função do prazo médio de vencimento dos ativos (com a particularidade de que os recebíveis não entram no cálculo desse prazo médio). Se fechado, não há come-cotas, e sobre as amortizações e resgates (no final do prazo de duração do fundo) incidirá imposto de renda (IR) nos termos da tabela regressiva.

Os recursos excedentes da aplicação mínima podem ser investidos em: títulos públicos, títulos de renda fixa de emissão de instituições financeiras, cotas de fundos de investimentos financeiros (FIF), operações compromissadas etc.

Ao investir em um ETF, aplica-se, ao mesmo tempo, em uma carteira de ações com papéis de diferentes companhias que, juntas, reproduzem um determinado índice, diminuindo, dessa forma, a probabilidade e o risco de perda que se corre quando se opta por negociar um título em especial, pois há diversificação de risco.

O custo da operação torna-se menor, uma vez que investir nas ações que compõem o índice exigiria comprar, nas devidas proporções, os componentes daquele índice, com os custos de negociação de cada operação. Além disso, para manter a posição do índice, gerir de forma bastante dinâmica as proporções de seus componentes.

O investidor pode comprar ou vender o ETF no mercado secundário da mesma forma que faz com suas ações ou solicitar a emissão ou o resgate de ETFs, desde que tais operações sejam realizadas com os papéis que compõem a carteira teórica daquele índice ao qual o ETF é vinculado e de acordo com o regulamento específico de cada produto.

Como valores mobiliários listados em bolsa, os ETFs propiciam aos investidores benefícios que não estão disponíveis para investidores em fundos de investimento não listados.

Por exemplo, os ETFs podem ser usados pelos cotistas como margem para operações por eles realizadas em bolsa. Além disso, tanto os ETFs quanto as ações podem ser objetos de empréstimo em operações de mercado, conforme permitido pela regulamentação vigente.

O preço de negociação do ETF flutuará com base na oferta e na demanda dos ETFs, que, por sua vez, refletirão as condições do mercado das ações que integram a carteira do fundo, a conjuntura econômica e as expectativas gerais dos investidores. Nesse sentido, poderá ser diferente do valor de referência do ETF, representado pelo Indicative Optimized Portfolio Value (IOPV).

O ETF de renda fixa é o fundo negociado em bolsa que busca refletir as variações e a rentabilidade, antes de taxas e despesas, de índices de renda fixa cujas carteiras teóricas são compostas, majoritariamente, por títulos públicos ou títulos privados. Como índice de referência do ETF, admite-se qualquer índice de renda fixa reconhecido pela CVM.

A liquidação de ETFs ou fundos de índices é a mesma do mercado à vista de ações, D+2 a partir da data de negociação.

No momento da venda das cotas de ETFs de renda variável, incide imposto de renda à alíquota de 15% sobre o ganho de capital auferido pelo investidor (diferença positiva entre o valor da venda e o custo de aquisição das cotas). O recolhimento do imposto de renda é de responsabilidade do próprio investidor.

Os ETFs de renda fixa são tributados de acordo com o prazo médio dos títulos em carteira. Os rendimentos ou ganhos de capital auferidos pelo investidor em ETFs de renda fixa estão sujeitos ao imposto de renda (IR) que é cobrado no momento do resgate da aplicação, pagamento de rendimentos ou alienação do ativo no mercado secundário e direto na fonte.

A alíquota de IR pode variar entre 15%, 20% ou 25%, já que os ETFs de renda fixa possuem tributação conforme o prazo médio de repactuação (*duration*) dos títulos que os compõem.

Duration média dos títulos:

- alíquota igual ou inferior a 180 dias – 25%;
- entre 181 e 720 dias – 20%;
- superior a 720 dias – 15%.

Fundo de investimento imobiliário (FII)

Esse tipo de aplicação vem se popularizando há algum tempo. A presença de investidores brasileiros nos fundos de investimentos imobiliários cresceu 660% de 2018 a janeiro de 2022, passando de 208 mil pessoas para 1.583.000 em 2022.

Esse crescimento foi influenciado principalmente por uma característica distinta da maioria dos outros ativos no mercado de capitais – a possibilidade de se obter uma renda passiva (geralmente mensal).

A exemplo do FIP, também é considerado um fundo de renda variável constituído na forma de condomínio fechado. Cabe ao administrador, uma instituição financeira específica, constituir o fundo, realizar o processo de captação de recursos junto aos investidores através da venda de cotas.

Com o recurso obtido na venda de cotas, o administrador busca investimentos em empreendimentos, como aquisição de imóveis rurais ou urbanos construídos ou em construção, destinados a fins comerciais ou residenciais, bem como aquisição de títulos ligados ao setor imobiliário, como LCI (letra de crédito imobiliário) e CRI (certificado de recebíveis imobiliários). Com a aquisição dos imóveis, o fundo obterá renda com sua locação, venda ou arrendamento; essa renda deverá ser repassada em 95% aos referidos cotistas.

Por ser um fundo fechado, não é permitido o resgate antes de decorrido o prazo de duração do fundo. A maior parte dos FIIs tem prazo de duração indeterminado, ou seja, sem data predeterminada de liquidação; portanto caso o investidor decida liquidar sua posição deverá fazê-lo através da venda de suas cotas no mercado secundário (bolsa de valores).

Direitos e deveres dos cotistas dos fundos de investimento

O quadro 5.10 mostra os direitos e os deveres dos cotistas dos fundos de investimento.

Quadro 5.10 I Direitos e deveres dos cotistas

<table>
<tr><th>Direitos dos cotistas</th><th>Deveres dos cotistas</th></tr>
<tr><td>Participar e votar na assembleia geral dos cotistas.</td><td>Ao aderir ao fundo, ler e assinar os termos de ciência e risco presentes no regulamento.</td></tr>
<tr><td>Acesso aos documentos do fundo.</td><td rowspan="3">Os cotistas poderão ter que aportar capital nos fundos que apresentem eventual patrimônio líquido negativo, sem prejuízo de responsabilidade do administrador, em caso de inobservância:
• da política de investimentos;
• de limites de concentração previstos no regulamento.</td></tr>
<tr><td>Acesso à composição, valor patrimonial e rentabilidade do fundo.</td></tr>
<tr><td>Iguais direitos a todos os cotistas.</td></tr>
</table>

Fonte: elaborado pelos autores com base nos regulamentos da CVM.

Objetivo e política de investimentos

Com relação aos objetivos de um fundo de investimento, são definidas duas classes principais: *ativos* ou *passivos*.

Uma vez que o objetivo do fundo, presente em seu regulamento, seja definido na política de investimentos, a pergunta é: *como* atingir a meta proposta?

Com isso será definida a atuação do gestor, ressaltando suas estratégias, detalhando os mercados, papéis, limites (observadas regras da CVM), exposição ao risco, enfim, tudo que explica detalhadamente os meios para atingir os objetivos presentes na política de investimentos.

Ambas as informações, tanto de objetivo quanto das políticas, devem obrigatoriamente estar presentes no regulamento e na lâmina do fundo de investimentos. Essa medida visa a uma transparência maior com o cotista, que assim pode tomar uma decisão coerente com seu perfil de investidor.

Fundos ativos x fundos passivos

Fundos ativos

O gestor vai procurar no mercado boas oportunidades de investimento, buscando sempre superar seu parâmetro de performance (*benchmark*), podendo com isso cobrar a taxa de performance. É importante salientar que a gestão ativa pode ocorrer em fundos de renda fixa ou variável.

Como exemplo, vamos supor que durante determinado semestre, um fundo de ações teve uma variação positiva de 10%, enquanto seu *benchmark* (Ibovespa) teve uma variação de 5%. Nesse caso, se presente em seu regulamento, o fundo teria o direito de fazer a cobrança da taxa de performance pelo excedente observado sobre o índice de referência. Na prática é um incentivo ao gestor, que sempre vai buscar se superar, para que com esse resultado, aufira um retorno ainda maior para seu cotista e, consequentemente, sua instituição.

Fundos passivos

Com característica oposta aos ativos, o objetivo principal desses fundos é replicar ou buscar acompanhar seu *benchmark*, portanto, é vedada a cobrança de taxa de performance nesse tipo de fundo. Existe certa dificuldade em conseguir acompanhar no detalhe o resultado auferido em determinados índices de referência. Isso ocorre por alguns motivos, como: custos, impostos, dinâmica do cálculo da rentabilidade, necessidades de resgates dos cotistas, entre outros. Visando minimizar esses impactos, os fundos passivos costumam utilizar derivativos para fazer a proteção (*hedge*) de suas carteiras.

Fundos abertos × fundos fechados

Abertos

Os cotistas podem solicitar os resgates de suas cotas a qualquer momento, todavia suas cotas não podem ser transferidas (não podem ser vendidas, somente resgatadas), exceto por decisão judicial, execução de garantia ou sucessão universal.

Os fundos abertos permitem entrada e reinvestimentos dos seus cotistas a qualquer momento.

Fechados

Fundos cujas cotas só podem ser resgatadas no término do prazo de duração, porém as cotas podem ser vendidas mediante termo de cessão e transferência ou através de bolsa de valores ou mercado de balcão.

Cota de abertura × cota de fechamento

De maneira sucinta, podemos diferenciar os dois tipos de cota de forma simples.

- *Cota de abertura.* O preço da cota é calculado considerando os ativos que fazem parte da carteira do fundo até a data do dia anterior (D-1), ou seja, o valor da cota é conhecido na abertura dos negócios do dia (D+0). Utilizado somente nos fundos de renda fixa, referenciados e curto prazo.
- *Cota de fechamento.* O preço da cota é calculado atualizando os valores dos ativos presentes na carteira do fundo no próprio dia do cálculo, sendo que o valor só será divulgado após o fechamento do mercado, no dia útil seguinte. É utilizado em fundos multimercados ou ações, por exemplo, já que o valor da cota pode ter grande variação durante o dia (com as negociações da bolsa de valores).

Documentos dos fundos de investimento

1) *Regulamento*. São as regras de funcionamento gerais do fundo de investimentos. Podemos definir regulamento como a "bíblia do fundo", com informações de objetivo, política de investimento e taxas. O documento deve ser registrado em cartório e dispor acerca de temas como:

   - público-alvo;
   - tipo do fundo (aberto ou fechado);
   - riscos;
   - despesas;
   - prazo de duração (caso haja).

2) *Termo de adesão e ciência de risco*. Documento em que o cotista deve atestar que tomou ciência dos riscos envolvidos e teve acesso ao inteiro teor do regulamento, lâmina e FIC (formulário de informações complementares). O termo de adesão é obrigatório a todos os fundos, com exceção dos fundos de investimento de renda fixa simples.
3) *Lâmina de informações essenciais*. Podemos definir a lâmina como o resumo das principais informações presentes no regulamento. Administrador e distribuidor devem assegurar que potenciais investidores tenham acesso ao documento antes de seu ingresso no fundo. A exceção são os fundos destinados a investidor qualificado e/ou profissional, que estão dispensados da sua elaboração.
4) *Formulário de informações complementares*. Deve conter informações adicionais e abranger certas descrições. Nesse documento podemos encontrar alguns tópicos, como:

   - descrição da tributação;
   - descrição da política de direito a voto;
   - identificação da agência classificadora de risco;
   - apresentação do administrador e gestor.

5) *Prospecto*. Exigido somente dos fundos que são associados à Anbima. Contém informações resumidas somente para consulta dos investidores.

Trata da política de investimento do fundo, direitos e responsabilidades dos cotistas e administrador, com foco maior nos riscos envolvidos na aplicação do fundo, ressaltando que esse documento não substitui o regulamento.

Informações e prestação de contas

Existe um período de carência de seis meses, a partir da data da primeira emissão de cotas para divulgação de informações relativas à rentabilidade. Todavia, sempre que o material divulgado incluir informações sobre esse tema, seu conteúdo deve conter a devida taxa de administração e a de performance (se houver).

Além disso, o material de divulgação obrigatoriamente deve incluir algumas informações em formato de advertência ao investidor, com destaque, principalmente, nas seguintes frases:

- rentabilidade passada não apresenta garantias de resultados futuros;
- investimentos feitos em fundos não são garantidos pelo administrador ou por qualquer mecanismo de seguro ou, ainda, pelo FGC (Fundo Garantidor de Crédito).

Em relação à prestação de contas aos cotistas, o administrador deve calcular e divulgar o valor da cota e do patrimônio líquido do fundo aberto diariamente, ou de acordo com a periodicidade da liquidez do fundo, caso este não seja de liquidez diária.

Além disso, o administrador deve divulgar imediatamente a todos os cotistas os chamados *fatos relevantes* na forma prevista no regulamento, como:

- fato que possa estar relacionado ao funcionamento do fundo ou ativos presentes em sua carteira;
- qualquer ato que possa interferir no modo ponderável do valor das cotas ou na decisão dos investidores de adquirir, vender ou manter seu investimento.

Por fim, como maneira de manter os cotistas informados e com possibilidade de deliberar sobre as decisões do fundo, existe a Assembleia Geral dos

Cotistas, que é considerada a instância máxima dos fundos de investimento e tem as seguintes características:

- deve ocorrer ao menos uma vez no ano;
- caso haja situações extraordinárias, pode ocorrer a qualquer momento;
- principais temas que podem ser deliberados em assembleia:
  - apresentação de demonstrações contábeis;
  - substituição do administrador, gestor ou custodiante;
  - fusão, incorporação, cisão, transformação ou liquidação do fundo;
  - aumento da taxa de administração, performance ou custódia;
  - alteração na política de investimentos;
  - alteração no regulamento.

Taxas e tributos

Taxa de administração

É uma taxa que expressa a remuneração paga pela prestação de serviços de gestão, administração e demais colaboradores que operacionalizam todo o ecossistema de um fundo de investimento.

Ela é cobrada sobre o patrimônio líquido do fundo e sempre será expressa em um percentual ao ano, com base nos dias úteis, sendo que, quando falamos em prazo anual no mercado de capitais, sempre vamos considerar um ano, como tendo 360 dias corridos ou 252 dias úteis.

O valor proporcional diário da taxa é provisionado no processo de cálculo da cota, em outras palavras, o valor da cota que é divulgado diariamente já está líquido da taxa de administração, todavia a cobrança efetiva ocorre mensalmente. Essa prática de provisão visa a um tratamento equitativo entre os cotistas no caso de resgates.

Por exemplo, suponha que determinado investidor fez uma aplicação de R$ 100 mil em um fundo de investimento, o qual tenha uma taxa de administração de 1% a.a. No decorrer de todo o ano, ele pagará o equivalente a R$ 1.000 de taxa de administração, em cobranças que ocorrerão mensalmente, mas que já estão implícitas no valor da cota do fundo que ele possui, já que, como vimos, sua provisão será expressa diariamente.

Taxa de performance

Exclusiva de fundos *ativos* (aqueles que buscam superar seu parâmetro de performance), essa taxa consiste em um percentual sobre o lucro que exceder a variação do *benchmark*, por exemplo, o CDI e o Ibovespa. Geralmente, o padrão adotado no Brasil para essa cobrança é de 20% sobre a variação positiva. No entanto, para que possa ser cobrada, a CVM estabelece as seguintes regras:

- A cobrança deverá ser feita no mínimo semestralmente e provisionada diariamente.
- Será realizada somente após a dedução de todas as despesas (incluindo taxa de administração).
- Proibição da cobrança em fundos passivos e fundos de renda fixa de categoria curto prazo ou simples, ou com carteira de prazo médio inferior a 365 dias. (Atenção! Fundos destinados com exclusividade a investidores qualificados não precisam seguir essas regras.)
- Cobrança pelo método linha d'água – não será permitida cobrança em casos nos quais o valor da cota do fundo seja inferior ao valor da cota na última cobrança.

Vamos a um exemplo prático do método linha d'água.

		Final do semestre				
	Início	1	2	3	4	5
Valor da cota	1	1,04	1,032	1,037	1,039	1,091
Variação do *benchmark*	-	3,00%	1,40%	0,35%	0,54%	1,70%

A cobrança de taxa de performance é devida somente nos meses 1 e 5. Apesar de ocorrer uma superação do *benchmark* no semestre 3, não foi suficiente para romper a linha d'água como veremos na tabela a seguir:

	Início	1	2	3	4	5
Valor da cota	1	1,04	1,032	1,037	1,039	1,091
Variação do *benchmark*	-	3,00%	1,40%	0,35%	0,54%	1,70%
1. Variação do fundo	-	4,00%	**-0,77%**	0,48%	0,19%	5,00%
2. Superou o *benchmark*?	-	**SIM**	**NÃO**	**SIM**	**NÃO**	**SIM**
3. Linha d'água		**SIM**	**NÃO**	**NÃO**	**NÃO**	**SIM**

Taxa de ingresso e saída

Cobrada ao se ingressar ou solicitar resgate (saída) dos fundos. Essas taxas não são comuns no Brasil, mais tradicionalmente aplicadas no mercado financeiro norte-americano. Visam, com esse tipo de cobrança, estimular os investidores a permanecer com seus recursos aplicados pelo maior período possível, buscando uma maior mobilidade para o gestor, que com isso consegue realizar operações com títulos de vencimento mais longo, aumentando, dessa forma, as perspectivas de rentabilidade futuras.

Marcação a mercado

Estamos entrando agora em um dos temas mais importantes quando falamos de contabilização de ativos presentes em um fundo de investimento: a marcação a mercado, que consiste em precificar os ativos da carteira do fundo pelo valor negociado no mercado (quando os ativos são líquidos) e por um método adequado de precificação (quando não são líquidos).

O principal objetivo é evitar a transferência de riqueza entre os cotistas, já que cada um tem uma quantidade X de cotas e esse montante é precificado igualmente com o mesmo padrão para todos. Dessa forma, os ativos de renda fixa presentes em um fundo não são marcados na curva.

Suponha que determinado gestor adquiriu um título do Tesouro prefixado a uma taxa de 14% a.a. Caso vendesse após seis meses, o gestor deveria receber, em termos leigos, um pouco menos que 7%, porque se trata de juros compostos. Na prática, não funcionaria assim, caso o título fosse *marcado na curva*, ou seja, valor presente definido pelos respectivos juros contratados, com o cliente podendo sair a qualquer momento sem sofrer nenhum tipo de variação diferente da acordada.

Seguindo esse mesmo exemplo, o que vai definir o quanto esse ativo está valendo no mercado são outros fatores, como a taxa de juros no Brasil. Suponha que de seis meses pra cá houve uma variação na taxa Selic saindo de 14% para 10%. Quando o título for vendido, terá variação positiva, já que paga 14% a.a., enquanto o mercado está com uma taxa de 10% a.a., podendo ser vendido mais caro do que foi comprado (ágio).

Agora que entendemos o conceito básico de marcação a mercado (MaM), devemos destacar que o responsável legal por fazê-lo é o *administrador do fundo*, todavia o mesmo pode delegar ou "terceirizar" essa função para algum outro participante.

Ressaltando, ainda, que a marcação é *obrigatória* para todos os fundos de investimento, salvo algumas exceções, como:

- fundo exclusivo (um único cotista);
- fundo restrito (pertencente a um mesmo grupo financeiro, como um grupo familiar ou grupo econômico);
- fundo destinado a investidores qualificados.

Os cotistas dos fundos referidos acima devem ainda assinar um termo de adesão e anuência à classificação e precificação dos títulos e valores mobiliários que compõem as respectivas carteiras.

Tributação

O administrador é o responsável legal pelo recolhimento de imposto de renda (IR) no resgate, come-cotas e IOF.

Para fins de tributação, a Receita Federal tem uma classificação própria para fundos de investimento, que são divididos em quatro segmentos:

- *fundos de renda fixa curto prazo* – composição de carteira com títulos de prazo médio inferior a 365 dias corrido;
- *fundos de renda fixa longo prazo* – composição de carteira com títulos de prazo médio superior a 365 dias corridos;
- *fundos de ações* – composição de carteira com no mínimo 67% de ações;
- *fundos imobiliários* – carteira composta de no mínimo 75% em ativos atrelados a imóveis ou dívidas imobiliárias.

A tributação ocorre no momento da liquidação, ou seja, instante em que as cotas viram dinheiro:

- *fundos abertos* – no momento do resgate e nos fundos de renda fixa também ocorre a antecipação do imposto semestralmente no chamado come-cotas;
- *fundos fechados* – no momento do resgate ou alienação de cotas, da amortização, da distribuição de rendimentos ou encerramento do fundo.

Ressaltando que para cada tipo de fundo existe uma alíquota diferente de imposto, conforme quadro 5.11.

Quadro 5.11 I Fundos e alíquotas de impostos

Tipo de fundo	Fato gerador	Alíquota semestral	Alíquota resgate	IOF
Renda fixa curto prazo (prazo médio até 365 dias)	Resgate ou semestral come-cotas	20%	1 dia a 180 dias – 22,5% 181 dias – 20%	Sim
Renda fixa longo prazo (prazo médio acima de 365 dias)	Resgate ou semestral come-cotas	15%	1 dia a 180 dias – 22,5% 181 dias a 365 dias – 20% 361 dias a 720 dias – 17,5% 721 dias + – 15%	Sim
Renda variável ações	Somente resgate	Não possui	15%	Não
FII	Ganhos de capital	Não possui	20%	Não

Fonte: elaborado pelos autores com base nas informações da CVM.

Come-cotas

Este tema pode parecer confuso, mas é simples. O come-cotas nada mais é do que uma antecipação do imposto de renda nos fundos classificados como curto e longo prazos, sendo que no momento do resgate será apenas cobrada uma alíquota complementar à paga na antecipação.

Assim, simule que um cliente adquire cotas de um fundo de renda fixa e o mantenha por 20 anos. No último dia útil de maio e novembro, a Receita Federal antecipa esse imposto em forma de cotas equivalentes à alíquota do IR devido, ou seja, a quantidade de cotas que o investidor detinha será reduzida. A alíquota vai depender do tipo de fundo:

- fundos de renda fixa curto prazo: alíquota de 20%;
- fundos de renda fixa longo prazo: alíquota de 15%.

A seguir veja um exemplo do cálculo de come-cotas.

Um investidor aplicou em determinado fundo de renda fixa de longo prazo um valor de R$ 100 mil adquirindo 100 cotas; logo, cada cota equivale a um montante de R$ 1.000. No último dia útil de maio esse fundo obteve uma valorização de 10%, portanto, sua cota agora equivale a R$ 1.100. Como já vimos, a alíquota de come-cotas em um fundo de renda fixa longo prazo é de 15% sobre a valorização do fundo (100 cotas no valor de R$ 1.000, houve valorização de 10% = R$ 10 mil de lucro bruto).

Come-cotas 15% de R$ 10 mil = R$ 1.500.

Agora que já temos o valor, devemos dividir o IR pelo preço da atual da cota: 1.500/1.100 = 1,36. Logo, o investidor que tinha 100 cotas, agora terá 1,36% de cotas subtraídas do seu total por conta do IR semestral.

1,36% de 100 = 1,36.
100 – 1.36 = 98.64 cotas remanescentes para o investidor agora.
Valor final do patrimônio = 98,64 cotas × R$ 1.100.
Valor final do patrimônio = R$ 108.504.

Uma vez que já entendemos como funciona o come-cotas, devemos apenas atentar para a questão de que se trata de uma antecipação, ou seja, não substitui o IR total devido pelo investidor.

Dessa forma, vamos simular que determinado investidor fez uma aplicação em abril em um fundo de investimento de longo prazo que sofreu uma antecipação do IR via come-cotas (tributado 15% sobre a rentabilidade no fim de maio). Caso o investidor resolva resgatar tudo no início de junho, seguindo a tabela regressiva de imposto de renda, ele deveria ser taxado em 22,5%, visto que deixou seu recurso alocado por menos de 180 dias, mas já foi pagou 15% em maio, portanto agora seria cobrada somente a alíquota remanescente de (22,5 – 15 = *7,5%)* sobre o rendimento.

Compensação de perdas

Existe a possibilidade de compensar as perdas incorridas em determinado fundo com lucros auferidos em outros, todavia algumas regras devem ser respeitadas, tais como:

- perdas em fundos só podem ser compensadas em fundos com mesmo regime tributário, por exemplo, fundo de investimento de curto prazo com curto prazo, fundo de investimento de ações com ações;
- os fundos devem ter o mesmo administrador.

Em relação ao prazo para compensação, a instituição deve manter em seu sistema o controle e registro dos prejuízos dos seus clientes, no mínimo, até o fim do ano-calendário seguinte ao resgate total das cotas. O administrador, portanto, tem o poder de compensar a perda por prazo indefinido.

Fechamento do fundo para aplicações e resgates

Existem alguns motivos que podem levar um fundo a impossibilitar novas aplicações, por exemplo, preservar a viabilidade de sua estratégia de investimentos. O gestor tem autonomia para fechar o fundo quando achar viável, o que geralmente é chamado em forma de jargão no mercado financeiro como "atingimento de *capacity*", ou seja, tamanho máximo que determinado fundo tem de capacidade na gestão, sem que haja dificuldade na hora de montar e desmontar as posições.

Já o fechamento do fundo para resgates denota mais atenção. Da mesma maneira que o gestor pode determinar a impossibilidade de fazer novas aplicações, pode suspender também os resgates de investidores. Isso ocorre geralmente em casos excepcionais de iliquidez dos ativos presentes na carteira do fundo, pedidos de resgate superiores à capacidade de liquidez existente ou, ainda, possíveis alterações no tratamento tributário em virtude da quantidade de solicitações.

De qualquer maneira, independentemente dos motivos que levaram o gestor ou o administrador a fechar o fundo, será obrigatória a convocação de uma assembleia geral extraordinária, no prazo de um dia, para deliberar dentro dos próximos 15 dias (a contar da data do fechamento) sobre os motivos que levaram ao ocorrido, e principalmente planos da administração para reverter a situação. O fundo ainda poderá responder aos cotistas por prejuízos remanescentes que tenham sido causados em decorrência de não poderem exercer seu direito de saque.

Clube de investimentos

Modalidade de investimento que tem como principal função servir de aprendizado ao pequeno investidor e ser um canal de acesso ao mercado de capitais. Trata-se de um condomínio constituído por pessoas físicas para aplicação de recursos comuns em títulos e valores mobiliários.

Para criar um clube de investimentos, os interessados vão precisar de um administrador, que deve ser uma corretora, distribuidora de títulos ou um banco com carteira de investimento. A instituição escolhida cuidará dos documentos e registros legais para zelar pelo bom funcionamento do clube.

Principais características

- Gestor pode ser pessoa física ou pessoa jurídica;
- no mínimo três e no máximo 50 pessoas;
- um investidor não pode ter mais do que 40% sobre o patrimônio do clube;
- investidores têm maior participação na gestão dos ativos, geralmente incorrem menores taxas e custos do que fundos de investimento tradicionais;
- aplicação de no mínimo 67% em ações, bônus e recibos de subscrição, debêntures conversíveis em ações de companhias abertas, cotas de fundos de índices de ações (ETFs) e certificados de depósitos de ações. Exatamente a mesma regra aplicada ao fundo de ações;
- regulado pela CVM em parceria com a B3.

Fundos quantitativos

Os fundos quantitativos usam algoritmos e modelos matemáticos predefinidos e montados por especialistas para escolher os ativos. Essa escolha com base na análise quantitativa é a principal diferença da gestão tradicional e a "*quanti*". Isso porque, na gestão convencional, existe uma equipe fazendo a análise de ativos. Por exemplo, um fundo multimercado macro vai analisar o cenário econômico com fatores como projeções de juros, inflação, moeda, cenário interno/externo antes de alocar seus recursos.

Gestão tradicional de fundos é feita por pessoas e existe o fator emocional e subjetivo na tomada de decisões. Na análise quantitativa isso não ocorre, pois a escolha dos ativos é feita por um programa de alta capacidade de processamento que identifica oportunidades sem nenhuma interferência subjetiva ou emocional. Ou seja, a intenção do fundo quantitativo é diminuir o julgamento humano, que pode ser tendencioso.

O papel do gestor se resume a definir os parâmetros que serão levados em conta pelo computador, vasculhando uma grande quantidade de dados em busca de características e fundamentos que apontam para um desempenho acima do seu *benchmark*.

Fundos de criptomoedas

As moedas digitais continuam ganhando um espaço considerável no mercado, especialmente por revolucionarem as formas de pagamentos e oferecerem uma opção financeira descentralizada com base de desenvolvimento segura e tecnológica.

Fundos de criptomoedas são fundos de investimento com exposição a ativos digitais, geralmente estão inclusos na classe multimercado. Portanto esse tipo de fundo funciona da mesma forma que os "tradicionais"; logo, deve seguir as regras da Comissão de Valores Mobiliários.

Todavia, em 2018 o regulador também publicou um ofício-circular, regulamentando as condições para investimento em criptoativos pelos fundos regulados no Brasil.

Os fundos de criptos para o investidor de varejo devem ter 20% de exposição em criptomoedas e 80% em títulos de renda fixa. Para investidores qualificados (com mais de R$ 1 milhão investido) e profissionais (com mais de R$ 10 milhões), no entanto, a regra é outra. A porcentagem de exposição a *bitcoin* e *altcoins* (qualquer criptomoeda diferente do *bitcoin*) pode variar de 40% até 100%.

Como escolher fundos de investimento?

Como vimos antes neste capítulo, os critérios de *status*, classe e número de cotistas não foram suficientes para a escolha do fundo de investimento mais adequado e, pelo contrário, as escolhas não foram as melhores, tendo sido as performances bem inferiores aos respectivos *benchmarks*.

Começando pelos *critérios quantitativos*, devemos pesquisar o desempenho passado, averiguar se a performance supera o *benchamark*. Mas não basta um desempenho espetacular no primeiro momento, seguido de uma queda constante, pois assim somente vai haver retorno positivo para quem entrou bem no início, conforme figura 5.12.

Figura 5.12 | Gráfico retorno × tempo de um investimento

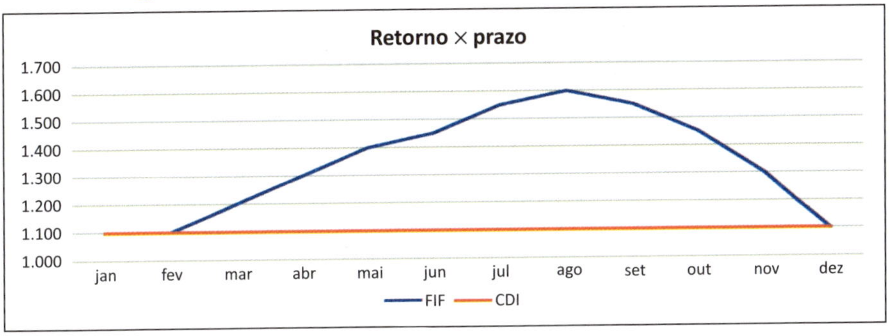

Fonte: elaborada pelos autores.

É muito importante quebrar a série em janelas de tempo, e em cada janela verificar se o desempenho superou o *benchmark* em cada período. O ideal é quebrar em janelas de tempo de um ou no máximo dois anos para fundos com existência superior a 10 anos.

Um balizador importante é o tempo de existência do fundo: quanto mais antigo, mais tempo para analisar as estratégias do gestor e verificar a consistência da performance.

O índice de Sharpe é fundamental para avaliar um fundo de investimento, pois, além da rentabilidade no período, leva em consideração o risco assumido pelo gestor, permitindo calcular o retorno ajustado ao risco ou volatilidade.

O índice de Sharpe é calculado pela fórmula que segue.

$$\textit{Índice de Sharpe} = \frac{\textit{retorno da carteira} - \textit{retorno da carteira livre de risco}}{\textit{desvio-padrão (volatiliade da carteira)}}$$

Assim, num portfólio de ativos com retorno médio de 20% a.a., a carteira de ativos livres de risco com rentabilidade média de 10% a.a. no mesmo período e volatilidade dos retornos de 8%, o índice de Sharpe será igual a 1,25.

Portanto, quanto maior o índice de Sharpe, melhor e mais atraente é o portfólio escolhido, sendo certo dizer que Sharpe negativo significa que a carteira escolhida performou abaixo do ativo livre de risco.

O patrimônio médio e o número de cotistas também são importantes, pois assim podemos eliminar os fundos com poucos recursos, que às vezes podem mascarar os desempenhos, pois sabemos que algumas estratégias não podem ser replicadas para patrimônios mais elevados. Ainda com relação ao número de cotistas, vale a pena referir que existem fundos de investimento exclusivos, às vezes com somente um cotista; portanto, não estão abertos a novos entrantes.

Depois de superar o *benchmark*, vale pesquisar se o fundo de investimento escolhido também supera seus pares no mercado, e ainda qual a taxa de administração e de performance, caso esta última exista. O importante é a rentabilidade líquida ser suficiente para cobrir as taxas e ainda o resultado final ser superior ao *benchmark* da carteira ou ativo.

Alguns fundos de investimento são para investidores qualificados, aqueles que são certificados ou têm mais de R$ 1 milhão investido, ou para profissionais que tenham mais de R$ 10 milhões investidos.

Finalmente, mas não menos relevante, é necessário verificar as quantias mínimas para investir e ainda o tempo de resgate, de forma a adequar para o perfil e necessidades do investidor.

Quanto aos *critérios qualitativos*, podemos ressaltar a necessidade de área de *compliance*, verificar se existem processos ou reclamações pertinentes contra a instituição ou seus diretores e, na parte de recursos humanos, pesquisar se existe política de estudo continuado, com incentivo para cursos e certificações e, ainda, se existe rotatividade das equipes.

Por último, é importante averiguar também o tempo de experiência dos gestores e seus desempenhos passados, valendo verificar se os gestores e sócios têm dinheiro próprio nos fundos ofertados pela instituição.

Seguindo esse ritual, considerando que rentabilidade passada não é garantia de rentabilidade futura e que fundos de investimento não têm garantia do fundo garantidor de crédito, seguem alguns exemplos de fundos de investimento – segmentados por classe – que atendem, no momento, grande parte do exposto neste capítulo, a título meramente ilustrativo.

Renda fixa

Figura 5.13 | Exemplo de fundo de renda fixa com estratégia simples para quem quer bater o CDI no longo prazo – tem objetivo de entregar CDI + 0,5% ao ano, liquidez D + 1 dia e investe em papéis investment grade

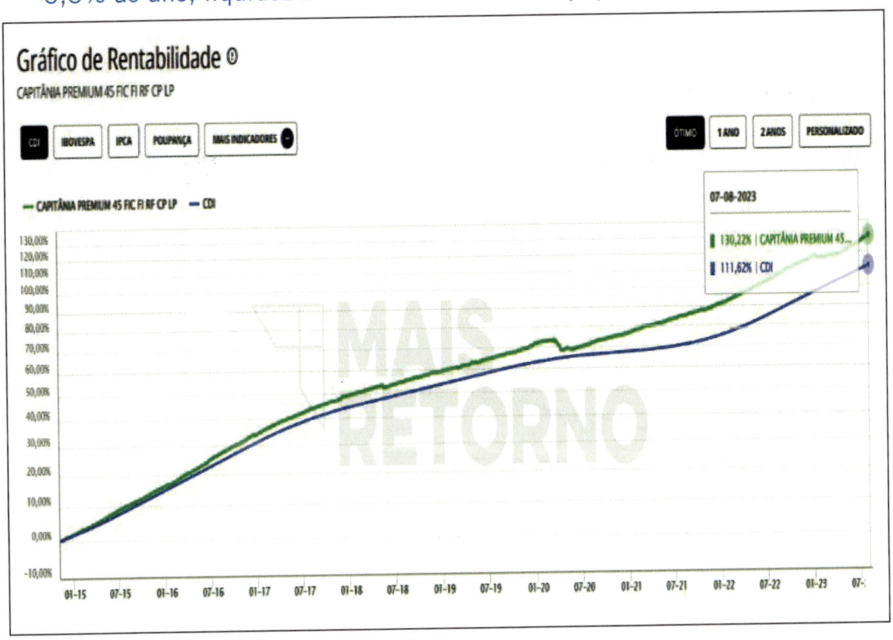

Fonte: <www.maisretorno.com.br>. Acesso em: jul. 2023.

Figura 5.14 | Exemplo de fundo de renda fixa com mais risco – investe em FIDC (direitos creditórios) e liquidação financeira cotização + 45 dias

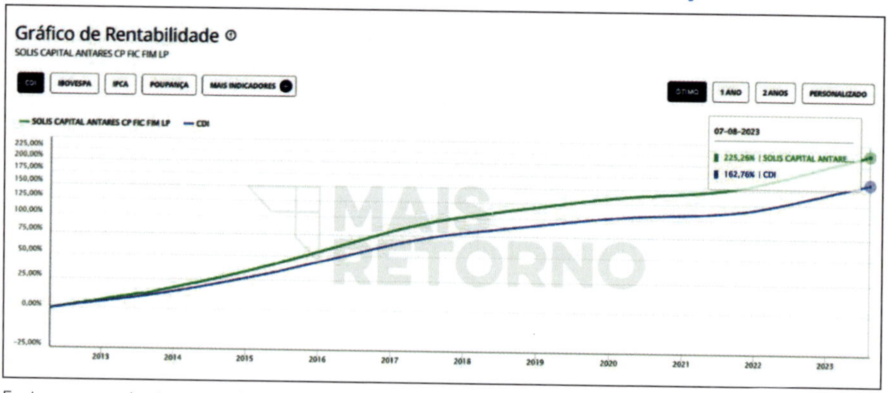

Fonte: <www.maisretorno.com.br>. Acesso em: jul. 2023.

Figura 5.15 | Exemplo de fundo de investimento em título do Tesouro atrelado à inflação, baixo risco de crédito – busca replicar o IMAB-5 e liquidação D + 1 dia

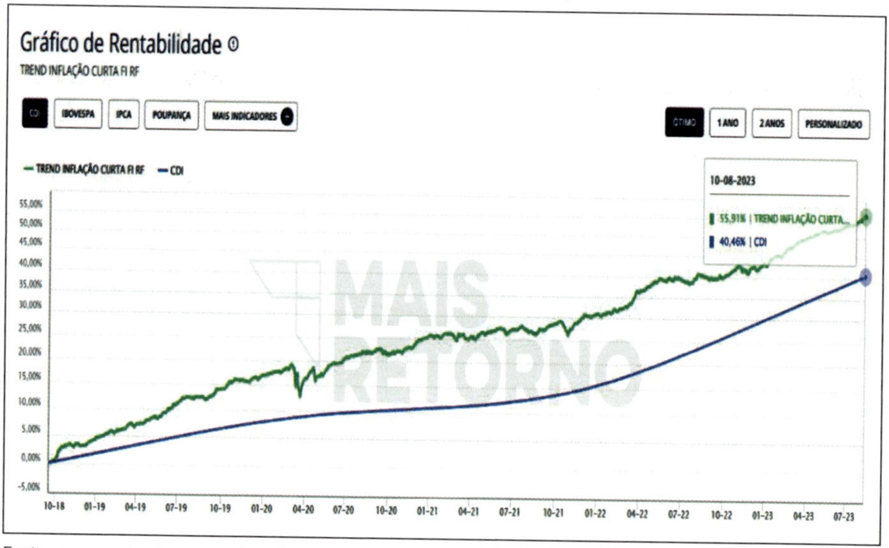

Fonte: <www.maisretorno.com.br>. Acesso em: jul. 2023.

Figura 5.16 | Exemplo de fundo de renda fixa de longo prazo – busca bater o CDI e liquidação financeira cotização D + 31 dias

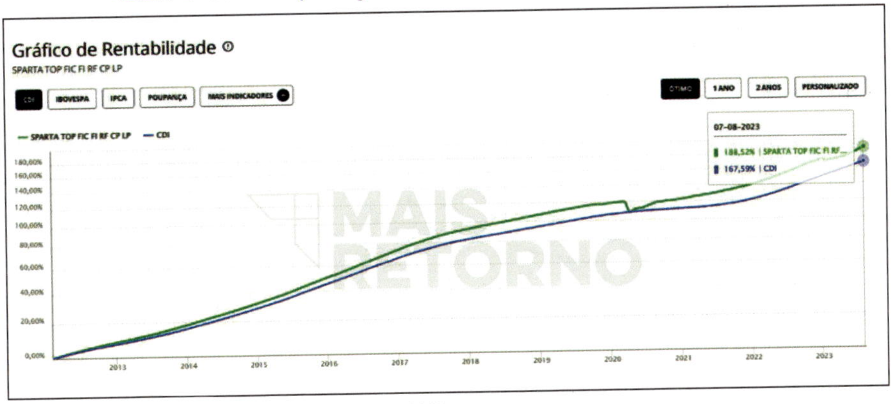

Fonte: <www.maisretorno.com.br>. Acesso em: jul. 2023.

Multimercado

Figura 5.17 | Exemplo de fundo multimercado focado na análise macroeconômica – muita volatilidade, então mais risco e liquidação financeira em D + 31 dias

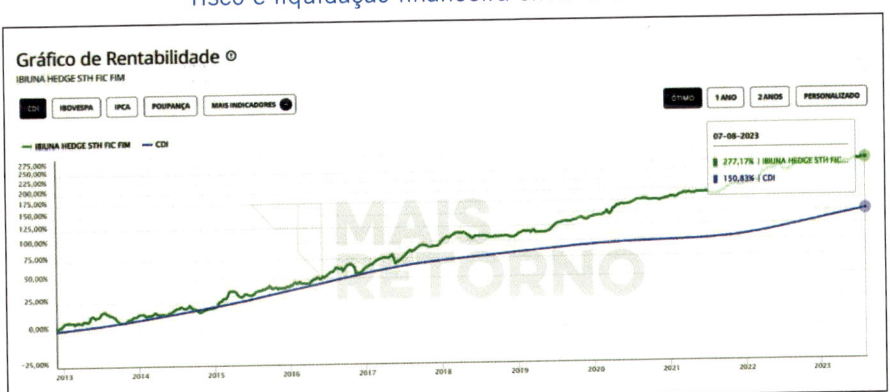

Fonte: <www.maisretorno.com.br>. Acesso em: jul. 2023.

Figura 5.18 | Exemplo de fundo multimercado quantitativo – utiliza algoritmos para realizar suas operações, liquidação cotização D + 33 dias

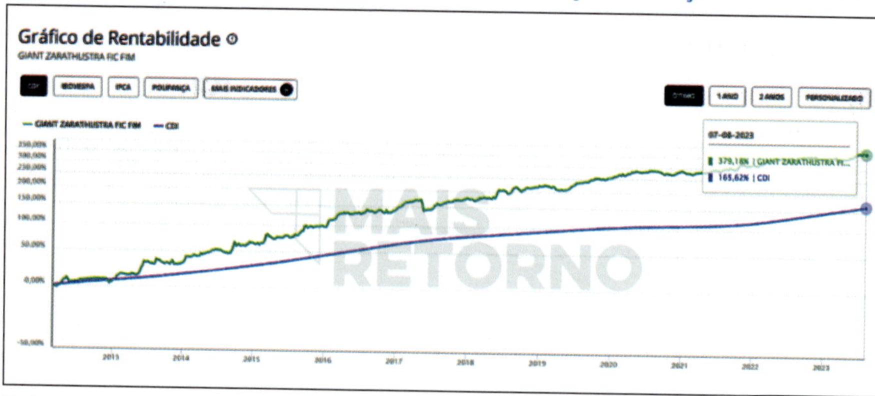

Fonte: <www.maisretorno.com.br>. Acesso em: jul. 2023.

Ações

Figura 5.19 | Estratégia: focar empresas com bom fundamento com investimentos de longo prazo – liquidação financeira cotização D + 14 dias

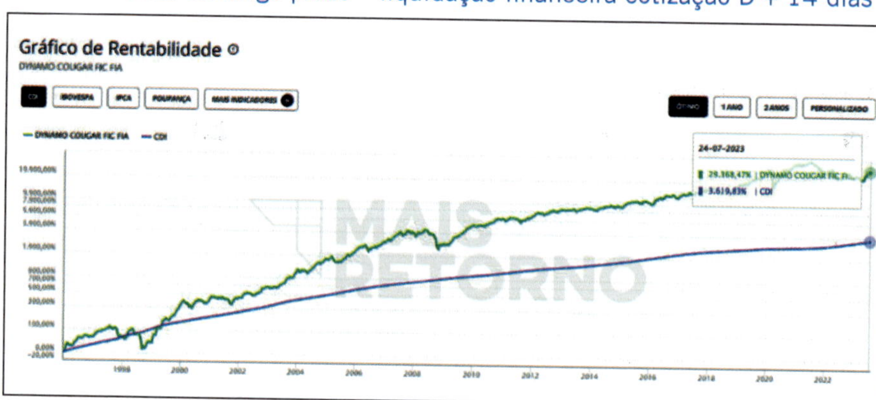

Fonte: <www.maisretorno.com.br>. Acesso em: jul. 2023.

Figura 5.20 | Cotas de fundos de ações com liquidação financeira cotização D + 32 dias

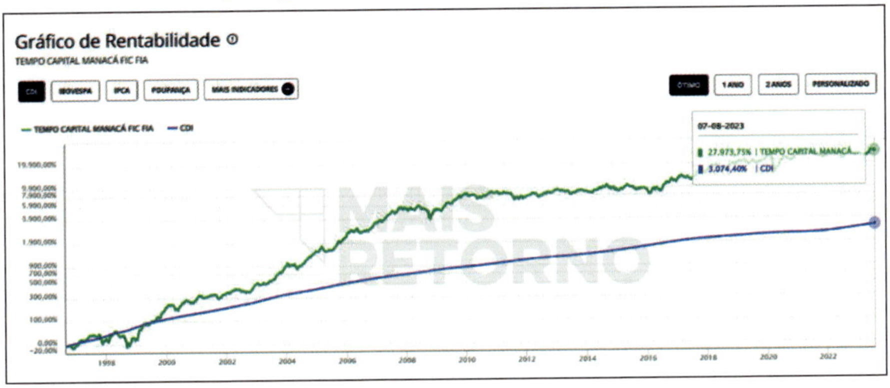

Fonte: <www.maisretorno.com.br>. Acesso em: jul. 2023.

Para investimentos no exterior o Exchange-Traded Fund (ETF) denominado IVVB11 replica o Standard & Poor's 500 (S&P 500), para quem quer se expor às maiores empresas do mercado acionário americano.

Figura 5.21 | Exemplo de ações no mercado norte-americano

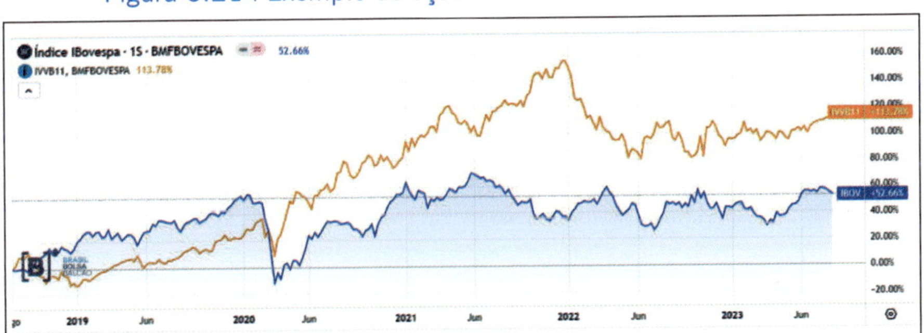

Fonte: <www.B3.com.br>. Acesso em: ago. 2023.

AVISO IMPORTANTE! O objetivo do livro é informar o leitor sobre fundamentos e técnicas para investir no mercado de capitais. Os exemplos utilizados têm objetivos didáticos. Rentabilidade passada não representa garantia de rentabilidade futura. Não se conhece maneira infalível para ter lucros em qualquer investimento. Fundos de investimento não contam com seguro do fundo garantidor de crédito (FGC). Os autores não se responsabilizam pelas posições assumidas e decisões tomadas pelos leitores nos seus investimentos.

6. Perfil do investidor e seleção de carteiras

Introdução

A análise do perfil do investidor (API) é fundamental para recomendação de investimentos, valendo ressaltar as instruções CVM n$^{\underline{os}}$ 539 e 554, que dizem do dever de verificação da adequação dos produtos, serviços e operações ao perfil do cliente (*suitability*), sendo obrigatórias a entrevista e a aplicação de questionário para identificar o perfil e situação patrimonial do cliente.

Conforme as instruções CVM suprarreferidas, deve-se verificar a adequação da capacidade de poupar em função dos objetivos, horizonte de investimento e riscos dos produtos a serem ofertados ao cliente, valendo afirmar que o melhor investimento para uma pessoa geralmente não é o mais indicado para outra, porque os fatores que influenciam essas escolhas são amplos e diferem de indivíduo para indivíduo, conforme preceitua a Associação Brasileira das Entidades dos Mercados Financeiro e de Capitais (Anbima), que atua em nome dos bancos, gestoras, corretoras, distribuidoras e administradoras, representando os mercados há quatro décadas.

A API (ou *suitability*, em inglês) se refere à avaliação do investidor, feita pelo consultor do investimento ou pela instituição à qual o especialista de investimentos está vinculado, que auxiliará o cliente a medir suas condições de risco com relação à capacidade e tolerância que ele está disposto a incorrer nas suas aplicações, dessa forma definindo seu perfil de investidor.

Assim, os investimentos sugeridos serão adequados ao perfil de risco do cliente, sua necessidade de liquidez e objetivos de vida, de forma que, após ser entrevistado e preenchido o questionário API, o investidor será enquadrado em perfis que a instituição financeira utiliza, sendo os mais comuns: conservador, moderado, arrojado ou sofisticado. De acordo com o perfil identificado, o cliente poderá receber direcionamentos para seus investimentos que estarão adequados ao seu perfil de investidor.

É proibido aos consultores de valores mobiliários e especialistas que atuam como distribuidores de investimento recomendar produtos não adequados aos perfis dos investidores, garantindo assim segurança e ofertas adequadas a cada perfil de risco. Caso o cliente insista no investimento não recomendado, mesmo após avisos e alertas, o profissional deve obter uma declaração escrita do cliente, informando que está ciente da falta de adequação dos riscos e de que o produto ou serviço não é compatível com seu perfil.

Entretanto, somente classificar e verificar o perfil de investidor não é suficiente. É necessário também analisar e classificar os produtos e serviços a serem oferecidos, de forma a perseguir a melhor adequação entre o risco a ser assumido pelo cliente e o risco do produto recomendado.

No que se refere aos riscos do produto a ser investido, o mercado trabalha na prática com as seguintes alternativas:

I. riscos associados ao produto e seus ativos subjacentes;
II. perfil dos emissores e prestadores de serviços associados ao produto;
III. existência de garantias;
IV. prazos de carência.

Desse modo, o resultado será a elaboração de perfil de risco do cliente e do produto, de forma que o cliente tenha uma visão holística dos seus riscos e do produto indicado, otimizando a gestão financeira do cliente, que vai compreender as consequências das diversas escolhas, propiciando assim melhores decisões financeiras, de forma sustentável e autônoma.

Para alguns tipos de clientes, a legislação permite que não seja realizado o processo de API e a verificação da adequação do produto ao perfil do cliente (*suitability*), tais como: investidores qualificados, investidores que possuam investimentos financeiros em valor superior a R$ 1 milhão e que, adicionalmente, atestem por escrito sua condição de investidor qualificado mediante termo próprio ou pessoas naturais que tenham sido aprovadas em exames de qualificação técnica ou possuam certificações aprovadas pela CVM como requisitos para o registro de agentes autônomos de investimento, administradores de carteira, analistas e consultores de valores mobiliários, em relação a seus recursos próprios, pessoa jurídica de direito público e cliente que tiver sua carteira de valores mobiliários administrada com total liberdade por administrador de carteira de valores mobiliários autorizado pela CVM. O legislador acredita que os investidores com as características citadas saibam por conta própria adequar os produtos ao seu perfil de risco, além de possuírem conhecimento e experiência sobre o mercado e seus produtos e serviços, não necessitando de uma obrigatoriedade legal para sua proteção.

Planejamento financeiro

O planejamento financeiro é uma ferramenta essencial para alcançar objetivos de curto, médio e longo prazos. Engloba a elaboração de um orçamento eficiente, a organização dos gastos de forma racional e a maximização dos investimentos. Trata-se de um processo dinâmico e lógico que visa administrar os investimentos, a renda, as despesas, a construção de patrimônio e a resolução de dívidas.

Definição

A jornada tem início com o *suitability*, que nada mais é do que um conceito utilizado no setor financeiro para se referir à avaliação e correspondência entre os produtos de investimento recomendados a um cliente e o perfil desse cliente, levando em consideração suas características, objetivos, tolerância ao risco e preferências. Em essência, a análise do perfil de investidor visa garantir que os produtos financeiros recomendados sejam apropriados para o investidor específico, de modo a evitar riscos desnecessários e proteger seus interesses.

O processo de *suitability* envolve uma análise profunda das informações financeiras, objetivos de investimento, situação pessoal e apetite por risco do investidor. Com base nessas informações, os profissionais financeiros podem identificar o grau de risco que o cliente está disposto a assumir, sua capacidade de lidar com perdas e seus objetivos de curto, médio e longo prazos.

Ao considerar esses fatores, os profissionais financeiros podem então fazer recomendações de investimento que se alinhem com o perfil do cliente. Por exemplo, um investidor com um perfil mais conservador, que valoriza a segurança e deseja evitar perdas significativas, seria direcionado a produtos de investimento de baixo risco, enquanto um investidor mais arrojado, que busca maiores retornos e está disposto a enfrentar volatilidade, poderia ser apresentado a opções mais agressivas.

O *suitability* é crucial para garantir que os investidores não se envolvam em produtos que possam não ser adequados às suas circunstâncias financeiras ou objetivos, reduzindo assim a probabilidade de surpresas negativas e protegendo o bem-estar financeiro do cliente. Além disso, também é uma exigência regulatória em muitas jurisdições para assegurar que as recomendações financeiras estejam alinhadas com as necessidades individuais de cada um.

Exemplos práticos de como a API é aplicada no mercado financeiro

- *Questionários de perfil.* Muitas instituições financeiras, como corretoras e bancos, utilizam questionários detalhados para avaliar o perfil de investidor de seus clientes. Esses questionários incluem perguntas sobre a situação financeira, objetivos, tolerância ao risco e conhecimento sobre investimentos. Com base nas respostas, a instituição determina o perfil do investidor (conservador, moderado ou arrojado) e recomenda produtos adequados.
- *Recomendações de carteira.* Com base no perfil do investidor, as instituições financeiras podem sugerir uma combinação específica de ativos, como ações, títulos, fundos mútuos, entre outros. Um investidor conservador poderia receber uma recomendação de carteira mais focada em ativos de baixo risco, enquanto um investidor arrojado poderia ser direcionado para investimentos de maior potencial de retorno e volatilidade.
- *Acessibilidade a produtos.* O perfil de investidor pode influenciar a disponibilidade de certos produtos de investimento. Por exemplo, produtos de maior risco podem ser restritos para investidores arrojados ou sofisticados, enquanto produtos com menor risco podem ser mais acessíveis para grupo mais conservador.
- *Aconselhamento personalizado.* Os consultores financeiros podem usar a análise do perfil do investidor para oferecer aconselhamento personalizado. Eles podem ajustar suas recomendações com base no apetite por risco do cliente, ajudando-o a tomar decisões que se alinhem com seus objetivos e conforto financeiro.

- *Monitoramento contínuo*. As mudanças nas circunstâncias de vida, como casamento, filhos, promoções no trabalho, podem influenciar a mudança do perfil de investidor. Assim, as instituições financeiras podem manter um acompanhamento contínuo dos clientes e fazer ajustes conforme necessário.
- *Ferramentas de investimento online*. Plataformas de investimento *online* frequentemente utilizam algoritmos para avaliar o perfil do investidor com base nas informações fornecidas pelo cliente. Essas ferramentas ajudam os investidores a escolher produtos adequados sem a necessidade de um consultor pessoal.
- *Regulamentação e conformidade*. Em muitas jurisdições, regulamentações financeiras exigem que as instituições realizem a análise do perfil do investidor para garantir que as recomendações de investimento sejam apropriadas e adequadas aos clientes.

Esses exemplos destacam como a API é uma parte essencial do processo de tomada de decisão de investimento, garantindo que as escolhas se alinhem aos objetivos e às características individuais de cada investidor.

Como descobrir qual é o meu perfil como investidor?

Para determinar seu perfil como investidor, é necessário considerar alguns aspectos importantes: tolerância ao risco, situação financeira, objetivos e compreensão do mercado financeiro. Vamos explorar cada um deles a seguir.

Tolerância ao risco

Envolve avaliar até que ponto você se sente confortável em lidar com a possibilidade de perdas nos seus investimentos.

- Seria motivo de preocupação a ponto de afetar seu sono se o rendimento dos seus investimentos diminuísse?
- Você é capaz de aceitar algumas perdas, desde que sejam moderadas?

- Você se sente tranquilo mesmo diante de perdas que afetam o montante principal, confiando que suas decisões levarão a ganhos a longo prazo?

Situação financeira

Sua condição econômica é fundamental para entender como lidar com riscos. Não basta estar disposto a correr riscos se você não tiver a capacidade financeira para fazê-lo.

- Você estaria disposto a investir dinheiro de que poderia necessitar em caso de emergência?
- Consideraria investir recursos, mas possui uma reserva à qual poderia recorrer em situações de imprevisto?
- Estaria inclinado a investir, contando com seguros e outras medidas que garantam segurança em situações inesperadas?

Objetivos

Alguns objetivos são urgentes e não podem ser alterados, como economizar para a educação universitária do seu filho ou para a realização do sonho de comprar uma casa.

- Se o seu objetivo fosse adiado ou modificado, isso teria um impacto significativo?
- Você tem flexibilidade em relação ao montante necessário para atingir seu objetivo, ou poderia esperar mais tempo sem consequências graves?
- Você dispõe de tempo suficiente para alcançar seu objetivo?

Compreensão do mercado financeiro

É crucial compreender como o mercado financeiro opera e os fatores que influenciam positiva ou negativamente o retorno dos investimentos que você escolheu.

- Você está nos estágios iniciais da sua educação financeira, não está familiarizado com indicadores e não sabe onde obter informações?
- Você possui um entendimento básico de alguns indicadores, consulta fontes oficiais para se informar e está comprometido em aprender mais?
- Você compreende diversos indicadores, conhece várias fontes de informação, mantém-se atualizado e é capaz de analisar o mercado de forma precisa?

Explorando os diferentes perfis de investidores e suas características

Vamos mergulhar na análise dos três tipos de perfis de investidores, comumente observados no mercado de capitais, considerando suas metas, capacidade de alocação de recursos, conhecimento e disposição para enfrentar a volatilidade das flutuações de valores. Esses três perfis são: conservador, moderado e arrojado ou sofisticado.

Perfil conservador

O investidor de perfil conservador é aquele que opta por evitar qualquer tipo de risco quando se trata do crescimento dos seus fundos investidos. Ele pode ter metas bem estabelecidas para o uso do seu dinheiro, como a aquisição da casa própria. Pode também escolher investimentos desse tipo devido à remuneração previsível e à ausência de riscos significativos ou complexas regras a serem compreendidas e monitoradas. É como selecionar uma rota tranquila, mesmo que isso signifique um trajeto mais longo.

Perfil moderado

O investidor de perfil moderado é aquele que alocará parte dos seus recursos em investimentos com menor liquidez, compreendendo que essas opções oferecem retornos financeiros a médio e longo prazos e, por consequência, carregam um nível intermediário de risco nas suas variações. Geralmente, como parte da sua estratégia, ele também investe outra parcela em opções conservadoras, assegurando liquidez para saques rápidos e uma boa diversificação, ou seja, uma combinação de indicadores que determinam o rendimento de um investimento. O trajeto moderado é como uma viagem que intercala entre caminhos e meios de transporte, ora mais rápidos, ora mais lentos.

Perfil arrojado

O investidor de perfil arrojado é aquele que encara com serenidade os riscos associados à variação nos seus retornos financeiros ou até mesmo mudanças no capital inicial investido. Isto se deve ao seu entendimento de que, em longo prazo, todas as flutuações resultarão em impactos positivos, ou pelo menos em um reequilíbrio. Ou seja, o investidor arrojado compreende que as oscilações fazem parte integrante desse tipo de investimento. Ele segue uma estratégia que garante segurança para sua situação financeira, enquanto também diversifica as suas alocações, combinando abordagens moderadas e conservadoras.

Adicionalmente, o investidor de perfil arrojado ou sofisticado não precisa resgatar seus fundos imediatamente, permitindo-lhe aguardar o melhor momento de acordo com os rendimentos obtidos.

É importante observar que cada instituição financeira tem autonomia para determinar seus próprios "níveis de perfil de investidor", podendo inclusive apresentar categorias adicionais além das três básicas: conservador, moderado e arrojado ou sofisticado.

Mudança de perfil de investidor

O perfil de investidor não é estático e pode mudar ao longo do tempo devido a várias circunstâncias. Essas mudanças podem ser influenciadas por fatores como aumento do conhecimento financeiro, evolução das finanças pessoais, vontade de investir mais e alterações nos objetivos e prioridades do indivíduo.

Algumas variáveis que compõem o perfil do investidor podem ser facilmente modificadas. Por exemplo, buscar informações e educação financeira, como está sendo feito ao aprender sobre investimentos, pode influenciar como alguém se sente confortável em correr riscos. Da mesma forma, mudanças na situação financeira, como ganhar mais dinheiro ou ter mais recursos disponíveis, podem levar a uma disposição maior para investir.

Além disso, eventos de vida significativos, como casamento, filhos, fazer um intercâmbio, entre outros, também podem afetar o perfil do investidor. Essas mudanças na vida muitas vezes alteram as prioridades financeiras e os objetivos pessoais. Por exemplo, alguém que antes tinha um perfil mais agressivo pode se tornar mais conservador depois de ter filhos, devido à necessidade de segurança financeira para a família.

Portanto, é necessário reavaliar periodicamente o perfil de investidor à medida que a vida avança e as circunstâncias mudam. O perfil não deve ser visto como uma barreira rígida que limita as opções de investimento, mas sim como uma ferramenta flexível que ajuda a guiar as escolhas financeiras de acordo com as mudanças nas prioridades e nos objetivos pessoais.

É importante verificar os termos e responsabilidades dessa revisão, a periodicidade do acompanhamento, que pode incluir a elaboração e consolidação de relatórios sobre sua situação patrimonial, reavaliações dos produtos ou estratégias, por mudanças de objetivos e/ou de cenários.

Existem diversas técnicas de alocação de ativos (*asset allocation*) para definição do que fazer no caso de mudança da carteira inicial, quando, por exemplo, mude o perfil do investidor, ou se alterem os cenários externos, ou até mesmo o desbalanceamento da carteira por melhora ou piora de determinado segmento, por alterações tributárias ou criação/extinção de produtos.

Assim, existem várias estratégias para a continuidade das alocações de recursos, seja mantendo a carteira como inicialmente previsto ou se adequando às novas situações, de forma a se reposicionar de acordo com as mudanças de paradigmas, sendo as mais comuns as descritas a seguir:

1) *Buy and hold*. Manter tudo como está, de forma que a carteira não muda, não tendo custos de transações. Tem a desvantagem do desenquadramento da carteira ao perfil do investidor e ainda o não aproveitamento das novas oportunidades do mercado.
2) *Constant mix*. Essa estratégia define que o enquadramento inicial deve ser mantido, sendo necessário o rebalanceamento da carteira sempre que houver alteração em relação à alocação inicial, o que geralmente é

feito em períodos definidos e/ou por desvio quantitativo, normalmente acionado por gatilho.

3) *Seguro de portfólio de proporções constantes.* Nesse caso é assegurado um piso mínimo de retorno, geralmente equivalente a uma aplicação de ativos livres de risco, e dessa forma funciona como um seguro para garantia de retorno mínimo.

Também devem ser consideradas as entradas de novos recursos advindos do cliente ou da carteira, como juros e dividendos, ou retiradas periódicas ou ocasionais do investidor, de forma que a estratégia definida deve ser revista periodicamente, pois o mercado e o perfil do cliente são dinâmicos e ainda podem existir oportunidades para melhorar os retornos. Mas cabe ressaltar que essas estratégias devem ser realizadas por gestores profissionais.

Por último, mas de fundamental importância para qualquer momento, é sempre bom lembrar o melhor aliado do investidor: a diversificação.

Finanças comportamentais

As finanças comportamentais são uma área do conhecimento interdisciplinar que engloba os campos da economia, filosofia, psicologia, sociologia, neurociência e busca estudar o comportamento humano sob a influência de fatores cognitivos, emocionais, culturais e sociais na tomada de decisão dos investidores.

Enquanto as finanças tradicionais se baseiam na ideia de que o ser humano é racional nas suas decisões, as finanças comportamentais tentam explicar as anomalias no mercado financeiro pela ótica da psicologia e do *neurobusiness*, sendo certo que as emoções e o contexto sociocultural têm ações significativas nas tomadas de decisões dos investidores. Assim, tenta-se identificar os padrões e comportamentos determinantes nos movimentos não racionais do mercado financeiro.

Daniel Kahneman e Richard Thaler, prêmios Nobel de economia 2002 e 2017, respectivamente, são considerados os pais das finanças comportamentais. Ambos buscam explicar o comportamento humano sob o enfoque das decisões não racionais, quando os indivíduos têm comportamentos de mais ou menos risco nas operações do dia a dia dos mercados financeiros, tanto quanto a formulação de diferentes formas de um mesmo problema ou as reações dos investidores após receberem notícia positiva ou negativa, e como esses movimentos impactam nas decisões de compra e venda de ações, com os indivíduos dominados por processos mentais e cognitivos, chamados as heurísticas e os vieses.

Uma heurística é um atalho mental que permite às pessoas resolver problemas complexos, acreditando que a realidade é aquela exatamente que estamos vendo; então, em tese, poderíamos fazer julgamentos com rapidez, tomando decisões eficientes nas operações cotidianas no mercado de capitais. Assim, reduzimos o tempo para as tomadas de decisões racionais, de forma a permitir que os indivíduos trabalhem sem parar para pensar sobre novas ações.

Embora as heurísticas sejam úteis em muitas situações, algumas vezes a realidade não é aquela que estamos vendo, sendo somente uma ilusão do nosso próprio cérebro. O cérebro consome muita energia para funcionar, então utiliza atalhos para interpretar informações e se adaptar rapidamente às operações do dia a dia dos mercados financeiros.

É nas heurísticas que nosso cérebro confia para tomar decisões rápidas, economizando energia, evitando altas cargas cognitivas e liberando capacidade de trabalho para outras empreitadas, mas esse comportamento pode interferir indevidamente, fazendo com que os investidores tomem decisões não racionais, o que pode levar a julgamentos e alternativas incorretos, que chamamos de vieses, preconceitos cognitivos e crenças relacionadas às probabilidades que nos levam a erros nas tomadas de decisões, por não termos percebido a realidade.

A decisão do investidor na perspectiva das finanças comportamentais – em contraponto às finanças tradicionais, que consideram a racionalidade dos investidores na tomada de decisões – parte do pressuposto de que as pessoas são limitadas racionalmente e que as decisões têm origem em fatores emocionais.

> O fato inquestionável de que indivíduos, raças e nações diferentes se conduzem de forma diferente, sob as mesmas condições econômicas, por si só é bastante para mostrar que os motivos econômicos não são os únicos fatores dominantes. É completamente incompreensível como os fatores psicológicos podem ser desprezados, ali onde o que está em questão são as reações dos seres humanos vivos; pois não só essas reações concorreram para o estabelecimento das condições econômicas, mas até mesmo apenas sob o domínio dessas condições é que os homens conseguem pôr em execução seus impulsos instintuais originais – seu instinto de autopreservação,

> sua agressividade, sua necessidade de serem amados, sua tendência a obter prazer e evitar desprazer [Freud, 1976:216].

Dessa forma, considerando que o comportamento do investidor é muito impactado por atributos de avaliação emocionais, em geral em processos complexos que necessitem de respostas rápidas para decisões de investimento, normalmente em ambiente de incerteza ou excesso de informação, vamos apresentar as principais heurísticas e vieses identificados no mercado, em ordem alfabética, segundo a ótica dos autores.

Heurísticas de julgamento

Heurística é "um procedimento simples que ajuda a encontrar respostas adequadas, ainda que geralmente imperfeitas, para perguntas difíceis. A palavra vem da mesma raiz que *eureca*" (Kahneman, 2012:127).

Ancoragem

Descrição. A maioria dos investidores tende a se concentrar em certos tipos de informação e ignorar outras, prejudicando a análise do cenário como um todo, atribuindo peso desproporcional a um parâmetro ou referência. Influência de uma informação prévia, normalmente um número, na tomada de decisão.

Exemplos de mercado. Preço-alvo. Informação inicial ou primeira impressão passa a ter mais peso nas escolhas. Concentrar em certos tipos de detalhes, sem visão do cenário como um todo.

Confirmação

Descrição. É a tendência que temos de buscar apenas informações que comprovam nosso ponto de vista prévio e já estabelecido. Investidores procuram fatos e dados para suportar/confirmar sua decisão, somente acompanhando análises também otimistas com o investimento.

Exemplos de mercado. Crenças e preconceitos. Permanecer em zona de conforto. Oportunidades de investimento podem ser facilmente perdidas.

Disponibilidade e/ou retrospectiva

Descrição. Ideias, lembranças ou situações vêm à mente, influenciando o processo decisório. Experiências pessoais que se tornam cruciais para a tomada de decisão.

Exemplos de mercado. Memória recente impacta processo de decisão. Olhar o passado e prever os próximos acontecimentos. Probabilidade de um evento acontecer com base em caso recente.

Representatividade e/ou familiaridade

Descrição. Influência de eventos passados na previsão de comportamentos futuros. Preferência pelo conhecido e desconforto com o estranho.

Exemplos de mercado. Adquirir um ativo olhando o retorno passado. Rentabilidade passada não garante ganhos futuros, experiência positiva parece menos arriscada para o futuro.

Comportamentos viesados

Nosso cérebro utiliza constantemente simplificações para os processos de tomadas de decisões complexas; então corremos o risco de errar sistematicamente, decidindo de forma viesada, pois uma pessoa tomada pelos vieses comportamentais deixa de seguir ações baseadas em fatos ou pela racionalidade, e passa a agir conforme a emoção ou irracionalmente, assumindo decisões erráticas. Conhecer os vieses pode ampliar as chances de lidar com eles e minimizar seus efeitos danosos nos processos decisórios de investimentos.

- *Aversão à perda*. O sofrimento pela perda suplanta em muito a emoção do lucro. Os investidores reagem muito negativamente à dor da perda, priorizando o risco e vendendo rapidamente seus ativos. Então, como resultado, esses indivíduos tendem a manter portfólios perdedores em suas carteiras de ações ou, pior ainda, tendem a dobrar suas posições para recuperar as perdas, assumindo riscos elevados.

- *Autosserviço.* Sempre ficar com os créditos nos resultados positivos, enquanto os resultados negativos são atribuídos a fatores externos, ou ao acaso, ou aos outros; nunca à sua falta de competência em relação à situação.
- *Custo afundado.* Insistência em manter determinada ação, pelo fato de ter investido em momento de alta incompatível com o valor do ativo, já tendo comprometido recursos e tempo.
- *Desconto hiperbólico.* Valoriza benefícios imediatos, mesmo assumindo obrigações pecuniárias que possam impactar ou reduzir nosso bolso no futuro, pois a passagem do tempo interfere em nossa percepção do bem-estar; então, usufruir do prazer imediato pode trazer graves consequências mais adiante.
- *Efeito posse ou dotação.* Supervalorização dos ativos, valorização da ação pelo preço acima do praticado no mercado somente por fazer parte do nosso portfólio.
- *Excesso de confiança.* Confiar demais em si mesmo, quando a confiança subjetiva nas habilidades do investidor suplanta seu desempenho real, superestimando os eventos positivos e subestimando os negativos, tendo dificuldade em eventual saída do papel, por não reconhecer alocação incorreta. O excesso de confiança tende a trazer negociações em excesso, com alta rotatividade nas ações, fazendo com que os custos das transações eliminem eventual performance positiva da carteira.
- *Falácia do jogador.* Nesse caso o investidor enxerga um aumento contínuo no preço de uma ação como indicação de que a empresa vai quebrar em breve, então vende os papéis. Da mesma forma, tende a manter os ativos que se desvalorizaram, por acreditar que esses ativos vão subir em breve.
- *Framing (enquadramento).* As alternativas são apresentadas com destaque para os aspectos positivos ou negativos, fazendo com que o investidor seja levado a crer – por determinado ângulo, característica ou informação – numa melhor escolha pela atratividade daquele ponto de referência. Dizer que um investimento tem 20% de chance de valorizar é melhor do que dizer que tem 80% de chance de desvalorizar.

- *Ilusão de controle*. O indivíduo acredita que eventos futuros podem ser previstos e controlados, mesmo que não o sejam racionalmente. Aumenta o grau de confiança do investidor, levando à subestimação dos riscos, nesse caso por desconsiderar as incertezas, assumindo decisões incompatíveis com seu perfil e sua capacidade financeira.
- *Medo do arrependimento*. Receio de perder uma oportunidade que poderia render um bom dinheiro. Então, o investidor é influenciado pelas redes sociais e não quer ficar para trás, exemplo recente dos mercados de criptoativos. Também ocorre quando o investidor deixa de vender uma ação para não se constranger de ter feito um mau negócio.
- *Movimento de manada*. Comportamento de manada é uma fuga coletiva de animais da mesma espécie, sendo uma forma de proteção adquirida com o tempo e evolução das espécies. Nos mercados financeiros, a expressão é utilizada quando todos fazem o que os outros estão fazendo, sem análises ou julgamentos independentes, e geralmente essas decisões são equivocadas.
- *Prova social*. Parte do princípio de que os investidores adaptarão seus comportamentos de acordo com o que os outros investidores estão fazendo. A prova social tem componentes informacionais; nas formas mais significativas de publicidade se traduzem em recomendações de influenciadores financeiros, amigos e familiares, e geralmente é utilizada em situações ambíguas, em que não sabemos que rumo tomar; então procuramos pistas em como os outros se comportam.
- *Recência*. Tem como característica o apego a fatos e dados recentes e imediatos. O investidor passa a ter confiança somente nas últimas informações que lhe foram passadas, sem considerar o histórico e a performance da ação e nem mesmo os conhecimentos confirmados pela ciência. Também ocorre quando são passadas muitas informações, mas somente as últimas são lembradas, pois o investidor é apegado aos acontecimentos mais recentes e não consegue se lembrar de algo que foi falado há mais tempo.
- *Sobrevivência*. Consiste no erro racional da fixação em empresas ou ativos que sobreviveram no tempo, sendo ignorados aqueles que tiveram fraco desempenho ou foram eliminados. Propensão que um investidor tem ao analisar o mercado de capitais e tomar decisões somente com base em empresas que foram bem-sucedidas.

- *Status quo*. Ficar na zona de conforto, deixar que as coisas permaneçam exatamente como estão, sem fazer nada. Como consequência, evitando decisões que gerem mudanças, algumas vezes o investidor deixa de aproveitar oportunidades que poderiam ajudá-lo a alcançar seus objetivos financeiros com mais facilidade.
- *Teoria da perspectiva*. A teoria do prospecto ou teoria da perspectiva é um conceito da psicologia cognitiva que está relacionado com a tomada de decisões em contextos econômicos e financeiros incertos. Os investidores, nesse caso, tendem a tomar decisões com base em projeções de perdas, mais do que em projeções de ganhos, pois eles nutrem mais aversão aos riscos da dor de uma perda, pois ela tem um impacto emocional maior do que o ganho equivalente.

Fronteira eficiente

Existem investidores avessos a riscos, então a opção de diversificação consegue diluir esses riscos, sendo a ideia central constituir uma carteira de ativos não correlacionados. O coeficiente de correlação é um valor entre -1 e 1 e mede o grau de relação entre dois ativos, no caso duas ações. Assim, para ser eficiente, a carteira do investidor precisa abrigar ativos com retornos inversamente relacionados, de forma que quando um sobe o outro cai na mesma intensidade (coeficiente de correlação = -1).

Vamos considerar dois ativos do mercado de capitais brasileiro, denominados MOD e ARR, tendo a ação MOD retorno médio de 10% ao ano (a.a.) e desvio-padrão de 5% e a ação ARR retorno médio de 20% ao ano e desvio-padrão de 25%, ambos os casos para um período de 20 anos.

Dessa forma, considerando a carteira com peso de 50% para cada ação, o retorno médio será uma simples média dos retornos, no caso 15% ao ano. E se a composição da carteira for de 80% da ação MOD e 20% da ação ARR, utilizamos uma média ponderada das médias dos retornos das duas ações, resultando em retorno médio da carteira de 12% ao ano.

Entretanto, a fórmula para calcular o desvio-padrão de uma carteira com dois ativos é mais complexa, e com ela Harry M. Markowitz (1952) chegou à denominada "fronteira eficiente", que é formada por infinitas carteiras e na qual se obtém o máximo retorno com o mesmo nível de risco ou se atinge o mínimo risco com o mesmo nível de retorno.

Melhor dizendo, carteiras que possuem o menor desvio-padrão de todas as carteiras com mesmo retorno são chamadas de carteiras com variância mínima e formam a fronteira eficiente. A escolha que maximiza a satisfação do investidor é a carteira constituída com os ativos que estão disponíveis no mercado, obtida pelo ponto tangente da fronteira eficiente e a curva de utilidade mais alta do investidor, conforme figura 6.1.

Figura 6.1 | Gráfico do conjunto de combinações de carteiras

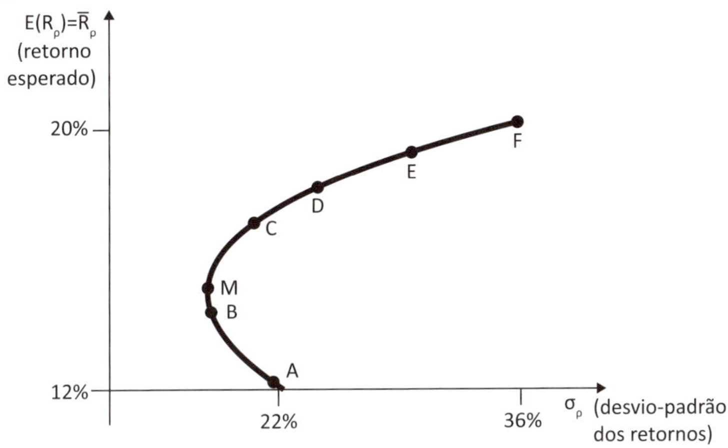

As oportunidades de investimentos a serem consideradas estão localizadas sobre a curva MF – *fronteira eficiente*

Fonte: Assaf Neto (2003:238).

Teoria de Markowitz

Assaf Neto (2023:933-934) explica que a teoria de Markowitz faz parte do processo de avaliação de carteiras de investimentos, o qual envolve três grandes fases:

i) a análise dos títulos, que trabalha com os fundamentos da avaliação de ativos, em que se costuma encontrar o valor intrínseco de um título por descontar os fluxos futuros a uma taxa de atratividade;

ii) a análise de carteiras, que envolve projeções de retorno esperado e do risco de um conjunto de ativos;

iii) e a seleção de carteiras, que por sinal é o título do artigo de Markowitz (1952) - *portfólio selection* –, estuda a melhor combinação possível dos ativos analisados e sugere uma alocação de ativos dentro de uma carteira que maximize a satisfação do investidor. Na teoria de Markowitz essa satisfação é definida com base no que seria um "investidor racional", que busca que seu risco seja mínimo para um dado nível de retorno.

Investidores, ao comprarem um ativo, esperam obter retornos durante o período em que o mantêm. Entretanto, os retornos obtidos podem ser muito diversos do esperado, incluindo valores mais baixos ou mais altos. É na diferença entre os retornos efetivos e esperados que está a fonte de risco.

Então o risco pode ser determinado pelo *spread* entre os retornos efetivos e os esperados e mensurado pela variância ou o desvio-padrão da distribuição - quanto maior o desvio dos retornos efetivos esperados maior a variância. É preciso destacar que são utilizadas distribuições de retornos passados como previsão de distribuições de retornos futuros. No caso de mudanças significativas, as características de ativos mudam de forma significativa, e as estimativas históricas podem não ser boas medidas de risco.

Quando um investidor compra uma ação, está exposto a riscos que podem ser específicos da empresa ou de todo o mercado. Os riscos que afetam uma empresa especificamente podem ser explicados como a incorreta previsão de demanda de um produto, ou o aumento nos componentes do custo de produção em um setor específico. Por outro lado, existe o risco que afeta todos os investimentos - por exemplo, o aumento da taxa de juros dos títulos do governo, uma guerra ou a desaceleração de uma economia –, que é denominado risco de mercado.

Ao investirmos em uma carteira diversificada, incluindo ativos de setores distintos, podemos reduzir a exposição ao risco específico da empresa. Entretanto, o risco de mercado, como o aumento na taxa juros, irá baixar os valores da maioria dos ativos em uma carteira, ainda que alguns ativos possam ser mais afetados do que outros.

Segundo Damodaran (2004), é uma reflexão sobre a covariância que vai definir quanto a diversificação vai reduzir o risco, porque a variância em uma carteira de investimento é determinada pelas variâncias dos ativos individuais nessa carteira e, parcialmente, pelo modo como elas se movem juntas; a última é mensurada estatisticamente com um coeficiente de correlação ou a covariância através de investimentos na carteira.

A teoria das carteiras proposta por Markowitz deriva do processo de ser capaz de estimar as variâncias para as carteiras formadas por muitos ativos, em que a otimização considera o *trade-off* entre retorno esperado e a variância, sendo consideradas eficientes porque maximizam o retorno esperado dado o desvio-padrão, e o conjunto de carteiras determina a fronteira eficiente.

Existe uma correlação entre o movimento dos ativos, então não se pode calcular somente o desvio-padrão de um ativo para medir o risco, pois o retorno de uma carteira constitui a combinação ponderada da proporção de retorno dos ativos que a constituem. Dito de outra forma, existe uma correlação entre os movimentos individuais dos ativos.

O risco não diversificável ou sistemático, por um lado, nos fala dos fatores de mercado que afetam todas as empresas e não podem ser eliminados por meio de diversificação, como guerras, inflação, incidentes internacionais e eventos políticos. O melhor exemplo pode ser definido hoje como a pandemia da Covid-19, quando o risco aumentou para todos os ativos.

Por outro lado, o risco diversificável ou não sistemático implica eventos específicos da empresa, como greves, processos, ações regulatórias e perdas de clientes importantes, mas esses riscos podem ser praticamente eliminados via diversificação.

No momento podemos citar como exemplo o Brasil, em processo de mudanças dos marcos regulatórios das leis fiscais e administrativas, de forma que o mercado trabalha com essas expectativas, que podem ou não se concretizar, trazendo, em caso positivo. uma avaliação de risco melhor dos ativos de empresas brasileiras.

A volatilidade da carteira é uma função da correlação dos ativos componentes. A alteração na volatilidade é não linear com as mudanças na ponderação dos ativos componentes; portanto, quanto maior o número de ativos, menor o risco da carteira, sendo preferível que tragam maior retorno para o mesmo nível de risco.

Criou-se, segundo Markowitz (1952), a carteira de mínima variância, quando o desvio-padrão de todas as combinações possíveis dos ativos que compõem a carteira proporcionarão o melhor portfólio.

O modelo de Markowitz introduziu um novo conceito em finanças, e logo surgiu o *capital asset pricing model* (CAPM), que mede o retorno esperado de um ativo por meio da seguinte fórmula:

$$E(Ri) = Rf + Beta\,[Rm - Rf]$$

Onde:
Rf = taxa livre de risco;
Beta = risco sistemático do ativo, em relação à média, ou índice do grau da variação do retorno em função das flutuações no retorno de mercado. É a medida da volatilidade da ação em relação à de uma ação média.
Rm = risco do mercado. No Brasil utilizamos o Ibovespa para calcular o retorno do mercado.

O coeficiente beta considerado para o mercado é igual a 1. Coeficientes beta positivos representam ativos que se movimentam na mesma direção do mercado. Coeficientes negativos indicam movimentação oposta. Revistas especializadas fornecem os coeficientes beta para as empresas mais importantes.

Por exemplo, as ações CON têm beta 0,45, portanto trazem menor risco em relação ao mercado, pois quando o mercado brasileiro, no nosso caso o Ibovespa, sobe 10%, as ações CON sobem 4,5% e quando o mercado cai 10%, elas desvalorizam 4,5%; por outro lado os papéis ARR têm beta 1,92, de forma que nesse caso o investidor recebe maior retorno quando o mercado sobe como um todo e maior desvalorização que o mercado quando cai, melhor dizendo: ARR sobem 19,2% quando o Ibovespa sobe 10% e quando o mercado cai 10%, os papéis ARR tendem a diminuir 19,2%, portanto maior risco é igual a maior retorno e vice-versa.

Em resumo: Markowitz observou que

> o risco do portfólio composto de títulos que se movimentavam em diferentes direções tendia a ser mais baixo do que o risco de cada um dos títulos. Portanto, era preferível manter um portfólio diversificado em vez de ações de uma única empresa [Damodaran, 2009a:71].

Distribuição normal e sua aplicação na área de investimentos

A curva normal, também conhecida como curva em forma de sino, está ligada à história das probabilidades, que inicialmente era utilizada em questões de apostas em jogos de azar.

A curva normal é utilizada em situações físicas, biológicas e até sociais, como fundamento para a inferência estatística, uma vez que a normalidade ocorre em muitas situações, como no exemplo dos lances de uma moeda, na obtenção da cara ou coroa, sendo certo que, quanto mais vezes for lançada a moeda, menor será o desvio em relação à média de 50%. Desvios grandes são raros e desvios pequenos frequentes.

Quando uma distribuição é contínua, o gráfico de distribuição é uma linha contínua e não se visualizam as barras de um histograma, mas frequências de ocorrências de cada valor de x em intervalos infinitesimais (Freund, 2006).

Dessa forma, os erros se distribuem equitativamente em torno da média, formando uma curva simétrica com pico na média e caindo para as caldas à esquerda quando subestimam a média e à direita quando superestimam. A distribuição é normal quando tem a forma de "sino", como na figura 6.2.

Figura 6.2 I Distribuição normal

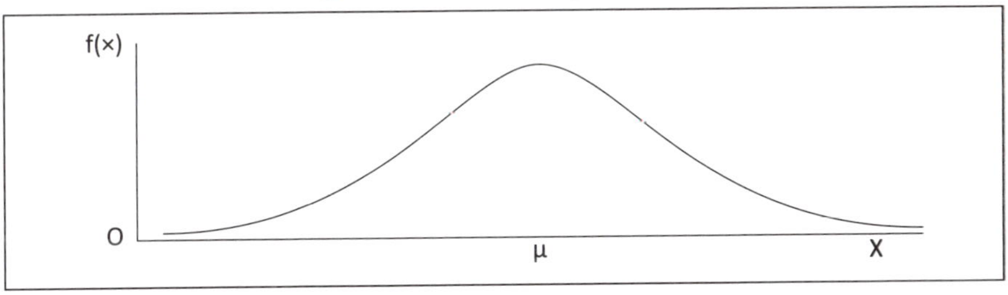

Fonte: Freund (2006).

Para achar a área sob a curva normal, devemos conhecer dois valores numéricos, a média e o desvio-padrão, como mostra a figura 6.3.

Dessa forma, a distribuição passa a ter média e desvio-padrão. Pelo fato de a distribuição ser simétrica em relação à média, a área à direita é igual à área à esquerda de μ.

Embora a curva normal vá até o infinito (positivo ou negativo), na maioria dos casos está entre - 3 e + 3 desvio-padrão, de fato 99,73% dos casos.

Figura 6.3 | Média e desvio-padrão representados na distribuição normal

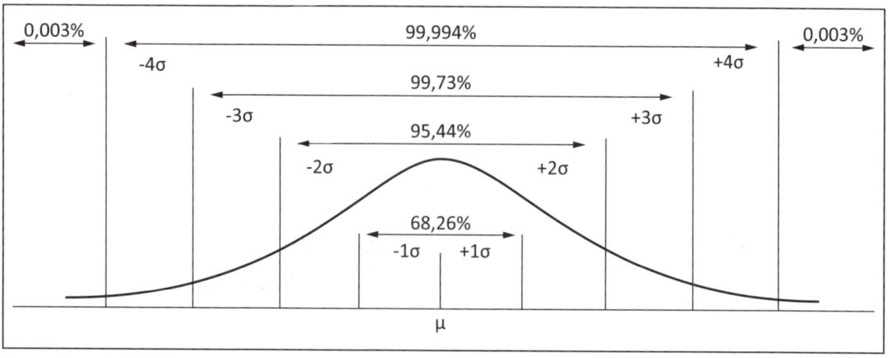

Fonte: Freund (2006).

A curva normal é muito utilizada em situações cotidianas, como pesquisas eleitorais. São estatísticas: amostra, dados, interpretação de dados, fontes oficiais de dados, seleção probabilística de setores, amostragem, erro amostral, nível de confiança e intervalos de 95% de confiança.

A teoria de Markowitz utiliza a distribuição normal como referência. Então vamos simular uma carteira com 100 ativos de renda variável, com os rendimentos obtidos pela carteira no período pesquisado, de forma que poderemos demonstrar os cálculos das probabilidades para os respectivos investimentos.

Simularemos um banco de dados de rentabilidade para construir tabela, histograma e um polígono de frequência similar a uma curva normal para rendimentos mensais em determinado período, com média de 0,20% e desvio-padrão de 0,02%, e transformaremos essa curva normal em curva normal reduzida, com média zero e desvio-padrão 1.

Estamos observando o rendimento percentual de uma carteira de ações no mercado acionário brasileiro, sendo que dois ativos renderam, no período, entre 0,14% e 0,16%, 14 ações renderam entre 0,16% e 0,18%, 34 aplicações renderam entre 0,18% e 0,20%, outros 34 ativos renderam entre 0,20% e 0,22%, 14 aplicações renderam entre 0,22% e 0,24% e finalmente os dois melhores investimentos renderam entre 0,24% e 0,26%, sempre no mesmo período.

O menor valor do intervalo é o limite inferior e o maior é o limite superior. Vamos subtrair os limites e descobrir a diferença.

0,16% a 0,14% = 0,02%
0,18% a 0,16% = 0,02%

0,20% a 0,18% = 0,02%

0,22% a 0,20% = 0,02%

0,24% a 0,22% = 0,02%

0,24% a 0,26% = 0,02%, portanto 0,02% é a amplitude do intervalo.

Segue a tabela correspondente:

Rendimento percentual mensal	Nº de ativos (ações)
0,14 a 0,16	2
0,16 a 0,18	14
0,18 a 0,20	34
0,20 a 0,22	34
0,22 a 0,24	14
0,24 a 0,26	2
	Total 100 ativos de renda variável

Dessa forma, existiram dois ativos que renderam entre 0,14% e 0,16% e assim por diante, até a última faixa, também com dois ativos que renderam entre 0,24% e 0,26%.

A quantidade de cada faixa é a frequência f. Então a frequência relativa é obtida pela divisão da frequência pelo número de ativos e pode ser expressa pela seguinte fórmula:

$$fr = f / \Sigma f$$

Vamos completar a tabela com as frequências relativas:

Faixa %	Nº de ativos	Freq. decimal	Fr %
0,14 a 0,16	20	0,02	2
0,16 a 0,18	140	0,14	14
0,18 a 0,20	340	0,34	34
0,20 a 0,22	340	0,34	34
0,22 a 0,24	140	0,14	14
0,24 a 0,26	20	0,02	2
	Σ 1000	**Σ 1**	**Σ 100**

A construção do histograma nada mais é do que um gráfico de colunas construído no plano cartesiano, de forma que vamos colocar na abscissa x os rendimentos e na ordenada y as frequências, conforme a figura 6.4.

Figura 6.4 I Histograma dos rendimentos e frequências dos investimentos

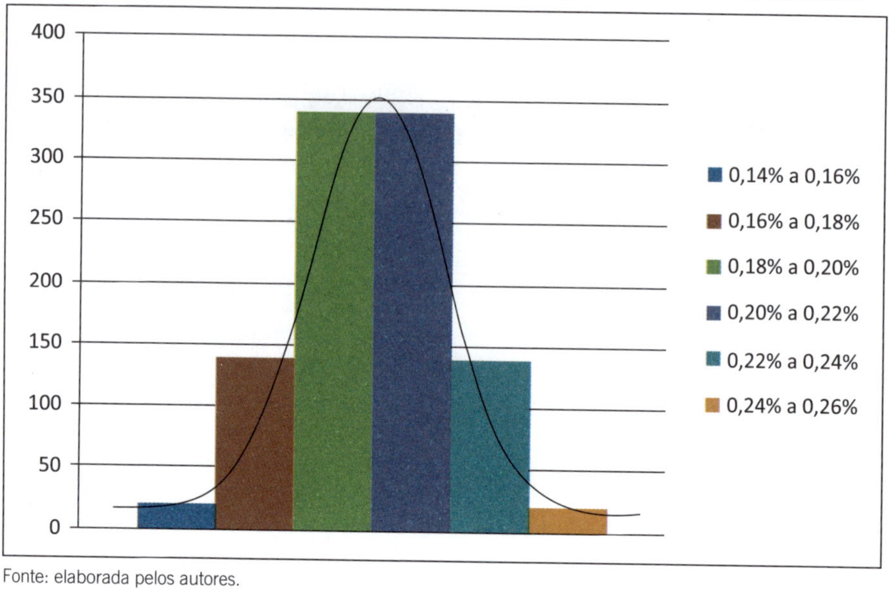

Fonte: elaborada pelos autores.

Área do histograma

Observando a tabela, podemos notar qual é a soma das frequências relativas em decimal, então vamos somar a coluna de frequência relativa em decimal, como segue:

$$0{,}02 + 0{,}14 + 0{,}34 + 0{,}34 + 0{,}14 + 0{,}02 = 1.$$

Da mesma forma, vamos somar as frequências relativas em porcentagem da coluna correspondente:

$$2 + 14 + 34 + 34 + 14 + 2 = 100\%$$

Vale destacar que a área total é a soma das áreas das colunas, não sendo necessário saber as medidas, pois a área total é 100%.

A área de cada retângulo está associada à porcentagem, e a porcentagem de área é a soma das porcentagens, como segue:

$$0{,}02 + 0{,}14 + 0{,}34 + 0{,}34 + 0{,}14 + 0{,}02 = 1$$

Portanto, a área do histograma é 1 e a área total também é 1.

Essa conclusão é fundamental para entender o intervalo de confiança e o nível de confiança, porque a porcentagem está associada à probabilidade.

Probabilidade

A probabilidade de eventos aleatórios prováveis é obtida pela divisão do número de elementos do evento pelo número de elementos do espaço amostral.

Podemos calcular cada probabilidade de investimento, e qual seria a probabilidade de o rendimento ser entre 0,20% e 0,22% no período analisado?

Para encontrar a probabilidade, dividimos o número de ativos que estão nessa faixa pelo total da carteira de ativos, ou seja, 34/100 = 0,34 = 34%, ou seja, a frequência relativa é a área da coluna.

Desse modo, a área equivale à frequência relativa, e a porcentagem à probabilidade. A área total é l. A curva normal vai nos dizer qual o nível de confiança que corresponde a esta porcentagem.

Qual é o rendimento médio nesse exemplo?

A média é obtida pela divisão da soma dos rendimentos pelo número de elementos. No caso, a soma dos rendimentos pelo total dos ativos da carteira de investimento.

Cada faixa de rendimentos tem uma quantidade de ativos, a frequência. E é uma faixa de rendimentos, não é um rendimento único. Por exemplo, existem 20 ativos que renderam entre 0,14% e 0,16%. Qual é o rendimento médio nesse exemplo?

A média é obtida pela divisão da soma dos rendimentos pelo número de elementos. No caso, a soma dos rendimentos pelo total dos ativos da carteira de investimento.

Cada faixa de rendimentos tem uma quantidade de ativos, a frequência. E é uma faixa de rendimentos, não é um rendimento único.

Por exemplo, existem 20 ativos que renderam entre 0,14% e 0,16%, então o rendimento médio da faixa é 0,15%, ou seja 0,15% vezes as duas ocorrências.

A soma dos rendimentos auferidos no período será 0,15 × 2 + 0,17 × 14 + 0,19 × 34 + 0,21 × 34 + 0,23 × 14 + 0,25 × 2 = 20.

Como são 100 ativos, dividimos 20/100 = 0,20%. Portanto, a média de rendimento é 0,20% no período. Então fazemos a média aritmética ponderada representada pela letra grega $\mu = \sum x.\ f / \sum f$.

Vale ressaltar que a metade dos ativos rendeu 0,20%, então são 0,5, ou 50%, e a outra metade (0,5) rendeu acima da média de 0,20% no período.

Qual a porcentagem de ativos que rendeu entre 0,18% e 0,22% no período? Vale consultar a tabela que foi construída com as frequências relativas. Então 0,34 + 0,34 = 0,68 ou 68%.

Qual a porcentagem de ativos que rendeu entre 0,16% e 0,24% no período? Basta somar 0,14 + 0,34 + 0,34 + 0,14 = 0,96 ou 96%.

Dessa forma, as duas únicas faixas de rendimentos que não estão dispostas são as das pontas, de 2%, ou seja 4%, e como o total é de 100% (que é 1), tiramos 4% (que é 0,04), então 1 – 0,04 = 0,96 = 96%.

Agora estamos no caminho da curva normal, valendo construir um polígono de frequência sobre ela. Basta traçar segmentos de reta pelos pontos médios, como na figura 6.5.

Figura 6.5 I Traçando o polígono de frequência sobre a curva normal

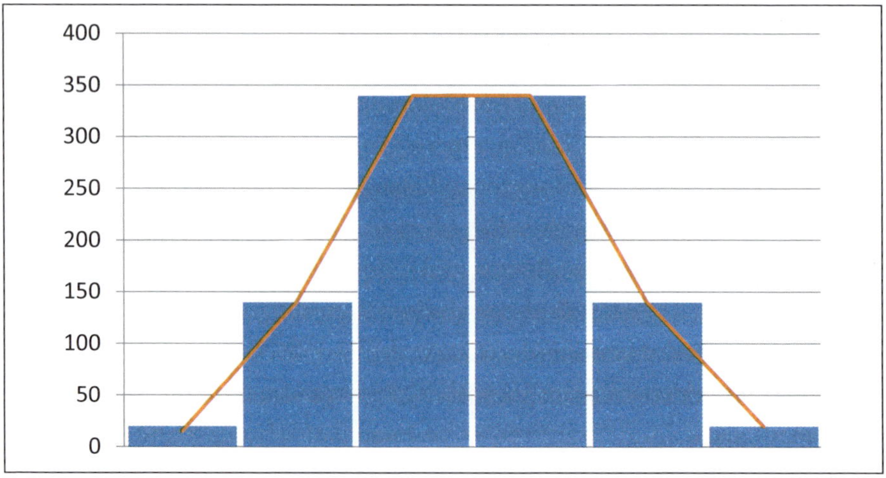

Fonte: elaborada pelos autores.

Curva normal

Esse polígono de frequência é similar à curva normal com média $\mu = 0{,}20\%$ e desvio-padrão $\sigma = 0{,}02\%$. Então, podemos comparar esta curva com o polígono de frequência da figura 6.6.

Figura 6.6 I Polígono de frequência sobre a curva normal

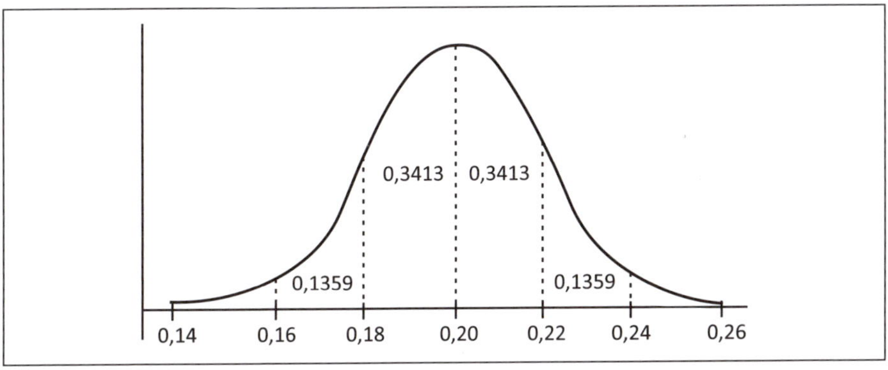

Fonte: elaborada pelos autores.

A área total do histograma é 1, então, a área da curva normal é 1.

A implantação do modelo de Markowitz para gerenciamento da carteira de renda variável oferece as condições de criar e construir séries de portfólios adequados aos níveis de retorno dos investidores e, ao mesmo tempo, otimizados para a redução do risco.

A teoria de Markowitz envolve três grandes fases: primeiro, a análise dos títulos, em que, basicamente, utilizamos o modelo fundamentalista da análise econômico-financeira, encontrando o valor descontando dos fluxos de caixa futuros a uma taxa média ponderada de capital; depois vamos adequar modelo de projeções de retorno e risco do conjunto de ativos e, finalmente, realizamos a seleção das carteiras de investimento com risco mínimo para os níveis de retorno exigidos pelos investidores.

Segundo Graham (2007:37), "uma operação de investimento é aquela que, após análise profunda, promete segurança do capital investido e um retorno adequado. As operações que não atendem a essas condições são especulativas".

Portanto, a utilização de inferência estatística do comportamento histórico dos ativos financeiros pode orientar a execução de uma política de investimentos, pois, quando um investidor compra uma ação, está exposto a riscos que podem ser específicos da empresa, mas ao investirmos em uma carteira diversificada, incluindo ativos de setores distintos, podemos reduzir a exposição ao risco específico da empresa.

Markowitz estabeleceu um processo para determinar a escolha de ativos para compor uma carteira de investimento visando à otimização entre retorno esperado e o risco dos ativos. O modelo analisa a correlação entre o retorno dos ativos para constituir a combinação eficiente dos investimentos.

Dessa forma, um número maior de ativos tende a reduzir o risco da carteira, indo ao encontro da preferência dos investidores por maior retorno para o mesmo nível de risco.

Roteiro para o investidor

O investidor individual é o agente econômico que possui recursos extras para realizar investimentos em ativos financeiros por meio de instituições financeiras que intermediam as negociações. Quando é feito um investimento, o investidor está sempre na expectativa de um resultado positivo, e, quando o investimento é liquidado, é dito que ele está desinvestindo.

Quadro 6.1 I Critérios para investir ou desinvestir

Investir	• Renunciar ao consumo. • Gastar menos do que ganha. • Assumir os riscos do investimento.
Desinvestir	• Liquidar uma posição em investimento. • Direcionar os recursos recebidos para consumir. • Em situações de aperto monetário, servir para cobrir despesas com imprevistos, como doenças.

Fonte: Cavalcante, Misumi e Rudge (2009).

Qualquer pessoa que tenha disponibilidade financeira pode efetuar um investimento, sendo que os motivos que levam a investir são variados, mas o quadro 6.2 mostra um resumo das principais categorias.

Quadro 6.2 | Motivos que levam ao investimento

Porque o futuro é incerto, e ele precisa formar um patrimônio.	Com raras exceções, as pessoas sentem insegurança em relação a seus ganhos futuros e resolvem acumular patrimônio para assegurar-se para os tempos das vacas magras.
Porque a pessoa quer progredir.	As pessoas têm necessidade de acumular recursos para se sentir mais ricas, com mais destaque social na comunidade.
Porque a moeda desvaloriza, e dinheiro parado perde poder de compra.	A certeza de que sempre haverá um acréscimo de preços decorrente de inflação faz com que a pessoa busque acumular recursos para manter o padrão de vida.
Porque faz parte da cultura.	Desde muito jovem, a pessoa aprende como os mais velhos a acumular recursos para o futuro.
Para poder desinvestir depois.	Acumular recursos para atender às necessidades, desejos futuros, como pagamento de cursos profissionalizantes, pós-graduação, entrada para a casa própria, uma viagem ao exterior etc.

Fonte: Cavalcante, Misumi e Rudge (2009).

As decisões de investimento normalmente se enquadram em um dos seguintes objetivos:

- acúmulo de capital – é o objetivo mais comum e refere-se a investimentos diversificados realizados periodicamente;
- administração dos recursos existentes – é o acompanhamento dos investimentos realizados para adequar aos objetivos estabelecidos em determinado intervalo de tempo;
- especulação para buscar os melhores resultados financeiros – implica assumir um risco maior para conseguir um ganho acima dos resultados normais de mercado.

O investidor especulador é o que arrisca mais, objetivando aumentar seus ganhos nas aplicações financeiras, mas assumindo um risco maior também. Na teoria financeira, a atuação do investidor especulador é importante para a dinâmica do mercado financeiro, já que ele ajuda na formação de preços das ações, ativos financeiros e *commodities*, assumindo diferentes tipos de riscos, para obter resultados financeiros acima da média e em curto prazo.

Um tipo de investidor que tem grande importância no mercado financeiro e de capitais são os investidores institucionais, devido à quantidade de recursos investidos. Os principais investidores institucionais, segundo Cavalcante, Misumi e Rudge (2009), são: fundos de pensão e entidades de previdência privada; fundações de seguridade social, fundos de investimentos, companhias de seguros e capitalização e companhias de investimentos. Essas instituições são administradas por um administrador de investimentos e a administração de suas carteiras pode ser feita por empresas, indivíduos ou departamentos das instituições financeiras.

A melhoria dos indicadores financeiros e econômicos do país aumenta o interesse do investidor estrangeiro, que é a pessoa física ou jurídica domiciliada fora do Brasil. Tais investidores podem investir nos mesmos ativos financeiros que os brasileiros, mas devem contratar uma instituição para atuar como representante legal, responsável por todas as informações de registro; representante fiscal, responsável pelos assuntos fiscais e tributários perante as autoridades locais; e custodiante, responsável por manter os documentos atualizados e controlar os ativos financeiros do investidor em contas separadas. O representante escolhido deverá estar pronto para fornecer informações às autoridades brasileiras sempre que solicitado ou quando necessário.

Tipos de investimento

A poupança é composta pela parcela da renda não consumida, em função da capacidade, vontade ou oportunidade de poupar, que permite a aplicação de recursos (investimento) em algo lucrativo visando aumentar o estoque de riqueza. Os recursos necessários para uma aplicação provêm da parcela não consumida da renda, à qual se dá o nome de poupança.

Qualquer pessoa que tenha uma poupança (por menor que seja seu valor) ou uma disponibilidade financeira pode efetuar um investimento, esperando obter *segurança, rentabilidade*, *valorização*, *proteção*, *desenvolvimento econômico* e *liquidez*.

Todo investidor busca a otimização de três aspectos básicos em um investimento: retorno, prazo e proteção. Ao avaliá-lo, portanto, deve estimar sua rentabilidade, liquidez e grau de risco. A rentabilidade é sempre diretamente relacionada ao risco. Ao investidor cabe definir o nível de risco que está disposto a correr em função de obter uma lucratividade maior ou menor.

O mercado apresenta diversas opções de investimento que focam desde o investidor mais conservador até o mais agressivo. Entenda a diferença entre os investimentos e saiba como aplicar. O investidor, ao realizar uma aplicação, deve decidir se o investimento atende a três principais características: a *rentabilidade*, o *risco* e a *liquidez*.

Quadro 6.3 I Principais tipos de investimento e suas características

Investimento	Rentabilidade	Risco	Liquidez
Poupança	Baixa	Médio	Alta
Renda fixa	Média	Médio	Média
Imóveis	Baixa	Baixo	Baixa
Ações	Alta	Alto	Alta
Ouro	Média	Baixo	Alta

Fonte: elaborado pelos autores com base em Cavalcante, Misumi e Rudge (2009:196).

Cinco fatores importantes para análise de risco

As decisões de política econômica modificam as condições de estabilidade econômica, e as mudanças na legislação causam variabilidade nos retornos esperados na medida em que podem mudar as condições de financiamento do investimento e do capital de giro, a carga fiscal do empreendimento e alterar a renda disponível da população.

Quadro 6.4 I Classificação dos principais riscos relacionados às aplicações financeiras

Risco de mercado	• Possibilidade de perdas decorrentes da flutuação adversa do valor de ajuste diário de mercado de portfólio financeiro durante o período necessário para liquidação. • Possibilidade de perdas em função de flutuação desfavorável do valor de ativos, valores mobiliários ou qualquer outro instrumento utilizado pelo mercado financeiro. • Possibilidade de perdas decorrente da má utilização de instrumentos financeiros, como *hedge* e *swap*, diversificação excessiva ou insuficiente etc.
Risco de crédito	Possibilidades de não pagamento por parte: • do tomador de recursos; • do emitente de um título de crédito; • do comprador a prazo.
Risco legal	• Possibilidade de perda em caso de situações envolvendo modificações na legislação ou no regime tributário a que se submetem as aplicações financeiras. • São ainda riscos legais julgamentos desfavoráveis em situações contratuais, compromissos em contratos omissos, mal redigidos ou sem amparo legal. Assinaturas em contratos por pessoa que não representa a instituição, não execução de garantias, informalidade na execução de ordens de compra e venda de investimentos estão entre as principais situações de risco legal.
Risco individual	• Risco aceito por um investidor depois de avaliar as condições de liquidez, rentabilidade e segurança do investimento que realizou.
Risco soberano	• Risco legal, ou político, de liquidação e outros riscos relacionados com transações com títulos públicos de um país. • Quando relacionado a transações internacionais, denomina-se risco de país ou risco geográfico.

Fonte: Cavalcante, Misumi e Rudge (2009).

Administração profissional e direta

Um investidor pode decidir administrar seus investimentos diretamente ou contratar um consultor de valores mobiliários. Um administrador de investimentos oferece administração profissional dos recursos de um investidor e pode receber um valor fixo pelos seus serviços ou um valor variável, associado à performance dos investimentos. Administrar diretamente ou ter ajuda profissional tem vantagens e desvantagens que são apresentadas no quadro 6.5, sendo que os produtos disponíveis para os administradores diretos normalmente são em menor número do que os disponíveis para os administradores profissionais.

Quadro 6.5 | Vantagens e desvantagens de administrar investimentos diretamente ou ter ajuda profissional

	Administração profissional	Administração direta
Formação	Tem a formação acadêmica e profissional adequada.	Pode ter formação em área bastante diversa do mercado financeiro.
Especialização	É especializado em investimentos.	Geralmente não é especializado em investimentos.
Acesso à informação e mercados	Possui estrutura para ter as informações em tempo real e acesso a todos os mercados.	O acesso a informações é custoso relativamente aos recursos administrados. Muitas vezes não tem acesso direto a alguns mercados, como leilões de títulos públicos ou investimentos no exterior.
Tempo	Dedica 100% do tempo para investir os recursos dos clientes.	Geralmente não é sua ocupação principal.
Poder de barganha	A reunião da poupança de vários investidores garante maior poder de barganha na compra de títulos.	É pequeno.
Custo	Cobra por seus serviços, embora o maior poder de barganha (consegue melhores taxas ou preços) muitas vezes compense o custo.	Não precisa pagar taxa de administração, pois administra pessoalmente seus recursos. Paga apenas pelos custos de transação e custódia.
Assunção de risco	Procura conhecer o perfil de risco do cliente e assume posições em seu nome.	Esse quesito pode ser fundamental na decisão de contratar um administrador profissional ou executar suas aplicações diretamente. Se não houver confiança e conforto de que outra pessoa irá assimilar adequadamente sua propensão para assumir riscos, um investidor não entregará seus recursos a outro, por mais competente que possa ser.

Fonte: Cavalcante, Misumi e Rudge (2009).

Seleção de carteiras

Para avaliar a relação entre risco e retorno de um conjunto de investimentos, normalmente chamado de carteira de investimentos, é necessário verificar o balanceamento dela. Um retorno maior normalmente implica maior risco e vice-versa. Várias opções de investimentos estão disponíveis nos mercados financeiros, cabendo ao investidor selecionar suas opções considerando os riscos, a rentabilidade e a liquidez das diferentes opções.

Segundo Cavalcante, Misumi e Rudge (2009), um investidor conservador normalmente não tolera o risco e está confortável com um retorno menor. O investidor moderado consegue administrar o risco e procura um retorno médio. O arrojado é o que aceita mais risco e procura maior retorno como prêmio pelo risco. Um investidor novato deve procurar administrar carteiras não muito complexas no início e deve sempre investir com prudência.

Damodaran (2012) afirma que o valor de qualquer empresa depende de alguns vetores básicos que poderão variar conforme o tipo de negócio e as circunstâncias. Ao compreender esse aspecto, você poderá identificar oportunidades de investimento comparando a estimação do valor e como se sustentam com o preço praticado para aquele ativo em dado instante.

Existem duas maneiras de avaliar um ativo: (1) a avaliação intrínseca em que o valor de um ativo é determinado pelo valor equivalente dos seus fluxos de caixa futuros trazidos a valor presente por uma taxa de desconto que represente o custo médio ponderado de capital da empresa, sempre expressando o nível de incerteza em relação às projeções dos fluxos e (2) a avaliação relativa, que estima o valor do ativo pela comparação com os preços praticados no mercado para ativos semelhantes.

Dessa forma, é compreensível que a maior parte dos investidores, sabendo que a avaliação de investimentos é um processo muito complexo, deixe o trabalho para profissionais especializados, que ajustam o perfil e a disposição para correr riscos aos perfis do produto a ser investido.

Assim, o perfil conservador, aquele que opta por evitar qualquer tipo de risco quando se trata do crescimento dos seus fundos investidos, também tem metas bem estabelecidas e escolhe investimentos desse tipo devido à remuneração previsível e à ausência de riscos significativos ou complexas regras a serem compreendidas e monitoradas. É como selecionar uma rota tranquila, mesmo que isso signifique um trajeto mais longo.

Nesse caso, como exemplo didático, seria razoável que fizessem aplicações em renda fixa brasileira (40%), tais como o Tesouro Direto e títulos corporativos de empresas sólidas; renda fixa estrangeira (15%), geralmente títulos do Tesouro dos EUA; fundos multimercado (15%), que mesclam estratégias de renda fixa e renda variável; ações brasileiras (10%), de empresas estáveis e bem consolidadas; imóveis (10%), que podem ser fundos imobiliários brasileiros que trazem exposição ao mercado imobiliário; ações estrangeiras (5%), normalmente por meio de *Brazilian depositary receipts* (BDRs) ou *exchange-traded fund* (ETF) e, por último, pode-se adicionar o ouro (5%) como um ativo de proteção.

Ativos de renda fixa representam mais da metade da carteira, praticamente livres de risco, ainda com diversificação geográfica, valendo observar que renda variável nacional e estrangeira, imóveis e ouro são ativos descorrelacionados entre si, permitindo um balanceamento apropriado para o investidor conservador com viés para moderado.

Os investidores de perfil moderado, que são aqueles que vão alocar parte dos seus recursos em investimentos com menor liquidez, compreendendo que essas opções oferecem retornos financeiros a médio e longo prazos e, por consequência, carregam um nível intermediário de risco nas suas variações. Geralmente, como parte da sua estratégia, eles também investem outra parcela em opções conservadoras, assegurando liquidez para saques rápidos e uma boa diversificação, uma combinação de indicadores que determinam o rendimento de um investimento. O trajeto moderado é como uma viagem que intercala caminhos e meios de transporte, ora mais rápidos, ora mais lentos.

Dessa forma eles procuram a renda fixa brasileira (25%), tal como Tesouro Direto, renda fixa estrangeira (15%), geralmente títulos do Tesouro dos EUA, fundos multimercado (20%), que buscam oportunidades globais, ações brasileiras (15%), diversificando ainda mais as ações brasileiras, ações estrangeiras (10%), normalmente por meio de BDR ou ETF, também diversificando a exposição às ações estrangeiras, imóveis (10%), normalmente fundos imobiliários e, por último, *commodities* (5%), como petróleo ou metais preciosos.

Essa carteira ainda mantém 40% em ativos de renda fixa quase livres de risco, com diversificação geográfica, mas é mais assertiva na renda variável com ativos que buscam melhores oportunidades nos mercados nacional e estrangeiros, e ainda mantém alguma margem para ativos descorrelacionados em relação aos demais.

O investidor de perfil arrojado é aquele que encara com serenidade os riscos associados à variação nos seus retornos financeiros ou até mesmo mudanças no capital inicial investido. Isso se deve ao seu entendimento de que, em longo prazo, todas as flutuações resultarão em impactos positivos, ou pelo menos em um reequilíbrio. O investidor arrojado compreende que as oscilações fazem parte integrante desse tipo de investimento. Ele segue uma estratégia que garante segurança para sua situação financeira, enquanto também diversifica suas alocações, combinando abordagens moderadas e conservadoras.

Esse perfil tem apetite de risco, então geralmente investe, por exemplo, em ações globais (30%), por meio de ETFs ou fundos globais; ações brasileiras (15%); renda fixa estrangeira (15%), tais como títulos estrangeiros, incluindo títulos corporativos de empresas globais; imóveis (15%), que podem ser ativos reais ou fundos imobiliários; *private equity* (10%), para acesso a oportunidades de crescimento; *commodities* (5%), como petróleo ou metais preciosos; e criptomoedas (5%), buscando mais retorno com mais risco e, por fim, investimentos alternativos (5%), como *hedge funds* ou outros equivalentes.

A carteira mantém em torno de 55% dos recursos em renda variável e *private equity*, em busca de oportunidades nos mercados globais, e os recursos remanescente são divididos em três partes iguais: renda fixa estrangeira, imóveis e ativos de maior risco, como cripto e investimentos alternativos. Balanceada para investidor arrojado, tem elevada diversificação geográfica e é focada em eventuais ganhos cambiais.

Seleção de carteiras e a fronteira eficiente de Markowitz

Existem investidores muito avessos a riscos; eles não aceitam o menor grau de risco, mesmo com a perspectiva de retornos positivos. Por outro lado, também encontramos investidores dispostos a correr riscos – desde que percebam retornos elevados, assumem enormes riscos, algumas vezes com embasamento em heurísticas e/ou vieses comportamentais inadequados.

Entretanto, entre os dois perfis dos extremos, existem outras dezenas de perfis e portfólios possíveis, de modo que vamos alargar a nossa pesquisa, com quatro novos tipos de perfis: o conservador raiz, o moderado *light*, o arrojado tradicional e o agressivo, este último para contemplar os investidores que têm apetite e capacidade financeira para maiores riscos.

Vamos começar com os investidores que podemos chamar de conservadores raiz, mas antes vale revisitar os conceitos abordados neste capítulo, com especial referência à utilização da fronteira eficiente de Markowitz.

Os investidores, ao comprarem um ativo, esperam obter retornos durante o período em que o mantêm, mas os retornos obtidos podem ser muito diversos do esperado, incluindo valores mais baixos ou mais altos. É na diferença entre os retornos efetivos e esperados que está a fonte de risco.

Quando o investidor compra uma ação, ele fica exposto aos riscos específicos da empresa, que podem ser minimizados com a diversificação, e aos riscos de todo o mercado, onde o beta da empresa indica o risco sistemático do ativo em relação à média, que é o grau de variação do retorno em função das flutuações do retorno do mercado. É importante também a diversificação geográfica.

O risco pode ser determinado pelo *spread* entre os retornos efetivos e os esperados, e mensurado pela variância ou o desvio-padrão da distribuição – quanto maior o desvio dos retornos efetivos esperados, maior a variância.

É importante registrar que são utilizadas distribuições de retornos passados como previsão de distribuições de retornos futuros. Então, no caso de mudanças significativas, as características de ativos mudam significativamente, e as estimativas históricas podem não ser boas medidas de risco.

Conforme já vimos, a teoria de Markowitz utiliza a distribuição normal como referência, sendo a mesma uma variável aleatória contínua que tem uma distribuição normal, sua distribuição é simétrica e apresenta um gráfico em forma de sino, de maneira que os erros se distribuem equitativamente em torno na média.

Feitas essas observações iniciais, vamos voltar àquele investidor conservador raiz, completamente avesso ao risco, que lembra dos generosos retornos propiciados pelos títulos do governo nas últimas décadas e então resolve investir somente em dois ativos dessa classe, sendo 80% em certificado de depósito interbancário (CDI), principal referência de rentabilidade das aplicações renda fixa e cuja taxa acompanha de perto a Selic (Sistema Especial de Liquidação e de Custódia) e 20% no IMAB5, que representa a carteira de títulos públicos indexados ao IPCA (NTN-B) com prazos inferiores a cinco anos.

Esse é o perfil de quem escolheu investir pela remuneração previsível, com um seguro contra a inflação e a ausência de riscos significativos ou complexas regras a serem compreendidas e monitoradas, evitando qualquer tipo de risco quando se trata da sua carteira de investimento, que vai levar até o vencimento.

A figura 6.7 ilustra o comportamento de risco e retorno da carteira conservadora raiz no período de 31/07/2013 até 31/07/2023.

Figura 6.7 | Comportamento de risco e retorno da carteira conservadora raiz

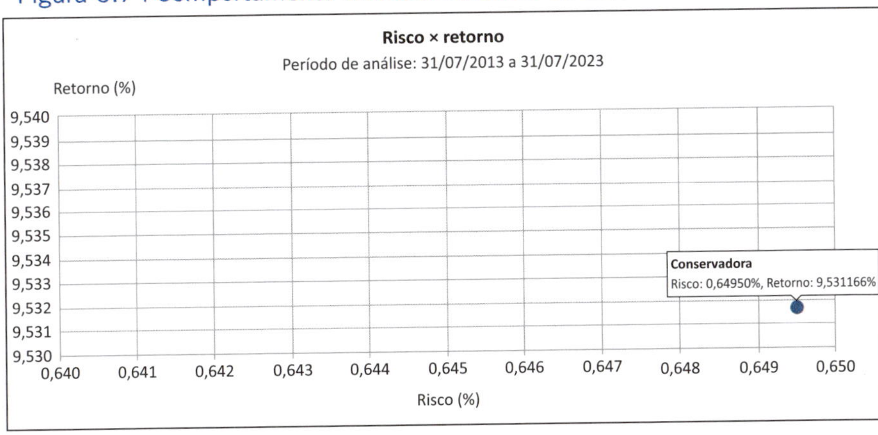

Fonte: <www.comdinheiro.com.br/>. Acesso em: set. 2023.

Utilizando a distribuição normal como referência, em torno de 66,26% das ocorrências no período em análise, a carteira performou em média entre 10,18% e 8,88% a.a., considerando o intervalo de mais e menos um risco ou desvio-padrão em relação ao retorno médio anual e que, em torno de 95,44% das vezes, a performance da carteira esteve entre os intervalos de 10,83% e 8,23% a.a., considerando o retorno de mais e menos dois desvios-padrão.

Foi um desempenho previsível, pois esses dois ativos carregam em si parte considerável da inflação no período (Selic e IPCA mais juros). Foi evitado quase todo o tipo de risco, e a carteira tem previsão de ser levada até o vencimento.

É importante registrar que são utilizadas distribuições de retornos passados como previsão de distribuições de retornos futuros. Então, no caso de mudanças importantes, as características de ativos mudam significativamente, e as estimativas históricas podem não ser boas medidas de risco.

O mesmo critério pode ser utilizado para o investidor moderado *light*, aquele que alocará boa parte dos seus recursos em opções conservadoras, assegurando liquidez para eventuais necessidades, mas guarda um pouco para investimentos que carregam um nível intermediário de risco e menor liquidez.

Para nossa didática, vamos simular uma carteira adequada para esse perfil, composta por 40% em CDI, principal referência de rentabilidade das aplicações de renda fixa, sendo que a taxa do CDI acompanha de perto a Selic; e 35% IMAB5, que é o índice de títulos IPCA+ do Tesouro com duração de até cinco anos; 15% em ANBIMA_IRFM, que é o índice de títulos prefixados do Tesouro de diferentes durações; mais 5% em títulos atrelados ao Anbima_IHFA, que é o índice de multimercados e, por último, também 5% no IFIX, índice de fundos imobiliários.

Figura 6.8 | Comportamento de risco e retorno da carteira moderada light

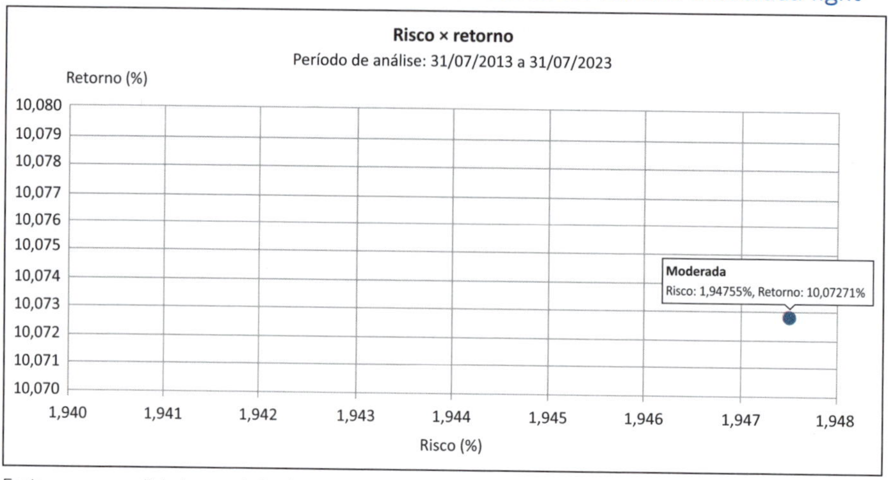

Fonte: <www.comdinheiro.com.br/>. Acesso em: set. 2023.

Novamente utilizando distribuição normal como referência, no intervalo de confiança de 66,26% das ocorrências no período em análise, a carteira performou entre 12,02% e 8,13% a.a., considerando o intervalo de mais e menos um desvio-padrão em relação ao retorno médio anual e com o intervalo de confiança de 95,44%, a performance da carteira esteve entre 13,97% e 6,18% a.a., considerando o retorno mais e menos dois desvios-padrão.

A premissa básica da carteira foi atingida: 75% em ativos pós-fixados, com seguro contra a inflação mais juros, ainda passíveis de saque imediato em caso de necessidade; 15% em títulos do governo prefixados, 5% em fundos multimercados, buscando oportunidades de mercado e mais 5% em fundos imobiliários, com possíveis dividendos periódicos

O investidor arrojado tradicional é aquele que encara com serenidade os riscos associados à variação nos seus retornos financeiros ou até mesmo mudanças no capital inicial investido, que não precisa resgatar seus fundos imediatamente, permitindo-lhe aguardar o melhor momento de acordo com os rendimentos obtidos, seguindo uma estratégia que garante segurança para sua situação financeira, enquanto também diversifica suas alocações.

Para esse perfil de investidor, seria possível uma simulação de carteira teórica bem diversificada, composta por 25% em CDI, principal referência de rentabilidade das aplicações de renda fixa e cuja taxa acompanha de perto a Selic; e 20% IMAB5, que é o índice de títulos IPCA+ do Tesouro com duração de até cinco anos; 10% em Anbima_IRFM, que é o índice de títulos prefixados do Tesouro de diferentes durações; mais 10% em títulos atrelados ao Anbima_IHFA, que é o índice de multimercados; outros 10% no SPY, que é o ETF que replica o S&P500; mais 7,5% no IBRX, também conhecido como índice Brasil ou IBX e que tem por objetivo ser o indicador de desempenho médio das cotações dos ativos de maior negociabilidade e representatividade do mercado de ações brasileiro; e 5% no IFIX, índice de fundos imobiliários, mais 5% atrelado ao IDIV, que é o índice que replica uma cesta de ações que pagam dividendos, mais 5% no US:NASDAQ:SHY, que é o símbolo do ETF americano (SHY), que compra títulos do Tesouro americano com duração de um a três anos e, por último, 2,5% no OZ1D, que é ouro.

Figura 6.9 | Comportamento de risco e retorno da carteira arrojada

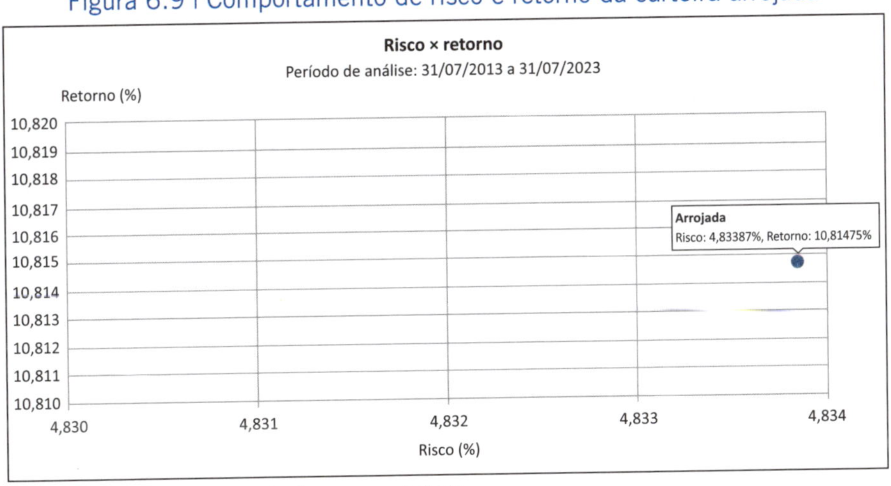

Fonte: <www.comdinheiro.com.br/>. Acesso em: set. 2023.

Dessa forma, em cerca de 66,26% das ocorrências no período em análise a carteira performou entre 15,65% e 5,98% a.a., considerando o intervalo de mais e menos um desvio-padrão em relação ao retorno médio anual; com o intervalo de confiança de 95,44%, a performance da carteira esteve entre os intervalos de 20,48% e 1,15% a.a., levando em conta o retorno mais e menos dois desvios-padrão, valendo dizer, por oportuno, que retornos passados não são garantia de retornos futuros.

A premissa básica da carteira foi atingida: 55% em ativos pós e prefixados, cuja maioria rende inflação mais juros; 22,5% em ações e multimercados, buscando oportunidades; 15% nas bolsas americanas, diversificando geograficamente; e ainda fundos imobiliários e ouro, trazendo mais ativos não correlacionados aos demais na carteira.

Finalmente para os investidores agressivos – um perfil adicional, no qual os investidores estão com apetite e capacidade para mais risco que os investidores arrojados –, vamos simular com uma carteira teórica composta de 15% em CDI, principal referência de rentabilidade das aplicações de renda fixa, sendo que a taxa do CDI acompanha de perto a Selic; 15% IMAB5, que é o índice de títulos IPCA+ do Tesouro com duração de até cinco anos; 15% no SPY, que é o ETF que replica o S&P500; 12,5% no IBRX, também conhecido como índice Brasil ou IBX e que tem por objetivo ser o indicador de desempenho médio das cotações dos ativos de maior negociabilidade e representatividade do mercado de ações brasileiro; 12,5% atrelados ao IDIV, que é o índice que replica uma cesta de ações que pagam dividendos; 10% em Anbima_IRFM, que é o índice de títulos prefixados do Tesouro de diferentes durações; 10% em títulos atrelados ao Anbima_IHFA, que é o índice de multimercados; 7,5% no US:NASDAQ:SHY, que é o símbolo do ETF americano (SHY), que compra títulos do Tesouro americano com duração de um a três anos; finalmente 2,5% no OZ1D, que é ouro.

Figura 6.10 | Comportamento de risco e retorno da carteira agressiva

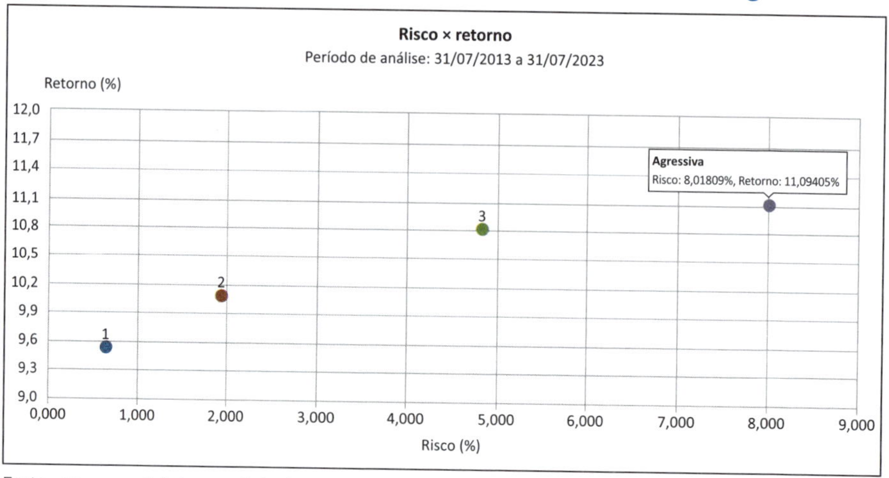

Fonte: <www.comdinheiro.com.br/>. Acesso em: set. 2023.

Vale a pena observar na figura 6.10 os principais pontos da fronteira eficiente.

Utilizando a distribuição normal como referência, no intervalo de confiança de 66,26% das ocorrências no período em análise, a carteira performou entre 19,11% e 3,08% a.a., considerando o intervalo de mais e menos um desvio-padrão em relação ao retorno médio anual, e em torno de 95,44% das vezes a performance da carteira esteve entre os intervalos de 27,13% e -4,94% a.a., considerando o retorno mais e menos dois desvios-padrão. A título de curiosidade, em 99,73% das vezes o retorno médio anual da carteira ficou entre 35,15% a.a. e -12,96% a.a., considerando o retorno anual médio mais ou menos três desvios-padrão.

Há vários retornos anuais negativos no intervalo de confiança de 95,44%, mas nesse portfólio o investidor está com apetite e capacidade para mais riscos, e não precisa resgatar seus fundos imediatamente, o que lhe permite aguardar o melhor momento. Então a carteira teórica contempla 35% em renda variável e multimercados, em busca de oportunidades; 30% em ativos pós e prefixados, maior parte rendendo inflação mais juros; 22,5% nas bolsas americanas, diversificando geograficamente; e ainda 10% em fundos imobiliários, com previsíveis dividendos periódicos; por último, 2,5% em OZ1D, que é conversível em ouro. Os dois últimos são ativos não correlacionados aos demais na carteira.

Finalmente, na figura 6.11 apresentamos a performance das quatro carteiras e ainda as comparamos com a performance do CDI, principal indicador de *benchmark* do mercado, no período entre 31/07/2013 até 31/07/2023.

Figura 6.11 | Performance das quatro carteiras e comparação com o CDI

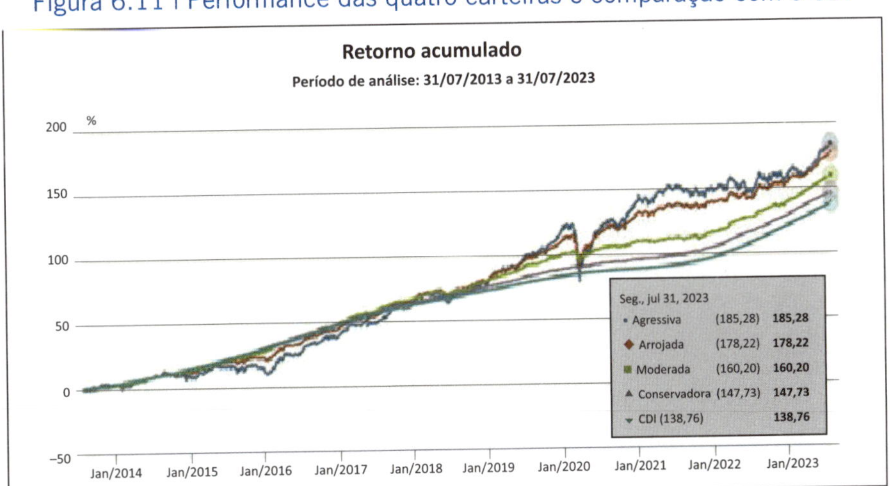

Fonte: <www.comdinheiro.com.br/>. Acesso em: set. 2023.

É fundamental ressaltar que são utilizadas distribuições de retornos passados como previsão de distribuições de retornos futuros. Então, no caso de mudanças significativas, as características de ativos mudam significativamente, e as estimativas históricas podem não ser boas medidas de risco.

Vale a pena também prospectar o futuro. A velocidade no acesso às informações em escala mundial, reflexo das novas tecnologias de informação e comunicação, apresenta uma nova dimensão nas oportunidades de negócios, interligando as operações financeiras entre empresas e governos de diversos países de forma globalizada, o que exige uma gestão profissional e ética de executivos de diversas áreas de negócios e analistas de mercado.

Existem dezenas de perfis e portfólios possíveis. Simulamos somente alguns para fins didáticos, mas o ideal seria uma carteira com ativos não correlacionados, pois o coeficiente de correlação se presta a interpretar o valor da covariância entre variáveis e ele pode estar entre -1 e +1, e a melhor diversificação ocorre com ativos não correlacionados, quando os ativos têm comportamentos em direções opostas e com magnitudes aproximadas.

Uma carteira de investimentos é a alocação do capital em conjunto de ativos com expectativas diversas de retorno, sendo certo que cada ativo que compõe a carteira possui um risco associado, um desvio-padrão entre os retornos, além das covariâncias existentes entre eles.

No mercado as informações empresariais são atualizadas rapidamente, então muita cautela, pois é necessário observar de forma clara e intuitiva a dinâmica do sistema financeiro e as operações do mercado de capitais, que são por natureza investimentos de longo prazo, e ter noção dos riscos que influenciam uma carteira.

"Não há portfólio perfeito. O portfólio correto para cada pessoa depende da sua preferência quanto: ao equilíbrio risco-retorno; ao seu horizonte de tempo; à situação tributária e a quais classes de ativos ela está disposta a investir" (Markowitz, 1952:77).

Este livro visa fortalecer a cultura da poupança para a formação de patrimônio e o investimento consciente, propiciando melhores decisões financeiras de forma sustentável e autônoma.

Os autores acreditam na importância da educação financeira, a mais preciosa inteligência que podemos desenvolver continuadamente, pois dela dependemos para ter qualidade de vida e melhor idade com dignidade.

Aviso importante! O objetivo do livro é informar o leitor sobre fundamentos e técnicas para investir no mercado de capitais. Os exemplos utilizados têm objetivos didáticos. Rentabilidade passada não representa garantia de rentabilidade futura. Não se conhece maneira infalível para ter lucros em qualquer investimento. Fundos de investimento não contam com seguro do fundo garantidor de crédito (FGC). Os autores não se responsabilizam pelas posições assumidas e decisões tomadas pelos leitores nos seus investimentos.

Referências

ABE, M. *Manual de análise técnica*: essência e estratégias avançadas. São Paulo: Novatec, 2009.

ALMEIDA, E. Conheça a metodologia do ranking das empresas do Valor 1000. *Valor Econômico*, 2022. Disponível em: <https://valor.globo.com/valor-1000/noticia/2022/09/06/conheca-a-metodologia-do-ranking-das-empresas-do-valor-1000.ghtml>. Acesso em: 21 abr. 2023.

ALMEIDA, M. *Vem aí o open capital market*: presidente da CVM explica o que é B3. 2023. Disponível em: <https://borainvestir.b3.com.br/noticias/mercado/vem-ai-o-open-capital-market-presidente-da-cvm-explica-o-que-e/>. Acesso em: 16 ago. 2023.

ANBIMA (Associação Brasileira das Entidades dos Mercados Financeiro e de Capitais). *Guia de cibersegurança*. 3. ed. Anbima, 2021. Disponível em: <www.anbima.com.br/data/files/34/B3/04/8F/D96F971013C70F976B2BA2A8/Guia%20de%20Ciberseguranca%20ANBIMA.pdf>. Acesso em: 1 ago. 2023.

______. *Planeje a sua liberdade*. Anbima, 2023a Disponível em: <https://comoinvestiremvoce.anbima.com.br/planeje_sua_liberdade/?_ga=2.254287374.701424976.1675782530-1627418570.1668547982>. Acesso em: 1 maio 2023.

______. *Raio X do investidor 2023*. 6. ed. Anbima, 2023b. Disponível em: <www.anbima.com.br/pt_br/especial/raio-x-do-investidor-2023.htm>. Acesso em: 1 maio 2023.

______. *Cartilha da nova classificação de fundos*. Anbima, 2023c. Disponível em: <www.anbima.com.br/data/files/B4/B2/98/EF/642085106351AF7569A80AC2/Cartilha_da_Nova_Classificacao_de_Fundos_1_.pdf>. Acesso em: 6 jun. 2023.

______. *Curso*: fundos de investimento. Anbima, [s.d.1]. Disponível em: <https://cursos.anbima.com.br/detalhes-item/61a0e06e271d2829b338c8a6/Novidades%20para%20voc%C3%AA>. Acesso em: 10 jun. 2023.

______. *Material de estudos CPA-10*. Anbima, [s.d.2]. Disponível em: <www.anbima.com.br/pt_br/educar/certificacoes/cpa-10/material-de-estudos/material-de-estudos-cpa-10.htm>. Acesso em: 10 jun. 2023.

ANDREZO, A.; LIMA, I. *Mercado financeiro*: aspectos conceituais e históricos. São Paulo: Atlas, 2007.

ANGELO, C. F.; SILVEIRA, J. A. G. *Finanças no varejo*: gestão operacional – exercícios práticos com resposta. São Paulo: Atlas, 1996.

ASSAF NETO, A. *Finanças corporativas e valor*. São Paulo: Atlas, 2003.

______. *Curso de administração financeira*. São Paulo: Atlas, 2009.

______. *Mercado financeiro*. 15. ed. Barueri, SP: Atlas, 2023.

B3. *Relações com investidores*: apresentação Institucional 2022, B3, 2022. Disponível em: <https://api.mziq.com/mzfilemanager/v2/d/5fd7b7d8-54a1-472d-8426-eb896ad8a3c4/8a9fc7d4-366f-f320-b4ee-ac74042e71e5?origin=1>. Acesso em: 18 abr. 2023.

______. *Cotas de fundos*. B3, [s.d.1]. Disponível em: <www.b3.com.br/pt_br/produtos-e-servicos/registro/cotas-de-fundo-aberto/sobre-as-cotas-de-fundos-abertos.htm>. Acesso em: 12 jun. 2023.

______. *Fundo de investimento multimercado (FIM-RV)*. B3, [s.d.2]. Disponível em: <www.b3.com.br/pt_br/produtos-e-servicos/negociacao/renda-variavel/fundo-de-investimento-multimercado-fim-rv.htm>. Acesso em: 12 jun. 2023.

______. *Fundo de investimentos em ações (FIA)*. B3, [s.d.3]. Disponível em: <www.b3.com.br/pt_br/produtos-e-servicos/negociacao/renda-variavel/fundo-de-investimentos-em-acoes-fia.htm>. Acesso em: 12 jun. 2023.

______. *Fundos de investimentos*. B3, [s.d.4]. Disponível em: <www.b3.com.br/pt_br/produtos-e-servicos/solucoes-para-emissores/fundos-de-investimentos/>. Acesso em: 12 jun. 2023.

______. *Fundos de investimentos*. B3, [s.d.5]. Disponível em: <www.b3.com.br/pt_br/produtos-e-servicos/solucoes-para-emissores/ofertas-publicas/estatisticas/. Acesso em: mar. 2023.

______. *Segmentos de listagem*. B3, [s.d.6]. Disponível em: <www.b3.com.br/pt_br/produtos-e-servicos/solucoes-para-emissores/segmentos-de-listagem/sobre-segmentos-de-listagem/. Acesso em: mar. 2023.

BERNSTEIN, P. *Desafio aos deuses*: a fascinante história do risco. Rio de Janeiro: Elsevier, 1997.

BLOOMBERG LÍNEA. *Bilionários no alvo*: a crise que atinge os homens mais ricos de Brasil e Índia. Bloomberg Línea, 2023a. Disponível em: <www.bloomberglinea.com.br/2023/02/04/bilionarios-sob-pressao-o-escandalo-dos-homens-mais-ricos-de-brasil-e-india/?utm_source=piano&utm_medium=email&utm_campaign=27976&pnespid=7eN3DHlaLL8Ix.zLqG.kSJzVpRGsUZJpKvignuB3tEJmwUySTlGNVHmBKZB0O9TN-39gGMOhXXA>. Acesso em: 17 abr. 2023.

______. *'Fomos vítimas de uma fraude', diz Verde, de Stuhlberger, sobre Americanas*. Bloomberg Línea, 2023b. Disponível em: <www.bloomberglinea.com.br/2023/02/06/fomos-vitimas-de-uma-fraude-diz-verde-de-stuhlberger-sobre-americanas/?utm_source=piano&utm_medium=email&utm_campaign=28909&pnespid=pOB4D3kaNPMf26LCvWm6D4.RvBG8Wc-suN_yunPZttgxmcTMvfU.dQfpJtl7sfA1SWItja5qfew>. Acesso em: 17 abr. 2023.

BM&FBOVESPA. *Manual de definições e procedimentos dos índices da BM&FBovespa*. Jun. 2014. Disponível em: <https://bvmf.bmfbovespa.com.br/indices/download/Manual-de-procedimentos-pt-br.pdf>. Acesso em: set. 2023.

BRASIL. Lei nº 4.595, de 31 de dezembro de 1964. Dispõe sobre a política e as instituições monetárias, bancárias e creditícias, Cria o Conselho Monetário Nacional e dá outras providências. *Diário Oficial [da] República Federativa do Brasil*, Brasília, DF, 31 dez. 1964.

______ Decreto-lei nº 73, de 21 de novembro de 1966. Dispõe sobre o Sistema Nacional de Seguros Privados, regula as operações de seguros e resseguros e dá outras providências. *Diário Oficial [da] República Federativa do Brasil*, Brasília, DF, 21 nov. 1966.

____. Lei nº 6.385, de 7 de dezembro de 1976. Dispõe sobre o mercado de valores mobiliários e cria a Comissão de Valores Mobiliários. *Diário Oficial [da] República Federativa do Brasil*, Brasília, DF, 9 dez. 1976.

______. Lei nº 6.404, de 15 de dezembro de 1976. Dispõe sobre as Sociedades por Ações. *Diário Oficial [da] República Federativa do Brasil*, Brasília, DF, 17 dez. 1976. (Suplemento).

______. Lei nº 10.198/2001, de 14 de fevereiro de 2001. Dispõe sobre a regulação, fiscalização e supervisão dos mercados de títulos ou contratos de investimento coletivo, e dá outras providências. *Diário Oficial [da] República Federativa do Brasil*, Brasília, DF, 16 fev. 2001a.

______. Lei nº 10.303, de 31 de outubro de 2001. Altera e acrescenta dispositivos na Lei nº 6.404, de 15 de dezembro de 1976... *Diário Oficial [da] República Federativa do Brasil*, Brasília, DF, 1 nov. 2001b.

______. Lei nº 11.638, de 28 de dezembro de 2007. Altera e revoga dispositivos da Lei nº 6.404, de 15 de dezembro de 1976, e da Lei nº 6.385, de 7 de dezembro de 1976, e estende às sociedades de grande porte disposições relativas à elaboração e divulgação de demonstrações financeiras. *Diário Oficial [da] República Federativa do Brasil*, Brasília, DF, 28 dez. 2007.

______. Lei nº 12.154, de 23 de dezembro de 2009. Cria a Superintendência Nacional de Previdência Complementar – Previc e dispõe sobre o seu pessoal; inclui a Câmara de Recursos da Previdência Complementar na estrutura básica do Ministério da Previdência Social... *Diário Oficial [da] República Federativa do Brasil*, Brasília, DF, 23 dez. 2009.

______. Decreto nº 7.397, de 22 de dezembro de 2010. Institui a Estratégia Nacional de Educação Financeira – Enef, dispõe sobre a sua gestão e dá outras providências. *Diário Oficial [da] República Federativa do Brasil*, Brasília, DF, 23 dez.2010. Revogado pelo Decreto nº 10.393, de 2020.

BREALEY, R. *Fundamentos da administração financeira*. 3. ed. Rio de Janeiro: McGraw-Hill Irwin, 2002.

______; MYERS, S. *Princípios de finanças empresariais*. 3. ed. Lisboa: McGraw-Hill, 1992.

BRIGHAM, E. *Fundamentos da moderna administração financeira*. Rio de Janeiro: Campus, 1999.

BRUJÓ, G. Welcome to best global brands 2022. *Interbrand Thinking*, 2022. Disponível em: <https://interbrand.com/thinking/welcome-to-best-global-brands-2022/>. Acesso em: 20 mar. 2023.

BUFFETT, M.; CLARK, D. *Warren Buffett e a análise de balanços*. Rio de Janeiro: Sextante, 2010.

CAVALCANTE, F. *Criação de valor para o acionista*. Rio de Janeiro: FGV Ed., 1999.

______; MISUMI, J.; RUDGE, L. *Mercado de capitais*: o que é, como funciona. 7. ed. Rio de Janeiro: Campus, 2009.

COPELAND, T.; KOLLER, T.; MURRIN, J. *Avaliação de empresas*: calculando e gerenciando o valor das empresas. 3. ed. São Paulo: Makron Books, 2002.

CVM (Comissão de Valores Mobiliários). *Texto integral da Instrução CVM nº 457, de 13 de julho de 2007, com as alterações introduzidas pela Instrução CVM nº 485/10*. Rio de Janeiro: CVM, 2010. Disponível em: <https://conteudo.cvm.gov.br/export/sites/cvm/legislacao/instrucoes/anexos/400/inst457consolid.pdf>. Acesso em: 20 mar. 2023.

______ *Mercado de derivativos no Brasil*: conceitos, produtos e operações. Rio de Janeiro: CVM, 2015. Disponível em: <www.gov.br/investidor/pt-br/educacional/publicacoes-educacionais/livros-cvm/livro-topderivativos.pdf>. Acesso em: 18 abr. 2023.

______. Análise de investimentos: histórico, principais ferramentas e mudanças conceituais para o futuro / Associação de Analistas e Profissionais de Investimentos no Mercado de Capitais – Apimec; Comissão de Valores Mobiliários. Rio de Janeiro: CVM, 2017. Disponível em: <www.gov.br/investidor/pt-br/educacional/publicacoes-educacionais/livros-cvm/livro_top_analise_investimentos.pdf>. Acesso em: 21 nov. 2023.

______. *Mercado de valores mobiliários brasileiro*. 4. ed. Rio de Janeiro: CVM, 2019a. Disponível em: <www.gov.br/investidor/pt-br/educacional/publicacoes-educacionais/livros-cvm/livro_top_mercado_de_valores_mobiliarios_brasileiro_4ed.pdf>. Acesso em: 21 nov. 2023.

______. Planejamento financeiro pessoal / Comissão de Valores Mobiliários; Associação Brasileira de Planejadores Financeiros. Rio de Janeiro: CVM; Associação Brasileira de Planejadores Financeiros, 2019b. Disponível em: <www.gov.br/investidor/pt-br/educacional/publicacoes-educacionais/livros-cvm/livro_top_planejamento_financeiro_pessoal.pdf>. Acesso em: 21 nov. 2023.

______. *Boletim Econômico*, ano 10, v. 96, 4 trim. 2022. Disponível em: <www.gov.br/cvm/pt-br/centrais-de-conteudo/publicacoes/boletins/boletim-economico/cvm_boletim_economico_96.pdf>. Acesso em: 17 abr. 2023.

______. *Clubes de investimento*. Rio de Janeiro: CVM, [s.d.]. Disponível em: <www.gov.br/cvm/pt-br/assuntos/regulados/consultas-por-participante/clubes-de-investimento>. Acesso em: 8 jun. 2023.

DAMODARAN, A. *Finanças corporativas*: teoria e prática. 2. ed. Porto Alegre: Bookman, 2004.

______. *Finanças corporativas [recurso eletrônico]*: teoria e prática. 2. ed. Porto Alegre: Bookman, 2007.

______. *Introdução à avaliação de investimentos*: ferramentas e técnicas para determinação de qualquer ativo. 2. ed. Rio de Janeiro: Qualitymark, 2009a.

______. *Mitos de investimentos*. São Paulo: Prentice-Hall, 2009b.

______. *Valuation*: como avaliar empresas e escolher as melhores ações. São Paulo: LTC, 2012. E-book.

______. *Damodaran online*, [s.d.]. Disponível em: <https://pages.stern.nyu.edu/~adamodar/New_Home_Page/>. Acesso em: 30 jul. 2023.

DEBASTIANI, C. *Candlestick*: um método para ampliar lucros na Bolsa de Valores. São Paulo: Novatec, 2007.

______. *Análise técnica de ações*: identificando oportunidades de compra e venda. São Paulo: Novatec, 2008.

______; RUSSO, F. A. *Avaliando empresas, investindo em ações*: a aplicação prática da análise fundamentalista na avaliação de empresas. São Paulo: Novatec, 2008.

DESAI, M. A. *Finanças*... Simples assim! O guia da Harvard Business School para decisões inteligentes. Rio de Janeiro: Alta Books, 2020. E-book.

DESJARDINS, J. *All of the world's money and markets in one visualization*. 2022. Disponível em: <www.visualcapitalist.com/all-of-the-worlds-money-and--markets-in-one-visualization-2022/>. Acesso em: 17 abr. 2023.

DISTRITO. *Caminhos da Inovação 2022*. Disponível em: <https://materiais.distrito.me/mr/caminhos-da-inovacao>. Acesso em: 17 abr. 2023.

ECONOMATICA. *Dívida das empresas não financeiras chega a R$ 1,829 trilhão em set./2022*. Economatica, 2022. Disponível em: <https://insight.economatica.com/divida-das-empresas-nao-financeiras-set-2022/>. Acesso em: 21 maio. 2023.

EDMANS, A. *Grow the pie*: how great companies deliver both purpose and profit 2020. Cambridge University Press, 2022. E-book.

ELKINGTON, J. *Cannibals with forks*: the triple bottom line of 21st century business. Gabriola Island: New Society Publishers, 1998.

FABER, E. *ISSB issues inaugural global sustainability disclosure standards*. ISSB, 2023. Disponível em: <www.ifS1rs.org/news-and-events/news/2023/06/issb-issues-ifrs-s1-ifrs-s2/>. Acesso em: 30 ago. 2023.

FIPECAFI. *Retorno de investimento*. São Paulo: Atlas, 1999.

______. *Avaliação de empresas*: da mensuração contábil à economia. São Paulo: Atlas, 2001.

FMI (Fundo Monetário Internacional). *Relatório anual do FMI 2022*. FMI, 2022a. Disponível em: <www.imf.org/external/pubs/ft/ar/2022/downloads/imf-annual-report-2022-portuguese.pdf>. Acesso em: 1 abr. 2023.

______ *World economic outlook countering the cost-of-living crisis*: pespectivas da economia mundial outubro de 2022. Washington, DC: FMI, 2022b. Disponível em: <www.imf.org/pt/Publications/WEO/Issues/2022/10/11/world-economic-outlook-october-2022>. Acesso em: 20 mar. 2023.

FRANCESCHINI, A. C. *Uma proposta para a determinação do custo de capital do Banespa*. In: SEMEAD, IV., 1999. *Anais*. São Paulo: FEA/USP, out. 1999.

FREUD, S. *Obras completas*. Rio de Janeiro: Imago, 1976. (Edição standard brasileira).

FREUND, J. E. *Estatística aplicada*: economia, administração e contabilidade. 11. ed. Trad. Claus Ivo Doering. Porto Alegre: Bookman, 2006.

GITMAN, L. *Princípios de administração financeira*. 2. ed. Porto Alegre: Bookman, 2001.

GLOBAL FINANCIAL LITERACY EXCELLENCE CENTER. *The big three and big five*. Stanford, CA: Global Financial Literacy Excellence Center, 2023. Disponível em: <https://gflec.org/education/questions-that-indicate-financial-literacy/>. Acesso em: 1 maio 2023.

GRAHAM, B. *O investidor inteligente*. Rio de Janeiro: Nova Fronteira, 2007.

______; MEREDITH, S. B. *A interpretação das demonstrações financeiras*: o guia clássico de finanças do investidor inteligente. Rio de Janeiro: HarperCollins Brasil, 2022. E-book.

GROWTH LAB. *The atlas of economic complexity*. Cambridge, MA: Harvard Kennedy School, [s.d.]. Disponível em: <https://atlas.cid.harvard.edu/>. Acesso em: 17 abr. 2023.

GUERZONI, A.; MIRCHANDANI, N. *The CEO imperative*: como os CEOs responderão a uma nova realidade de recessão? EY, 2023. Disponível em: <www.ey.com/pt_br/ceo/ceo-outlook-global-report?WT.mc_id=15125199&AA.tsrc=email&mkt_tok=NTIwLVJYUC0wMDMAAAGJkp5rEkbHFoINz12pEjIfYm8pOGSFaFvRVaCmYjsRFO6hldAmTfk3SPIkSi9g5Trgha5egJB6mDH_5-JZuV6h_jHSoydOzlU6gKYQKnkVsfMZ_Hse5Q>. Acesso em: 21 abr. 2023.

HALFELD, M. *Investimentos*: como administrar melhor seu dinheiro. São Paulo: Fundamento Educacional, 2001.

______. *Seu imóvel*: como comprar bem. São Paulo: Fundamento Educacional, 2002.

HARARI, Y. N. *21 lições para o século 21*. São Paulo: Companhia das Letras, 2018. E-book.

HAWAWINI, G.; VIALLET, Claude. *Finanças para executivos*: gestão para criação de valor. São Paulo: Cengage Learning, 2009.

IBGE (Instituto Brasileiro de Geografia e Estatística). *Projeção da população*. Disponível em: <www.ibge.gov.br/home/estatistica/populacao/projecao_da_populacao/2008/piramide/piramide.shtm>. Acesso em: jul. 2021.

IFRS Foundation. *IAS 38 intangible assets*. Londres: IFRS Foundation, 2023. Disponível em: <www.ifrs.org/issued-standards/list-of-standards/ias-38-intangible-assets/>. Acesso em: 2 maio 2023.

INFOMONEY. *Americanas*: fundos passam a contabilizar debêntures por metade do valor após rombo de R$ 20 bilhões. *Infomoney*, 2023a. Disponível em: <www.infomoney.com.br/onde-investir/americanas-fundos-passam-a-contabilizar-debentures-por-metade-do-valor-apos-rombo-de-r-20-bilhoes/>. Acesso em: 17 abr. 2023.

______. O que é come-cotas? Entenda como funciona a cobrança antecipada de IR nos fundos. *Infomoney*, 2023b. Disponível em: <www.infomoney.com.br/guias/come-cotas/?amp>. Acesso em: 15 jun. 2023.

IOSCO (International Organization of Securities Commissions). *The use of artificial intelligence and machine learning by market intermediaries and asset managers*: final report. Madri: Iosco, 2021.

KAHNEMAN, D. Experiences of collaborative research. *American Psychologist*, v. 58, n. 9, p. 723-730, 2003.

______. *Rápido e devagar*: duas formas de pensar. Rio de Janeiro: Objetiva, 2012.

KRUGMAN, P. R.; WELLS, R. *Introdução à economia*. Rio de Janeiro: Elsevier, 2007.

LAPPONI, J. C. *Projetos de investimento*: construção e avaliação do fluxo de caixa: modelos em Excel. São Paulo: Lapponi Treinamento e Editoras, 2000.

LEMES JR., A. B. *Administração financeira*: princípios, fundamentos e práticas brasileiras. Rio de Janeiro: Campus, 2002.

LYNCH, P.; ROTHCHILD, J. *O jeito Peter Lynch de investir*: as estratégias vencedoras de quem transformou Wall Street. São Paulo: Saraiva, 2011.

MAIS RETORNO. *Rastreador de fundos*. Mais Retorno, 2023. Disponível em: <https://maisretorno.com/app/rastreador-fundos>. Acesso em: 6 jun. 2023.

MARKOWITZ, H. Portfolio selection. *Journal of Finance*, v. 7, n. 1, p. 77, 1952.

MARTINS, E. *Avaliação de empresas*: da mensuração contábil à economia. São Paulo: Atlas, 2001.

MATIAS, A. *Análise financeira fundamentalista de empresas*. São Paulo: Atlas, 2009.

______. *Análise financeira de empresas*. São Paulo: Manole, 2017.

MATSURA, E. *Comprar ou vender?* Como investir na bolsa utilizando análise gráfica. 4. ed. São Paulo: Saraiva, 2006.

______. *Análise técnica na prática*: um método intuitivo para comprar e vender ações. São Paulo: Saraiva, 2011.

MCKINSEY GLOBAL INSTITUTE. *Global capital markets*: sixth annual report, 2009. Disponível em: <www.mckinsey.com/Insights/MGI/Research/Financial_Markets/Global_capital_markets_entering_a_new_era>. Acesso em: jul. 2012.

MEIRELLES, F. *Uso de TI nas empresas*: 34ª pesquisa anual. São Paulo: FGVcia, 2023.

MINISTÉRIO DA ECONOMIA. *Panorama macroeconômico*: dezembro de 2022. Ministério da Economia, 2022. Disponível em: <www.gov.br/fazenda/pt-br/centrais-de-conteudos/publicacoes/conjuntura-economica/panorama-macroeconomico/2022/panmacro_slides_dezembro2022.pdf>. Acesso em: 24 mar. 2023.

______. *Panorama macroeconômico*: março de 2023. Ministério da Economia, 2023. Disponível em: <www.gov.br/fazenda/pt-br/centrais-de-conteudos/publicacoes/conjuntura-economica/panorama-macroeconomico/copy_of_2022/panmacro_spe_slides_-marco2023.pdf>. Acesso em: 21 abr. 2023.

MODALMAIS. *Marcação a Mercado (MaM)*: o que é e como funciona? ModalMais, 2022. Disponível em: <www.modalmais.com.br/blog/marcacao-a-mercado/>. Acesso em: 1 jul. 2023.

MORCK, R.; WOLFENZON, D.; YEUNG, B. Corporate governance, economic entrenchment, and growth. *Journal of Economic Literature*, v. 43, n. 3, p. 655-720, set. 2005.

MOTTA, R. R. *Análise de investimentos*: tomada de decisões em projetos industriais. São Paulo: Atlas, 2002.

NASCIMENTO, João Pedro. Presidente da CVM destaca importância da conexão entre as educações financeira e básica: João Pedro Nascimento debateu inclusão social e democratização do mercado de capitais no encontro anual do Centro OECD-CVM. *Gov.br*. Ministério da Fazenda, 15 dez. 2022. Disponível em: <www.gov.br/cvm/pt-br/assuntos/noticias/presidente-da-cvm-destaca-importancia-da-conexao-entre-as-educacoes-financeira-e-basica>. Acesso em: nov. 2023.

NÉRI, M.; CARVALHO, Kátia; NASCIMENTO, Mabel. *Ciclo da vida e motivações financeiras*. Texto para discussão 691, Ipea, 1999. Disponível em: <www.ipea.gov.br/pub/td/td0691.pdf>. Acesso em: set. 2012.

NETTO, A. *Como o rombo das Americanas abala o trio de ouro do capitalismo brasileiro*. Headline, 2023. Disponível em: <www.headline.com.br/como-o-rombo-das-americanas-abala-o-trio-de-ouro-do-capitalismo-brasileiro-2695299c>. Acesso em: 21 abr. 2023.

NUNES, M. Fundos de criptomoedas: quais são eles e como investir. *iDinheiro*, 2022. Disponível em: <www.idinheiro.com.br/investimentos/criptomoedas/fundos-de-criptomoedas/>. Acesso em: 5 jul. 2023.

NYSE EURONEXT HISTORY. Disponível em: <www.nyx.com/en/who-we-are/history/amesterdam>. Acesso em: jul. 2012.

OCDE (Organização para a Cooperação e Desenvolvimento Econômico). *International gateway for financial education*. Disponível em: <www.financial-education.org>. Acesso em: jul. 2012.

ONU (Organização das Nações Unidas). Report of the World Commission on Environment and Development: Our Common Future. 1987. Disponível em: <https://sustainabledevelopment.un.org/content/documents/5987our-common-future.pdf>. Acesso em: abr. 2023.

PALEPU, K.; HEALY, P. *Análise e avaliação de empresas*: decisões e valuation usando demonstrativos financeiros. São Paulo: Cengage Learning, 2016.

PEREZ, C. *Technological revolutions, paradigm shifts and socio-institutional change*. In: REINERT, Erik (Ed.). *Globalization, economic development and inequality*: an alternative perspective. Northampton, MA: Edward Elgar, 2004. p. 217-242.

PINHEIRO, J. *Mercado de capitais*: fundamentos e técnica. 5. ed. São Paulo: Atlas, 2009.

PINHEIRO, R. *Fundos de pensão e mercado de capitais.* São Paulo: Instituto San Tiago Dantas de Direito e Economia Peixoto Neto, 2008.

PINTO, E. A. Conheça a metodologia do ranking das empresas do Valor 1000. *Valor Econômico,* 2022. Disponível em: <https://valor.globo.com/valor-1000/noticia/2022/09/06/conheca-a-metodologia-do-ranking-das-empresas-do-valor-1000.ghtml>. Acesso em: 21 abr. 2023.

PUCCINI, A. *Matemática financeira objetiva e aplicada com planilha eletrônica.* 5. ed. São Paulo: LTC, 1997.

RAPPAPORT, A. *Gerando valor para o acionista*: um guia para administradores e investidores. São Paulo: Atlas, 2001.

RIBEIRO, F. E. *Análise comparativa entre triple bottom line e ESG na gestão de sustentabilidade das empresas.* LinkedIn, 2022. Disponível em: <https://pt.linkedin.com/pulse/an%C3%A1lise-comparativa-entre-triple-bottom-line-e-esg-na-ribeiro>. Acesso em: 21 abr. 2023.

RODRIGUES, A.; SOUSA, Almir Ferreira de. *Custo do capital próprio em empresas com autofinanciamento positivo.* In: SEMEAD, IV., 1999. *Anais.* São Paulo: FEA/USP, out. 1999.

ROSS, S. *Princípios de administração financeira.* São Paulo: Atlas, 1998.

______; WESTERFIELD, R.; JAFFE, J. *Administração financeira*: corporate finance. São Paulo: Atlas, 1995.

ROSSETTI, J. *Introdução à economia.* 17. ed. São Paulo: Atlas, 2014.

ROXBURGH, C. et al. *Global capital markets*: entering a new era. [S.l.]: McKinsey Global Institute, 2009. Disponível em: <www.mckinsey.com/industries/private-equity-and-principal-investors/our-insights/global-capital-markets-entering-a-new-era>. Acesso em: 1 mar. 2023.

SANTOS, D. *Os 30 anos da CVM e a pujança do mercado de capitais. Revolução no mercado de capitais do Brasil*: o crescimento recente é sustentável? Rio de Janeiro: Elsevier, 2008.

SANVICENTE, A.; MELLAGI FILHO, A. *Mercado de capitais e estratégias de investimento.* São Paulo: Atlas, 1996.

SCHUMPETER, J. *The theory of economic development.* Nova York: Transaction, 1983.

SECURATO, J. R. *Decisões financeiras em condições de risco.* São Paulo: Atlas, 1996.

SOMMA INVESTIMENTOS. *Saiba mais sobre compensação de perdas em fundos de investimento.* Somma Investimentos, 2021. Disponível em: <www.som-

mainvestimentos.com.br/compensacao-de-perdas-em-fundos/>. Acesso em: 15 jun. 2023.

SPRITZER, Ilda; SPRITZER, Moises. *A Bolsa no bolso*: fundamentos para investimentos em ações. Rio de Janeiro: FGV Ed., 2013.

THE WORLD BANK. *Relatório de desenvolvimento mundial 2022*: finanças a serviço de uma recuperação equitativa. The World Bank, 2022. Disponível em: <www.worldbank.org/pt/publication/wdr2022>. Acesso em: 1 abr. 2023.

______. *Ações negociadas, valor total (% do PIB)* – Brasil. The World Bank, [s.d.1]. Disponível em: <https://data.worldbank.org/indicator/CM.MKT.TRAD.GD.ZS?end=2020&locations=BR&start=1979&view=chart>. Acesso em: mar. 2023.

______. *Capitalização de mercado das empresas nacionais cotadas em bolsa (% do PIB)* – Brasil. The World Bank, [s.d.2]. Disponível em: <https://data.worldbank.org/indicator/CM.MKT.LCAP.GD.ZS?end=2020&locations=BR&start=2000&view=chart>. Acesso em: mar. 2023.

VALOR ECONÔMICO. Valor 1000. *Valor Econômico*, 2022. Disponível em: <https://infograficos.valor.globo.com/valor1000/2022>. Acesso em: 21 abr. 2023.

VASCONCELLOS, M. Robô é mais confiável que muito influenciador financeiro. *Folha de S.Paulo*, 2023. Disponível em: <www1.folha.uol.com.br/colunas/marcos-de-vasconcellos/2023/02/robo-e-mais-confiavel-que-muito-influenciador-financeiro.shtml?utm_source=whatsapp&utm_medium=social&utm_campaign=compwa>. Acesso em: 2 maio 2023.

WORLD FEDERATION EXCHANGES. *2011 WFE market highlights*. Disponível em: <www.world-exchanges.org/files/file/stats%20and%20charts/2011%20WFE%20Market%20Highlights.pdf>. Acesso em: jul. 2012.

XP EXPERT. *Guia completo sobre fundos de investimento*: entenda como aplicar e o que fazer. XP Investimentos CCTVM S/A, 2023. Disponível em: <https://conteudos.xpi.com.br/aprenda-a-investir/relatorios/guia-completo-sobre-fundos-de-investimento-entenda-como-aplicar-e-o-que-fazer/>. Acesso em: 5 jul. 2023.

YOSHINAGA. C. *Inteligência artificial*: a vanguarda das finanças. GVExecutivo, 2023. Disponível em: <https://periodicos.fgv.br/gvexecutivo/article/view/89911/84369>. Acesso em: 1 ago. 2023.

YOUNG, S. D.; O'BYRNE, S. F. *EVA e gestão baseada em valor*: guia prático para implementação. Porto Alegre: Bookman, 2003.

Autores

Ilda Spritzer é doutora em engenharia de produção pela Coppe/UFRJ, com experiência profissional no mercado financeiro. É coordenadora na FGV IDE dos cursos de MBA em gestão financeira, controladoria e auditoria e gestão empresarial, online e presencial. Foi professora da graduação/mestrado do Cefet/RJ e da pós-graduação do Profinit na UFRJ. É consultora em projetos de tecnologias digitais para educação financeira. É coautora dos livros *Viabilidade econômico-financeira de projetos* e *A Bolsa no bolso: fundamentos para investimentos em ações* (ambos publicados pela FGV Editora). Foi laureada com o prêmio Administradora (CRA/RJ).

Moises Spritzer, CEA, foi economista, instrutor de risco de crédito e executivo na Caixa e atuou também no Banco Central. Tem vasta experiência profissional nos mercados financeiros e de capitais. É coordenador acadêmico na FGV IDE em cursos de finanças de curta e média duração. É coautor do livro *A Bolsa no bolso: fundamentos para investimentos em ações* (FGV Editora). É especialista em gestão financeira pela FGV e em administração pela UFRJ. É certificado como especialista em investimentos (CEA) pela Anbima. Foi premiado como professor "reconhecido pela excelência em ensinar com qualidade" (FGV IDE). É consultor de valores mobiliários autorizado pela CVM.

Este livro foi impresso nas oficinas gráficas da Editora Vozes Ltda.,
Rua Frei Luís, 100 – Petrópolis, RJ.